Barbara Kamprad / Waltraud Schiffels (Hrsg.)
Im falschen Körper

Barbara Kamprad · Waltraud Schiffels (Hrsg.)

IM
FALSCHEN
KÖRPER

Alles über Transsexualität

Kreuz Verlag

Die Gedanken, Methoden und Anregungen in diesem Buch stellen die Meinung bzw. Erfahrung der VerfasserInnen und/oder der Herausgeberinnen dar. Sie wurden nach bestem Wissen erstellt und mit größtmöglicher Sorgfalt überprüft. Sie bieten keinesfalls Ersatz für kompetenten medizinischen Rat. Jede Leserin, jeder Leser sollte für das eigene Tun und Lassen auch weiterhin selbst verantwortlich sein. Daher erfolgen Angaben in diesem Buch ohne jegliche Gewährleistung oder Garantie des Verlags oder der AutorInnen. Eine Haftung des Verlags oder der AutorInnen für etwaige Personen-, Sach- oder Vermögensschäden ist ausgeschlossen, es sei denn im Falle grober Fahrlässigkeit.

Quellennachweis

Aus folgenden Werken wurde mit freundlicher Genehmigung der genannten Verlage zitiert:
Erwin J. Haeberle, Die Sexualität des Menschen. Handbuch und Atlas, Verlag Walter de Gruyter & Co., Berlin 1983
Friedemann Pfäfflin, aus: Psychotherapie. Psychosomatik. Medizinische Psychologie 33/1983, Sonderheft, S. 89–92, Georg Thieme Verlag, Stuttgart

Die Deutsche Bibliothek – CIP-Einheitsaufnahme

Im falschen Körper: Alles über Transsexualität / Barbara Kamprad; Waltraud Schiffels (Hrsg.). – 1. Aufl. – Zürich: Kreuz-Verl., 1991
ISBN 3-268-00121-1
NE: Kamprad, Barbara [Hrsg.]

1. Auflage
© Kreuz Verlag AG Zürich 1991
Umschlaggestaltung: Jürgen Reichert, Stuttgart
Abbildungen S. 228: Foto Gressung, Saarbrücken
Gesamtherstellung: Ebner Ulm
ISBN 3 268 00121 1

INHALT

Einleitung

Im Februar 1990 erscheint zum ersten und zum letzten Mal die Saarland-Zeitung. Sie ist der mutige Versuch, das kleine Land im Südwesten mit einem weiteren Printmedium neben der allmächtigen Saarbrücker Zeitung zu versorgen. Der Versuch scheitert, eine Saarland-Zeitung Nummer 2 wird es nie geben. Das mag man bedauern, aber mir genügt das Unikat. Denn es ist schuld an diesem Buch.

Eine Freundin schickt mir das Blatt. Auf einen Zettel schreibt sie lapidar: »Seite 4. Wirst schon sehen, warum!« Auf Seite 4 steht eine Reportage mit der Schlagzeile »Sie hat sich selbst gehaßt«, drei Bilder springen ins Auge. Fotos einer schönen, sehr weiblich gestylten Frau, edel angezogen, sorgfältig geschminkt. Ich kenne dieses Gesicht, ich kenne den Nachnamen. Eine Waltraud Schiffels kenne ich nicht, nur Ursula, die witzige, engagierte, gescheite Kollegin aus gemeinsamen Saarbrücker Tagen. Und Walter, ihren Mann, diesen sanften Typ, der zu den Softis zählte, als es das Wort noch gar nicht gab, der mit uns jungen Frauen gegen jeden Chef und jeden Chauvi solidarisch war, als der Feminismus noch in den Kinderschuhen steckte.

Es trifft mich wie ein Schlag, als mir klar wird: Die Frau auf den Fotos war einmal Walter. Atemlos lese ich die Reportage von Beate Müller-Blattau. Danach geschehen zwei Dinge: Ich bin kein bißchen erstaunt über den Wechsel von Walter zu Waltraud. Und ich schäme mich. Denn alles, was ich über Transsexuelle weiß, gehört ins Rotlichtmilieu, habe ich aus schlüpfrigen Reportagen erfahren, voyeuristischen Blättern. Gewiß, manche sind berühmt geworden, werden ernst genommen. Renée Richards etwa, die lange Jahre Trainerin von Martina Navratilova war – heißt es nicht, sie sei einmal ein Mann gewesen? Walter Carlos, der Komponist, wurde er nicht zu Wendy? Gab es nicht diesen legendären Arzt in Casablanca, der Männer zu Frauen und Frauen zu Männern operierte und bei dem auch der Offizier und Mount-Everest-Bezwinger James Morris 1972 zu Jane wurde?

Halbwissen, versetzt mit Querverbindungen zu Travestie und Homosexuellen-Milieu, zu Mary und Gordy, zu Mannsbildern in Abendkleid und Netzstrümpfen, faszinierend und abstoßend zugleich. Glitzerwelt der Varietés und Cabarets, Halbdunkel, Grenzbereich. Ich hatte keine Ahnung von Leid und Elend der Transsexuellen, konnte mir nicht vorstellen, was es bedeutet, im falschen Körper zu leben. Gut, jeder hadert irgendwann mit seinem Geschick: Wenn der Busen nicht oder zu üppig wächst, wenn Bauchspeck quillt, Beine gerader sein könnten, Lippen voller, Wimpern länger. Industrien leben davon, Mann und Frau dem Idealbild näherzubringen, Fitneß-Studios, Diätküchen, Modehäuser, Kosmetikfirmen, Schönheitskliniken. Was für ein Gewese machen wir mit den kleinen Unzulänglichkeiten an Brustkorb, Wade oder Wange. Aber daß alles verkehrt sein soll, daß nichts stimmt, daß Gott sich von den Haarwurzeln bis zu den Zehenspitzen geirrt haben sollte, daß Frauen in Männerleiber, Männer in Frauenkörper gesteckt werden – ein schwer erträglicher Gedanke.

Am Ende jenes Tages schreibe ich Waltraud einen Brief. Ich gratuliere ihr zum neuen Leben, bewundere sie für ihren Mut, ihre Leidensfähigkeit, die Power, mit der sie an die Öffentlichkeit geht – und schlage ihr vor, gemeinsam ein Buch zu machen, ein Handbuch, das aufklären und den Voyeuren den Spaß verderben soll.

Waltraud, es hätte mich auch gewundert, wenn es anders gekommen wäre, hat so ein Buch längst im Kopf. Ich hingegen weiß noch nicht, was ich tue. Es ist etwas anderes, Fotos von vorher und nachher nebeneinanderzulegen und Texte zu schreiben wie »diese schöne Frau war gestern noch ein Mann« oder »dieser kernige Kerl ist als Frau geboren worden«. Es ist etwas anderes, eine fixe Reportage zu schreiben über eine gelungene geschlechtsangleichende Operation und Interviews zu machen mit glücklichen Menschen, die nun im richtigen Körper leben.

Die Recherche transsexueller Schicksale ist oft ein Abstieg in Niederungen aus jahre- und jahrzehntelanger Verkettung von Unglück, Verzweiflung, Demütigung, Angst, Ablehnung, Verlust von Arbeitsplatz, Freunden und Familie; von seelischer Qual und körperlichen Schmerzen, von Verstümmelung des »alten« Leibes, von Operationen und Narben. Eine Begegnung mit ärztlicher Kunst und psychologischem Engagement, begnadeten Operateuren und mutiger Forschung. Sie offenbart ein Stück Rechtsprechung dieser Republik mit einer quälenden Vorgeschichte. Keiner der Lebensläufe ist leicht und fröhlich. Das betrifft besonders jene Männer und Frauen, die vor 1980 im ersehnten Körper leben wollten. Ihnen blieb, solange die Rechtslage ihnen den Wandel verbot, nur der Weg ins Ausland, zu teuren Operateuren, die nicht selten schlecht arbeiteten. Es ist kein Zufall, daß in diesem Buch zwei Frauen zu Wort kommen, denen die Finanzierung ihrer Umwandlung nur durch Prostitution möglich war.

Nicht ohne Neid schauen die Älteren auf jene Schicksalsgefährtinnen und -gefährten, die heute beschließen, sich vom falschen Körper zu verabschieden. Sie sind rechtlich gesichert, ihre Operationen werden von den Krankenkassen bezahlt. Vorbei die Zeiten, als jede Razzia, jede Polizeikontrolle, jeder Grenzübertritt zur Zitterpartie werden mußte, weil der Paß etwa ein weibliches Foto, aber einen männlichen Geschlechtsvermerk zeigte. Man kann sich unschwer vorstellen, was Beamten dazu eingefallen ist.

Erschütternd auch die Geschichten aus dem familiären Umfeld. Viele Transsexuelle haben die Erfüllung ihres heißesten Wunsches mit dem Verlust aller sozialen Bindungen bezahlt. Es ist nachvollziehbar, wie sehr Eltern leiden, wenn ihr Bub eine Tochter sein will. Es ist vorstellbar, welches Unglück über ein Paar kommt, wenn der Mann Frau sein möchte. Waltraud sagt über die Ehe mit Ursula: »Ich habe sie sehr geliebt, und ich habe ihr wahnsinnig viel angetan, ohne es zu wollen. Das ist eine bleibende Schuld.«

Kaum noch faßbar sind Fälle, in denen nicht nur Mann und Frau, sondern auch Kinder betroffen sind. Der Hamburger Psychoanalytiker Friedemann Pfäfflin ist denn auch am tiefsten beeindruckt von Familien, die den Geschlechtswandel gemeinsam durchstehen und beieinanderbleiben – Ausnahmen freilich. Im Gegensatz zur landläufigen Meinung, Kinder würden an der Wahrheit über Vater oder Mutter zerbrechen, glaubt Pfäfflin, gerade sie kämen damit zurecht. Viel schlimmer sei es für die Kinder, wenn die Eltern ein Geheimnis vor ihnen haben. »Sie erleben einen Konflikt, der nicht ausgesprochen wird, weil der Vater sich versteckt. Das Kind darf ihn nicht unangemeldet antreffen, weil er sich vielleicht umzieht, schminkt, in Alkoholkonsum flüchtet. Oder er ist ständig unterwegs, weil er nur außerhalb des Hauses so leben kann, wie er sich fühlt. Wenn das Thema mal auf den Tisch kommt, ist es erstaunlich unproblematisch, wie Kinder darauf reagieren ... Dann ist das der Papa, wenn man unter sich ist, und die Gisela, wenn andere Leute dabei sind.«

»Unproblematisch« ist in diesem Buch ein seltenes Wort.

Nach der Operation mag Glück erst einmal überwiegen, die Zäsur als Neubeginn erlebt werden. Daß von nun an nur Sonnenschein sein wird, wird niemand so recht glauben – auch die Männer und Frauen nicht, die den Weg bis zu Ende gegangen sind: Operation, Änderung der Papiere bis zurück zur Eintragung ins Geburtenregister. Da mag aus einem jungen Mädchen ein ganzer Kerl geworden sein und aus einem unglücklichen Mann eine begehrenswerte Frau, die liebt und ihrem Beruf nachgeht, erfolgreich sogar und nicht länger diskriminiert. Es bleibt ein Trotzdem. Waltraud Schiffels schreibt in diesem Buch: »Wirklich Frau – dazu gehörte doch mehr als dieser Verlust ihrer Männlichkeit, den sie wollte, in den sie einwilligte und den sie ein Stück weit auch durchlitten hat. Es gehört auch mehr dazu, als jetzt eine Pseudo-Vagina zu haben statt des Penis und der Hoden. Die Brüstchen tragen vielleicht zu ihrer äußerlichen Fraulichkeit bei, aber nicht zu dem, was in ihr gewachsen ist. Das ist das Wichtigere: Frau ist Waltraud Schiffels geworden, als sie begriffen hat, daß Weiblichkeit für sie immer eine unerreichbare Utopie bleiben wird.«

In diesem Buch steht, was machbar ist. Wer hilft, wer rät, worauf zu achten ist, was das Transsexuellengesetz sagt, was Forscher meinen, wie Chirurgen aus Männern Frauen und aus Frauen Männer machen, welche Rolle Psychotherapie und Analyse spielen. Was Menschen anstellen und aushalten, um nicht länger im falschen Körper zu leben. Niemand wird leichtfertig sein Geschlecht ändern, dazu ist der Weg viel zu beschwerlich. Und wer bisher über Transsexuelle anzüglich grinste, dem wird das Lachen vergehen. So soll es sein.

Hamburg, im Mai 1991   Barbara Kamprad

ERWIN J. HAEBERLE

Transsexualität*

Die sexuelle Entwicklung des Menschen ist unter mindestens drei Aspekten zu sehen: dem biologischen Geschlecht, der Geschlechtsrolle und der sexuellen Orientierung. Es gibt Menschen, die sich mit einer Geschlechtsrolle identifizieren, die im Widerspruch zu ihrem biologischen Geschlecht steht. Es gibt also Menschen mit einem männlichen Körper, die sich als Frauen fühlen, und solche mit einem weiblichen Körper, die sich selbst für Männer halten. Insbesondere nach der Pubertät fühlen sich solche Menschen mit ihren sekundären Geschlechtsmerkmalen sehr unwohl; sie versuchen daher mit allen Mitteln (auch denen der operativen »Geschlechtsumwandlung«), ihren Körper mit ihrer Selbsteinschätzung in Übereinstimmung zu bringen. Diesen Zustand nennt man Transsexualität.

Die Ursachen für Transsexualität sind bisher nur wenig erforscht. Wir wissen, daß die Geschlechtsrolle schon sehr früh festgelegt wird und daß es nach einer gewissen Zeit keine Möglichkeit mehr gibt, die geschlechtliche Selbstidentifikation eines Menschen zu verändern. So ist ein hermaphroditischer Junge, dessen Geschlecht bei der Geburt falsch diagnostiziert wurde, möglicherweise von seinen Eltern als Mädchen erzogen worden. Entdeckt man den Irrtum schließlich, dann ist es für eine umfassende Korrektur zu spät, so daß sich der Junge weiterhin als Mädchen versteht. Es gibt leider auch seltene Fälle, in denen die Eltern das biologische Geschlecht ihres Kindes einfach nicht akzeptieren wollen und eine entsprechende Selbstfindung verhindern. (Ein Beispiel ist die Mutter, die ihre Tochter nötigt, die Rolle des Sohnes zu spielen, den sie sich eigentlich gewünscht hat.) In anderen Fällen scheinen die Kinder von sich aus, ohne oder gegen den Einfluß der Eltern, eine konträre Geschlechtsrolle anzunehmen. Angesichts dieser Tatsachen gehen viele Sexualforscher heute davon aus, daß für Transsexualität eine Kombination biologischer und sozialer Faktoren bestimmend ist. Andere meinen, daß manche Kinder ihre transsexuelle Veranlagung vielleicht schon entwickeln, bevor sie geboren werden.

Soweit bekannt ist, ist die Transsexualität so alt wie die Menschheit, wenngleich Transsexuelle in verschiedenen Kulturen und historischen Zeitabschnitten sehr unterschiedlich behandelt wurden. In der Antike galt eine Umwandlung des Geschlechts als ein Mysterium, dem man Respekt und Hochachtung zollte. In der griechischen Mythologie wird zum Beispiel vom blinden Seher Teiresias erzählt, der sich als junger Mann wie durch ein Wunder in eine Frau verwandelte und später wieder in einen Mann. So machte er die sexuellen Erfahrungen des Mannes und der Frau, was ihm zu hohem Ansehen verhalf. Wir wissen auch, daß es bestimmten Männern in verschiedenen Gesellschaften der Vergangenheit (einschließlich einiger Indianerstämme Amerikas) erlaubt war (oder man sie sogar darin unterstützte), eine feminine Geschlechtsrolle zu übernehmen und als »Schamanen« zu leben. Sie trugen Frauenkleider und heirateten große Krieger oder berühmte Männer ihrer Stämme und versorgten den Haushalt. Sie selbst waren oft sehr angesehen, weil man glaubte, sie hätten magische Kräfte. Eine solche gesellschaftlich anerkannte Lösung war natürlich nicht nur für Transsexuelle außerordentlich günstig, sondern auch für andere sexuelle Minderheiten wie Hermaphroditen, Transvestiten und »weiblich« empfindende Homosexuelle. Anderen homosexuellen Männern dagegen war es möglich, die sexuelle Erfüllung ihrer maskulinen Rolle durch die Heirat mit einem Schamanen zu finden. Sexuell weniger tolerante Gesellschaften der westlichen Welt haben eine vergleichbare Lösung nie geboten. Im Gegenteil, unsere christliche Kultur zeichnete sich immer durch fanatische Unterdrückung und Verfolgung sexueller Abweichungen aus, und so war ihre Einstellung Transsexuellen gegenüber meist durch Sanktionen bestimmt. Langsam ist es jedoch klargeworden, daß verbale Drohungen und Strafverfolgungen, Gewaltanwendung, Elektroschocks und Aversionstherapien die Situation nicht ändern oder bessern können.

Viele Fachleute sind heute der Auffassung, daß man Transsexuellen helfen sollte, ihr Ziel zu erreichen oder ihm zumindest näher zu kommen. Ein berühmter Arzt hat das Ziel so ausgedrückt: »Wenn man den Geist nicht so verändern kann, daß er zum Körper paßt, dann sollten wir uns vielleicht dazu entschließen, den Körper so zu verändern, daß er dem Geist entspricht.« Moderne Hormonbehandlungen und neue chirurgische Techniken ermöglichen es heute, die anatomische Erscheinung eines Menschen erheblich zu verändern. So ist es durch Hormonbehandlung und »operative Geschlechtsumwandlung« möglich, einem Mann die Charakteristiken eines weiblichen Körpers zu geben (dazu gehören auch Brüste und eine künstliche Vagina), so daß man ihn für eine Frau halten kann. (Das Gegenteil ist in einem gewissen Umfang auch möglich. Für den Chirurgen ist es jedoch einfacher, bei einem Mann eine künstliche Vagina zu schaffen, als bei einer Frau einen künstlichen Penis.) Es gibt inzwischen verschiedene spezialisierte Kliniken, in denen Transsexuelle in dieser Weise Hilfe finden können. Diese Kliniken waren zunächst vor allem Universitäten angeschlossen. Aber auch private Chirurgen haben sich inzwischen auf diesem Gebiet spezialisiert. In den letzten sechs Jahren haben sich in den Vereinigten Staaten Hunderte von Patienten einer operativen Geschlechtsumwandlung unterzogen, und Hunderte mehr haben sich dafür angemeldet.

Die Geschlechtsumwandlung selbst kann sich über mehrere Jahre erstrecken. Sie beginnt mit einer längeren »Probezeit« und Hormonbehandlung (deren Wirkung wieder rückgängig gemacht werden kann) und führt schließlich zum chirurgischen Eingriff, der endgültig ist. Nach der Operation sollte der oder die Betroffene sich zu regelmäßigen Gesprächen einfinden, um die therapeutischen Ergebnisse und Probleme bei der Anpassung an die neue Lebenssituation zu besprechen.

Bei jedem Schritt auf diesem Weg sind fachlicher Rat und Hilfe wichtig. So wird es zum Beispiel von einem bestimmten Zeitpunkt an erforderlich, daß der Behandelte Kleidung trägt, die seinem neuen Geschlecht entspricht. Dadurch kann er zunächst mit seiner Umwelt in Konflikt geraten.

Bei alldem ist aber eine korrekte Diagnose entscheidend wichtig. Nur wirklich »echte« Transsexuelle sollten operiert werden. Jeder andere wird später die Operation bereuen, und dann ist es zu spät. Die Diagnose der Transsexualität ist nicht leicht und nur einem sehr erfahrenen Arzt oder Therapeuten möglich.

Ist die Behandlung abgeschlossen, werden einige rechtliche Schritte notwendig: Der »neue« Mann oder die »neue« Frau müssen einen anderen Namen haben, Ausweispapiere sind zu ändern. Ein Ortswechsel sowie Maßnahmen zur beruflichen Umschulung oder Neueingliederung können notwendig werden. In vielen Ländern Europas wird eine Geschlechtsumwandlung rechtlich noch nicht anerkannt. Die Folgen dieser amtlichen Unbarmherzigkeit sind oft verheerend. Man kann nur hoffen, daß Gesetzgeber und Richter sich bald überall mit diesen Problemen befassen und für die Zukunft vernünftige Lösungen anbieten.

Weiterführende Literatur
Benjamin, H.: The transsexual phenomenon. 2. Aufl., New York (Warner), 1977.
Feinbloom, D.: Transvestites and transsexuals. New York (Delacorte Press), 1976.
Moris, J.: Conundrum. Bericht von einer Geschlechtsumwandlung (Conundrum, dt.). München (Piper), 1975.

Sigusch, V., Meyenburg, B., Reiche, R.: Transsexualität. In: Sigusch, V. (Hrsg.): Sexualität und Medizin. Köln (Kiepenheuer & Witsch), 1979.
Springer, A.: Pathologie der geschlechtlichen Identität. Transsexualismus und Homosexualität. Berlin (Springer), 1981.
Stoller, R. J.: Sex and gender. Bd. III: The transsexual experience. New York (Aronson), 1976.

* **Abdruck**
aus: Erwin J. Haeberle, Die Sexualität des Menschen, Handbuch und Atlas, Verlag Walter de Gruyter & Co., Berlin 1983

Erwin J. Haeberle ist Professor am Klinikum Steglitz, Berlin.

Waltraud Schiffels
Der gewendete Mann

Ich heiße Waltraud Schiffels. So heiße ich seit dem 29. August 1989. Geboren worden bin ich am 12. April 1944. Damals hat der Standesbeamte registriert, den Eheleuten Edmund und Dr. Helene Margarete Schiffels, geborene Geiger, sei ein Sohn geboren worden, als dessen Vornamen Walter Wilhelm eingetragen werden sollten. Bis zum 29. September 1989 war Walter Wilhelm Schiffels – der da schon ganz zu Recht seit einem Monat Waltraud hieß – ein Mann: An diesem Tag wurde er eine Frau, und am 20. März 1990 hat das Amtsgericht in Saarbrücken dies auch amtlich festgestellt. Seitdem ist Waltraud Schiffels vor Gott und der Welt, vor Behörden und Gerichten, vor dem Menschen, der sie so liebt, wie sie auch diesen Menschen liebt, vor allen, die sie kannten, und vor allen, die sie neu kennenlernen werden, das, was sie immer sein wollte: Frau.

Tatsächlich? Genügt das, was ihr Operateur, Professor Dr. Walther Rindt, der Patientin Schiffels bescheinigt, um eine Frau »herzustellen«: »Ich habe bei Dr. Schiffels am 24. 8. 89 das Scrotum abgetragen, am 29. 8. 89 den Penis amputiert und eine künstliche Scheide angelegt und damit und mit einer weiteren angleichenden Operation am 4. 1. 90 eine weitgehende Annäherung an das äußere Erscheinungsbild des weiblichen Geschlechts herbeigeführt. Fortpflanzungsfähigkeit besteht nicht mehr«?

Daß ein so behandelter Mensch kein Mann mehr ist, leuchtet ein. Aber daß solch ein Wesen eine Frau sein soll . . .? Mary Daly stellt in ihrer wütenden »Gynökologie« ja auch fest, es genüge der Phallokratie, die allenthalben noch herrscht, einen Mann nur zweckmäßig zu verstümmeln, um ihn schon als Frau zu kategorisieren. Aber der hat doch nicht im mindesten auch nur Ansätze weiblicher Sozialisation, ist nie Mädchen gewesen, Empfängnis, Schwangerschaft und Geburt sind kein Thema für ihn, und die Zyklen der Frauen wird er nie erfahren. Nun gut: Das Outfit mag stimmen, und wie er sich anzieht ist vielleicht sogar zu perfekt, und obenhin kann die Täuschung gelingen. Aber Frau? Dazu gehört doch wohl mehr.

Natürlich hat Mary Daly recht. Und trotzdem behaupte ich: Ich bin nicht nur ein weiblicher Mensch, nicht nur Frau vor dem Gesetz, könnte nicht nur ganz nach BGB und Standesrecht einen Mann ehelichen (eh' ich das täte, würde ich lieber selber wieder Mann), nein, ich bin wirklich eine Frau.

Es ist ein weiter Weg gewesen bis dorthin. Abweichungen von »normalen« Lebensläufen hat es schon gegeben, bevor die Biographie eigentlich begann: Die Mutter war vierzig, als sie heiratete, der Vater dreiundvierzig, und zum Lebenskonzept der Mutter haben Heirat und Kind nie gehört. Sie war die Älteste von achtzehn Geschwistern, ihr Vater ganz kleiner Beamter bei der Reichsbahn – überaus ärmliche Verhältnisse also –, und sie war Jahrgang 1903. Unter solchen Umständen nach abenteuerlichen Umwegen zum Studium zu gelangen und Fachärztin für Neurologie und Psychiatrie zu werden hieß damals, sich Gedanken an Mann und Kind von vornherein aus dem Kopf zu schlagen, und da waren auch die von ihr lebenslang gepflegten sehr innigen Freundschaften zu Kolleginnen und anderen Frauen aus dem medizinischen, kirchlichen und kulturellen Umfeld. Aber dann kam dieser Mann. Alle, die Edmund Schiffels gekannt haben, schildern ihn als überaus charmant und beharrlich. Die biblischen sieben Jahre wirbt er um die Hausärztin seiner Eltern, dann – es ist 1943, Stalingrad ist gefallen, beide glauben, es könne nicht mehr lange dauern mit dem Krieg – gibt sie ihm jäh nach.

Eine sehr romantische Geschichte um eine Moselfahrt hört der kleine Walter öfter von den Schwestern seines Vaters. Die beiden heiraten, 1944 werde ich geboren, im gleichen Jahr – am 5. Oktober – macht ein sehr schwerer Luftangriff Saarbrücken zur toten Stadt. Dicht bei dem Keller, in dem Helene Schiffels mit ihrem sechs Monate alten Säugling Unterschlupf gesucht hat, geht eine Luftmine nieder; der Keller ist verschüttet. Nach der Bergung hört das Kind nicht mehr auf zu schreien und beginnt bald, hoch zu fiebern.

Man bringt es in ein Dorf im nördlichen Saarland zu Schwestern und Vater der Mutter, denn Saarbrücken ist nicht mehr bewohnbar, das Haus zerstört. Edmund Schiffels ist zu dieser Zeit schon an der Front – bis dahin galt er als »unabkömmlich«, er gehört zur technischen Nothilfe der Stadt. Aber inzwischen tobt der herbeigeschriene »totale Krieg«. Ab Ende Oktober gibt es kein Lebenszeichen mehr von ihm, im November wird er für vermißt erklärt. Die Leiche findet man bei Tiefbauarbeiten 1965 in einem zugeschütteten Granattrichter in der Nähe von Metz: Da sieht Walter Schiffels seinen Vater zum ersten und einzigen Mal. Die Briefe, in denen auch von seinem Sohn die Rede ist, die er in seinem Tornister trägt, sind noch lesbar.

1946 kann das Kind Walter Schiffels zum ersten Mal geröntgt werden: Es zeigt sich, daß drei seiner fünf Lungenlappen zerstört sind, vom Luftüberdruck des Naheinschlags damals wohl. Das kranke Kind kommt in eine Lungenheilstätte nach Friedenweiler im Schwarzwald und bleibt dort bis 1950. Es ist glücklich fünf Jahre alt, als es seine Mutter kennenlernt, die ihrem Mann nie verziehen hat, daß er in diesen sinnlosen Krieg gegangen ist: Sie hätte ihn doch versteckt. Sie wartet immer noch auf ihn, jahrelang noch, bevor sie es aufgibt, und als einzige Hinterlassenschaft dieses Mannes, der ihr Leben für anderthalb Jahre völlig umgekrempelt hat und sie dann allein ließ, hat sie dieses Kind, und das Kind ist männlich. Die ausgezeichnete Diagnostikerin, die sie ist, wird ihrem einzigen Sohn niemals sagen, daß das, was ihn an seinem Glied so stört, eine Phimose ist, die leicht operierbar wäre: Erst die Frau, mit der der schon längst erwachsene Walter Schiffels seinen ersten Liebesakt vollziehen will, wird ihn darüber aufklären, warum es nicht geht.

Nein, diese Biographie ist weit jenseits aller Normalität; sie ist auch nicht typisch für Transsexuelle. Aber über viele Jahre fällt niemandem auf, daß da ein Leben völlig entgleist.

Die Auffälligkeiten, die es gibt, werden auf Walters Krankheit geschoben: Für die Schulkameraden ist der ewig kränkelnde, sehr blasse kleine Bub eine komische Figur, verzärtelt. Ein Taxi bringt ihn zur Schule, Patienten der Mutter, die selbst nie einen Führerschein haben wird, holen ihn von da ab. Beim Sport sitzt er auf der Bank neben dem Spielfeld oder macht allenfalls mal den Schiedsrichter. Aber er ist halt krank. Er gilt als Musterschüler, ist altklug, und seine Phantasien behält der Kleine wohlweislich für sich.

Sie sind seltsam gespalten. Da sind zum einen durchaus männlich orientierte Machtphantasien: Walter baut und sammelt Schiffsmodelle – er hat noch nie das Meer gesehen, aber Aussehen und Namen und Tonnagen und Bewaffnung der Schiffe der Welt kann er auswendig herbeten, und seine geliebtesten Modelle sind die von Kriegsschiffen. Nachts, wenn er neben der Mutter liegt (Mutter und Sohn werden beieinander schlafen, bis die Mutter zum Pflegefall wird und das Haus verlassen muß), erobert er in seinen Träumen Narvik noch einmal, obwohl er weiß und sich vorstellen kann, wie grauenhaft in den grauen, schwimmenden Särgen gestorben wurde; und dann stellt er sich vor, er sei ein Mädchen und werde versklavt und gewaltsam genommen, oder er sei ein junger Mann und jemand zwinge ihn, sich als Frau zu verkleiden. Während eines solchen Traums wird er zum ersten Mal einen nächtlichen Samenerguß haben, und als er lernt, sich selbst zu befriedigen, gehören Fesselphantasien und -utensilien ebenso dazu wie weibliche Fetische: ausrangierte sehr hohe Pumps der Mieterin im Dachgeschoß, Wäschestücke, die eine Tante vergaß.

Was ist da passiert? Walters Partnerphantasien sind »in

Ordnung«, schwul ist er nicht – gut, es gibt da eine schwärmerische Zuneigung, die der Bub zu einem jungen Mann hat, aber etwas anderes als Schiffsmodelltauschen haben die beiden nie miteinander getrieben, und der von seinen Sexualabweichungen sehr geplagte erwachsene Mann probiert es einmal mit einem Mann, aber er gerät dabei an ein ziemlich übles Exemplar dieses Geschlechts und wird sich schmerzlich klar: Das ist es nicht – aber wenn Walter Schiffels auch nie andere Menschen als Frauen begehrte und liebte (woran sich bei Waltraud Schiffels nichts geändert hat), so ist er doch ganz entschieden kein richtiger Mann, und er weiß das auch.

Erst Waltraud Schiffels, die ihr heiß umkämpftes Lebensziel, Frau zu werden, erreicht hat, der niemand mehr etwas »wegtherapieren« kann, wird fähig, Überlegungen zuzulassen, die zumindest für sie selbst plausibel machen, weshalb der Mann, der sie war, transsexuell wurde und weshalb er Masochist war. Ihre entsprechenden Erinnerungen kann sie hinunterverfolgen bis in ihr viertes Lebensjahr.

Ein Krippenspiel wird in dem von Nonnen geleiteten Kinderlungensanatorium zu Weihnachten ausgerichtet – ist es 1947 oder 1948? –, und da das Kind Walter als so absonderlich brav und ruhig gilt, einen sehr dichten, wuscheligen, weißblonden Haarschopf hat und einfach »süß« ausschaut, beschließen die Ordensschwestern: Walter soll das Christkind sein. Man zieht ihm ein langes, weißes Hemdchen an – ganz etwas anderes als die sonst im Kinderheim übliche Kleidung –, und ich weiß tatsächlich bis heute, daß ich dieses Kleid als weiblich und als Auszeichnung empfand und es ungeheuer genoß, darin gleichsam »ausgestellt« zu sein. Später ist mir erzählt worden, die Ordensschwestern hätten sich gewundert, wie ich so sehr selbst über ihr Erwarten brav und ruhig gewesen sei. Da war eben schon etwas . . .

Und nicht viel später: Inzwischen bin ich beim Hausmeisterehepaar des Heims in Privatpflege (übrigens wollen mich die beiden kinderlosen Leute adoptieren, und es ist noch nicht so sehr lange her, daß ich weiß, wie die Mutter mich tatsächlich zur Adoption freigeben wollte, es freilich dann doch nicht tat), und in diesem Haushalt, der karg ist, gibt es nichts, was einem Kinderbuch auch nur ähnelte, außer einer sehr alten und reichlich bebilderten Sammlung von Heiligenlegenden mit grauslichen Martyriumsdarstellungen. Und Walter, der noch nicht lesen kann, verschlingt diese Bilder von gefesselten und gequälten Menschen. Übrigens findet niemand etwas dabei. Da war doch schon etwas . . .

Eigentlich erklärt es sich leicht. Daß das Kind Walter Schiffels seinen Körper nicht mochte, versteht sich fast von selbst: Dauernd macht er Schmerzen, muß in den Liegekuren und im Bett ruhiggehalten werden; zwischendurch ist es einmal so schlimm, daß der Dreijährige und später der Fünfjährige das Gehen wieder neu lernen muß. Um das Kind sind nur Frauen, die als sehr stark und dominierend erlebt werden: die Nonnen, die Pflegerinnen, die Ärztin. Diese Frauen fügen dem Buben (weil sie es müssen, es bleibt ihnen nichts anderes übrig) ständig Schmerzen zu: Penicillin-Spritzen sind damals noch eine Qual, vor Zäpfchen hat Walter panische Angst, und es ist stets so undurchschaubar, was als nächstes geschehen wird. Nimmt es wunder, wenn der Kleine gern auf der Seite der Starken wäre, auf der Seite der Frauen? (Männer gibt es einfach nicht in dieser Zeit in der Umgebung dieses Kindes; als es schließlich zu dem Hausmeisterehepaar Laubis kommt und in der Frau eine sehr warmherzige Ersatzmutter findet, sind die Weichen wohl schon gestellt.)

Zweierlei lernt das Kind in jener Zeit: Frauen sind »allmächtig«, und Schmerz und Unbeweglichkeit sind nur zu ertragen, wenn ich sie zu Lust umdeute. Transsexualität und Masochismus entstehen so nebeneinander. Später lernt der hellwache heranwachsende masochistische Transsexuelle, der ich wurde, daß in dieser Gesellschaft die Frauen gar nicht diese Position der Stärke haben, ganz im Gegenteil;

und wie oft hört der Bub, als er schließlich wieder bei der Mutter ist, sie über Männerwillkür und -gemeinheit schimpfen, denen sie unterworfen ist: Der masochistische Teil in dem Transsexuellen fühlt sich um so mehr animiert, teilzuhaben an diesem anderen Geschlecht, das die Männerwelt ständig demütigt. Der Knoten zieht sich fester. Er wird nicht mehr zu lösen sein; erst der Schnitt der Operation vermag ihn zu durchtrennen.

Wohlgemerkt: Dies ist meine Deutung meiner selbst, nicht mehr (der Therapeut, dem ich mein Leben verdanke, kann freilich zustimmen); und vor allem: Dies ist *nicht typisch für Transsexualität*, für primäre Transsexualität wäre es sogar völlig atypisch.

Es gibt zwei gänzlich verschiedene Typen der Transsexualität (abgesehen davon, daß Transsexualität sowohl bei Männern als auch bei Frauen vorkommt).

Da sind einmal die *primär Transsexuellen*. Ihre Schädigung (von einer Schädigung wird man sprechen müssen) widerfährt ihnen wohl schon vorgeburtlich, und es scheint so, als sei die Forschung den Gründen der Veränderung inzwischen auf der Spur. Sie jedenfalls können sich vom Kleinstkindalter an nicht der Gruppe der Gleichgeschlechtlichen anschließen, finden aber nicht das mindeste dabei, mit den andersgeschlechtlichen Kindern zu spielen und sich (etwa beim Sport) mit ihnen umzuziehen und zu waschen; für diese Kinder ist es auch typisch, daß sie die »falschen« Spiele bevorzugen und mit dem »falschen« Spielzeug spielen. Bei ihnen ist auch nicht nur die eigene Geschlechtsidentität ins Gegenteil verkehrt, auch die Partnerwünsche sind es: Solche primär transsexuellen Jungen erscheinen, werden sie nicht operiert, wie sehr effeminierte männliche Homosexuelle, werden auch oft mit ihnen verwechselt und verwechseln sich wohl auch selbst öfter mit ihnen. Ermöglichen ihnen ein Verfahren gemäß dem Transsexuellengesetz und das Können der plastischen Chirurgie ein Leben als Frau, werden sie (abgesehen von ihrer Lebensgeschichte) zu vergleichsweise unauffälligen heterosexuellen Frauen.

Anders bei den *sekundär Transsexuellen,* zu denen ich gehöre, die den Gutachtern oft mehr Kopfzerbrechen bereiten und die manche der mit solchen Fällen befaßten Chirurgen auch nicht so sehr gern verändern: Bei ihnen tritt die psychische Schädigung auf jeden Fall nachgeburtlich infolge irgendwelcher schwerwiegender Sozialisationsdefizite ein. Ihre Veränderung umfaßt in der Regel nur ihre Geschlechtsidentität, nicht aber unbedingt die Partnerausrichtung, und deshalb verursachen diese Sekundärtranssexuellen die leider so häufigen Partnerschaftsdramen. Oft suchen sie ihr angestammtes Geschlecht sich selbst in einer Ehe zu beweisen und zu retten, zeugen Kinder, leben nach außen unauffällig, bis es dann auf einmal nicht mehr geht oder die Partnerin den verkleideten Mann erwischt oder das so sorgfältig versteckte Häufchen weiblicher Wäschestücke in »seinem« Schrankteil entdeckt. Von diesen Männern können die Verkäuferinnen in den Sexshops so manches Lied singen, und viele Nutten auch. Zu dieser Art Mann habe ich gehört.

Lange Zeit blieb ich unauffällig – nur vor mir selber nicht. Die Selbstbefriedigung am Samstagnachmittag, wenn die Mutter lange schlief, wurde Ritual: immer mit den weiblichen Attributen am Leib, deren ich hatte habhaft werden können, selbstgefesselt – und einmal wäre es fast nicht mehr gelungen, mich auch selbst zu befreien – und im Betrachten von Bildern sehr dominierender Frauen: Jane Fonda als Barbarella zum Beispiel. Nach außen hin der Mustersohn: sehr besorgt um die zunehmend und rasch verfallende Mutter, die – wie viele Ärztinnen – medikamentenabhängig geworden war über ihrem unerträglich schweren Leben; schon lange machte ich für sie praktisch die gesamte Praxiskorrespondenz, die Kassenabrechnungen, fuhr sie zu den zahlreichen Hausbesuchen und wußte so, viel zu früh wohl, viel zuviel über die Psychopathologie der Menschen.

Nur über mich selbst ist zu Hause nicht gesprochen worden. Hat meine Mutter es nie gewußt, hat sie ihr Wissen oder Ahnen immer weggedrückt? Ich weiß es nicht. Schulfähig war ich seit der Tertia (wie die Klasse 8 damals noch hieß) nicht mehr gewesen: Mehrere reichlich riskante Lungenoperationen haben es mir schließlich ermöglicht, nach vier Jahren fast ununterbrochener Bettlägerigkeit wieder so lebensfähig zu werden, daß ich eine Aufnahmeprüfung in eine Oberprima bestehen konnte, mit der ich dann drei Monate später Abitur gemacht habe. Die Schwere der Krankheit hat es so leicht gemacht, daß meine Konditionierung durch die Mutter hin zu einem eher weiblichen Klischeeverhalten munter weiterging: Wunsch war, ihr im Beruf nachzufolgen oder die Tätigkeit als Stationsarzt in einer psychiatrischen Klinik. Aber nein: »Dem bist du körperlich nicht gewachsen – studier doch was Schönes, was dir liegt, Literatur vielleicht . . .« Und ich studierte Literaturwissenschaft, Philosophie, Geschichte und Pädagogik. Noch eine dritte Lungenoperation, die sehr schmerzhaft das Studium unterbrach, dann ging es, und es ging rasch. Der Mustersohn wurde zum Musterstudenten, den alle Kommiliton(inn)en als reichlich komisch, verspießert und verklemmt empfanden. Er zog sich an wie sein eigener Großvater, rauchte nicht, trank nicht, war abends zu Hause, um die Mama ins Bett zu bringen, mit der er dauernd telefonierte. Nur in seinen Literaturinterpretationen ging er seltsame Wege, und wenn's mal um Exotismus und Eskapismus ging, brachte er (sogar ziemlich ohne Erröten) auch erotische Texte ins Spiel, und bei einem Seminar zum Thema »Erziehungsroman« schlug er ganz im Ernst vor und so, als sei es selbstverständlich, auch die »Geschichte der O«, die er offenbar fast auswendig kannte, in den Kanon zu integrieren. Ein komischer Typ.

Schon früh – noch tief unten in der Regelstudienzeit – hat mich mein sehr verehrter nachmaliger Doktorvater Helmut Kreuzer als wissenschaftliche Hilfskraft am Germanistischen Institut der Saarbrücker Uni beschäftigt, und von da an nahm das Doppelleben groteske Züge an. Denn jetzt habe ich zum ersten Mal in meinem Leben über eigenes Geld verfügt, das mir auch zur freien Verfügung stand. Der Lebensunterhalt war durch die Mutter ja gesichert, und gemessen am Standard der Kommiliton(inn)en, ging es mir sehr gut. Das Wohnen im eigenen Haus war ja mietfrei, das eigene Auto war schon Selbstverständlichkeit. Nun also Geld auf der Hand ... Stammkunde in einem bestimmten Sexshop war ich schon länger; es war schwierig, die inzwischen zur Menge angewachsene Zahl der Wäsche- und Schuhfetische vor der Mutter zu verbergen. Nun sollten sie auch Verwendung finden. An einem unvergessenen Nachmittag hat mir die Sexshopbesitzerin Name, Adresse und Rufnummer einer Domina gegeben, und dort bekam ich, wonach ich in vielen Tag- und Nachtträumen gegiert hatte. Ich durfte bei ihr unfrei sein, sie verwandelte mich optisch in ein Wesen, das (in meiner Einschätzung) einer Frau ähnlich sah, und nahm mich. Ich war im Himmel.

Wir haben uns damals sehr rasch ganz real miteinander befreundet, diese Frau und ich; wir haben auch ohne Fessel und Augenbinde und ohne Entgelt miteinander geschlafen, und es hat mir nichts ausgemacht, daß sie schon vergleichsweise alt war und übrigens grotesk meiner Mutter ähnelte. Ich habe das ziemlich ausführlich in meinem sehr weitgehend autobiographischen Roman »Im Rock« erzählt. Ich fing an, in ihr Geschäft einzusteigen, ich war ihre Zofe, ich wurde ihre Stellvertreterin (und die weibliche Form ist am Platze, denn die wahre Geschlechtsidentität blieb den Kunden tatsächlich verborgen), ich wurde ein Stück weit ihre Nachfolgerin. Tagsüber braver Hilfsassistent, morgens die Pflege für Mama, abends das Süppchen für sie und ein Plauderstündchen mit ihr; schlief sie dann, schlich das brave Spießerlein aus dem Haus und trug eine halbe Stunde später schwarzes Leder und ein riesiges Make-up und sah so aus, wie dieses Männlein es an Jane Fonda so erregend gefunden hatte.

Es konnte nicht lange gutgehen. Die ungeheure körperli-

che Beanspruchung mit Unijob, Hausarbeit, Pflege und
»Nachtdienst« war nicht auf die Reihe zu kriegen, aber noch
waren Speedies ganz offen in Apotheken verkäuflich, und
mein damaliger Arzt, dem schon die Vielfachbeanspruchung
durch Studium, Berufstätigkeit und Pflege der Mutter
Grund genug für mein rapides Abnehmen und die augenfäl-
lige Streßsituation schien, hat ganz unbefangen Captagon
verordnet. So bin ich zum ersten Mal in eine Sucht eingestiegen.

Das Ende dieser Zeit war denkbar brutal. Ich habe mich
selbst in eine Viktimisierungssituation hineinbegeben, und
eigentlich ist nur passiert, was passieren mußte: Ich bin Opfer einer Vergewaltigung geworden (das funktioniert auch
bei Männern). Das Trauma war so schmerzlich, daß ich von
einer Stunde zur anderen völlig ausstieg, nichts mehr mit all
dem zu tun haben wollte. Die Perücken und Corsagen wan-
derten in den Müll, und ich rettete mich in die Sublimation.
Sie war durchaus erfolgreich; die Prädikate unter Magister-
arbeit und Dissertation können sich sehen lassen, und fast
ohne mein Zutun ist aus der Hilfsassistentenstelle eine re-
guläre Assistentenstelle geworden. Es begann, nach akade-
mischer Karriere auszusehen. Aber tatsächlich war damit
nur das nächste und schlimmere Kapitel des Dramas einge-
leitet.

Es war die legendäre 68er Zeit, die erotischen Normen
hatten sich verändert, und es ist mir leicht geworden, meinen Drang, mich nun als normaler Mann zu beweisen, auch
tatsächlich zu befriedigen. Ich habe tüchtig herumgekatert.
Als mir Ursula auf die Bude gerückt ist, war ich zuerst einfach nur genauso ungeniert mit ihr wie etliche Male zuvor
(und einige ganz wenige Male danach) auch mit andern.
Aber sie hat mir gesagt und gezeigt, sie wolle bei mir bleiben, und ich habe mich sehr verliebt. Ich liebe sie heute
noch; wir sind fünfzehn Jahre zusammen gewesen, und ich
ertrage es kaum, je mehr ich Frau werde, um so besser zu
sehen, was ich ihr angetan habe. Ich habe sie zur Ehe ge-

zwungen, um mich zu heilen. Sicher, ich habe sie wirklich geliebt, aber dennoch ... Denn ich habe wirklich geglaubt, »das ginge weg«, wenn ich nur ein ganz normales Geschlechtsleben lebte; ich habe mir auch wirklich gewünscht, es leben zu können, und es ging auch ganz gut, eine Weile.

Die Verlängerung der Vertragssituation an der Uni war nicht möglich gewesen; ich war inzwischen (ohne einen Tag Arbeitslosigkeit erlebt zu haben) Fachbereichsleiter »Kultur« an der Volkshochschule Saarbrücken geworden, tanzte auf allen Hochzeiten und war bekannt wie ein bunter Hund. Aber eigentlich war ich dem Job nicht gewachsen. Er ging wohl über die körperliche Kraft hinaus, und ein Verwaltungsmensch war ich nie und werde ich nie sein. So ganz allmählich gehörte ein Glas Wein zum Mittagessen, und abends war es so angenehm, mit einem Viertelchen auszuspannen, und morgens hob ein kleiner Sekt den Kreislauf. Es hat bei mir so angefangen wie bei vielen. Die Besitzerin des Sexshops hat sich sehr gefreut, mich wieder als Kunden bei sich zu sehen.

Ursula Schiffels übrigens gehörte zu jener Zeit sicher zu den bestangezogenen jungen Frauen Saarbrückens, aber sie schien nicht so besonders glücklich darüber zu sein, wenn ihr die alten Herren im Theater oder sonstwo Komplimente machten, die freilich nicht wissen konnten, daß nicht sie es war, die ihre Kleider aussuchte und kaufte, sondern ihr Mann, der dafür ein Vermögen ausgab und ihr, die schauen mußte, daß das Haushaltsgeld stimmte, durchaus Sorgen machte und keine Freude – nur zog er eben in Wirklichkeit gar nicht sie an, sondern sich selbst. Walter Schiffels hatte sehr schnell heraus, daß seine Frau und er die gleiche Konfektionsgröße und sogar die gleiche Schuhgröße hatten, und zuerst hat sich Ursula öfter gewundert, weil – war sie eine Weile aus dem Haus – die Kleider in ihrem Schrank nicht mehr in der Ordnung hingen wie zuvor.

Ich habe ihr auch bald gestanden, ich sei Transvestit, denn

so hatte ich mich inzwischen selbst kategorisiert – und habe diese Eigenfehldiagnose bis 1988 durchgehalten. Sie blieb trotzdem. Ich ging zum Psychiater, vor allem freilich deshalb, weil es inzwischen dahin kam, daß ich dieser gequälten jungen Frau, die ich doch liebte, nicht selten das antat, was ich so gern von ihr gehabt hätte – nur war sie keine Masochistin. Die zweitschlimmste Erinnerung in Waltraud Schiffels ist die, daß Walter Schiffels Gewalt in der Ehe geübt hat, die allerschlimmste, daß der Mann, der sie einmal war, seine Frau bis hin zum Unterschriftfälschen betrog, um sich die Geldmittel zu verschaffen, die er für seine Verkleidungsverrücktheiten brauchte. Ich bin damals sehr bald arg aus dem Ruder gelaufen; freilich hat es noch Jahre gedauert, bis andere das merkten.

Die Ehe war eine Weile sogar recht glücklich: Wir lernten viel miteinander und aneinander, und als meine Mutter gestorben war, hörten auch schlagartig die Quälereien der Frau auf, und es schien, als würde alles gut. Die Menschen in der Stadt betrachteten das junge Paar mit eben solcher Sympathie, wie sie zuvor diese andere Paarung Mutter und Sohn gepriesen hatten, und nur einige wenige, die genauer schauten, mögen gedacht haben: Irgend etwas stimmt nicht bei denen.

Treu ist der Ehemann, der ich war, gewesen, aber seine Sehnsüchte begann er sonstwo auszuleben: Ich habe mich damals mit einer allein lebenden Berufskollegin in Göttingen befreundet. Auch sie ist, wie ich, körperlich schwer beschädigt; auch sie weiß dies gut zu verstecken, und gerade über der Doppelentdeckung »Was, dir fehlt auch was?« haben wir einander kennen- und schätzen gelernt. Es zeigte sich, daß Ingan Küstermann Außenseiter-Persönlichkeiten geradezu sammelte. Sie hat mir erlaubt, in den Ferien öfter bei ihr zu wohnen – als Frau und als ihre Freundin. Ich habe sie im Lauf der Zeit damit so strapaziert, daß ich dem Rausschmiß nur sehr knapp entgangen bin. Aber ich begann doch, allmählich zu begreifen, daß es nicht die Fummel waren, die mich reizten, schon gar nicht die so leicht zu habende Selbstbefriedigung, wenn ich im Spiegel mein eigenes Pin-up war, sondern daß hinter all dem der Wunsch stand, zunächst als Frau zu leben, und zunehmend die Sehnsucht, wirklich Frau zu sein. Allmählich erst habe ich angefangen, mir einzugestehen, was wohl Sache sei, und immerhin fiel jetzt auch schon einmal in den Überlegungen mit Ingan oder im Zwiegespräch mit mir selbst das Wort transsexuell, und in Göttingen habe ich auch zum ersten Mal Texte von Marie Louise Janssen-Jurreit, Verena Stefan und Kate Millett gelesen. In solchen Lektüren und in heftigen Streitgesprächen mit Ingan Küstermann und ihren Freundinnen hat sich damals wohl noch nicht so etwas wie ein feministisches Bewußtsein entwickelt, aber doch ein Ahnen, daß derlei für Frauen wohl nötig sei.

Noch immer glaubte ich, die Lebensveränderung sei nicht möglich: Ich war ja schwer krank, würde nicht operabel sein, und dann war da das öffentliche Amt; ich konnte die Ehe doch nicht aufgeben, schließlich war da auch das Haus, das nur zusammen mit der als Journalistin inzwischen auch heftig und erfolgreich berufstätigen Ehefrau zu halten war. Aber Ingan fragte immer wieder nur: »Wieso nicht?« Sie hat mich damit bis zur Weißglut gereizt. Und ich verfiel immer weiter, war längst in der Sucht fest etablierter Alkoholiker, konnte schon lange nicht mehr nüchtern Auto fahren, und auf der Arbeitsstelle war ich ohne jede Frage nur noch Belastung für die anderen. Ursula war schon zweimal probeweise ausgezogen, dann kam mein Betrugsmanöver, das ich nur wenige Tage aushielt und ihr schließlich gestand. Am Rosenmontag 1987 hat unsere Ehe aufgehört. Sie hätte nie beginnen dürfen.

Die Trennung vom Haus war unvermeidlich, die Scheidung stadtbekannt, mein moralischer und körperlicher Verfall auch, und daß ich nachts verkleidet herumlief und dann auch manchmal am Tag, das war in dieser kleinen Großstadt ein stadtgeläufiges Geheimnis. Es kam eigentlich nicht mehr darauf an. Der Selbstmordversuch war ernst gemeint und mißlang knapp und unerwartet.

Klimax und Wendepunkt war der 10. Mai 1988. An diesem Tag hatte ich um ein Gespräch mit meinem unmittelbaren Vorgesetzten nachgesucht, um mein mir selbst nicht mehr erträglich scheinendes Suchtverhalten und seine Folgen zu besprechen. Es kam zum heftigen Streit. Aber unmittelbar nach diesem Streit bin ich zu meinem Therapeuten gefahren, der es angesichts meiner schweren Alkoholabhängigkeit schon lang abgelehnt hatte, mich etwa noch wegen der anderen psychischen Störungen zu behandeln. Ich bat ihn, mir bei Entgiftung und Umkehr zu helfen. Er hat mir die nötigen Präparate mit nach Haus gegeben, und ich habe mich selbst mutterseelenallein zu Hause entgiftet und nüchtern gemacht.

Seitdem bin ich nur noch auf den Himmel neugierig: Die Hölle kenne ich schon. Die Qual dauerte fünf Tage, in denen ich acht Kilo verlor; eine Woche hat es gedauert, bis ich wieder gehen konnte; nach zwei Wochen war ich wieder im Dienst, und ich war nüchtern und bin es geblieben. Aber ich war nur nüchtern: geändert hatte ich noch nichts, glaubte immer noch, es sei lebbar, tagsüber braver Mann und nachts verruchte Frau zu sein. Der Therapeut machte das Spielchen nicht mehr mit: »Entweder Sie gehen endlich zur Kur, oder ich behandle Sie nicht mehr!« Längst war er der einzige Mensch, mit dem ich eigentlich noch sprechen konnte. Es wäre mir unerträglich gewesen, ihn zu verlieren. Ich ließ mich erpressen und ging. Die Kur dauerte acht Wochen; ich habe selbst auf zehn verlängert. Die Klinik heißt Bad Tönisstein. In ihr hat mein Glück begonnen.

Gerade weil ich es unerträglich beschämend fand, mehr oder minder gezwungen in einer Säuferheilanstalt zu sein (denn das ist Tönisstein), wollte ich auch was für mich davon haben und habe mich deshalb ohne Vorbehalt darauf eingelassen. Und dann war es auf einmal ganz einfach. Die beiden Kapitulationen waren schon in der ersten Kurwoche möglich. Die erste war die vor dem Stoff. Denn ich begriff: »Ich bin Alkoholiker, ich werde es lebenslang sein, die Krankheit ist nicht heilbar, und weil ich krank bin, bin ich nicht schuld. Aber wenn ich nicht an dieser Krankheit sterben will, muß ich ihr gemäß leben, also trocken.« Und habe das begriffen und es bis heute getan, stets mit der Hilfe der Freundinnen und Freunde in den Alkoholikermeetings. Die zweite Kapitulation ist mir analog der ersten und noch am selben Tag gelungen: »Ich bin transsexuell, ich bin es nicht freiwillig, aber die Gründe liegen jenseits meiner Einflußnahme; ich werde es lebenslang sein, und wenn ich nicht rückfällig werden will, muß ich auch gemäß dieser Krankheit leben und also ganz real mein Geschlecht ändern.«

Therapeut(inn)en und Patient(inn)en waren zuerst irritiert, aber sie ließen sich überzeugen, und aus meiner Gruppe kam nach vier Wochen Klinikzeit der Vorschlag: »Wenn dir das guttut, lebe doch unter uns als Frau.« Ich habe noch am gleichen Tag damit angefangen, die andern konnten damit umgehen, die Therapeuten stimmten zu, und zwei Boutiquebesitzerinnen in der Gruppe halfen mir, ein plausibles Aussehen zu finden.

Ich bin nur noch einmal in die Männerrolle zurückgekehrt, um heimzufahren und um allen denen, mit denen ich täglich umgehe (und es sind sehr viele), zu sagen: »Ich bin transsexuell, ich muß und werde mein Geschlecht ändern.« Wie sie reagiert haben? Es war nicht wichtig; mir blieb ja nichts anderes. Die Besucher(innen) der zahlreichen Kurse, die ich halte, sind damit konfrontiert worden, daß der Dr. Schiffels, bei dem sie den Kurs gebucht hatten, plötzlich von einer Kursstunde zur nächsten behauptete, nun heiße er Waltraud und werde eine Frau werden. Aber sie kamen weiter und kommen weiter, jetzt nur mehr als früher. Es sind auch manche weggeblieben; es ist ja nur zu gut verständlich.

Am 25. Oktober 1988 war ich aus der Klinik Tönisstein entlassen worden; am 10. November war das erste Gutachtergespräch in der Psychiatrie der Universitätsklinik des

Saarlandes in Homburg. In diesem Gespräch soll ich gesagt haben, ich sei lieber eine tote Frau als ein lebender Mann. Ich entsinne mich dessen nicht, aber es ist wahr. Hingefahren zum Gespräch war ich im Frauenkleid und geschminkt – zum einen, weil ich das wollte, zum andern, um zu zeigen, daß ich akzeptabel aussehen würde. Ich bin danach nie mehr in die Männerrolle zurückgekehrt; seit dem 11. 11. 1988 lebte ich ganz offiziell und ohne Wenn und Aber als Frau.

Die Gutachten waren zustimmend, die Kasse hat ohne Streit die Kostenübernahme bewilligt. Eine der glücklichsten Stunden meines Lebens war die, in der mir zu meiner größten Verblüffung der Leiter der Leistungsabteilung der AOK für das Saarland erklärt hat, er habe Anweisung gegeben, die Arzt- und Krankenhauskosten zu vergüten, denn der Vertrauensarzt habe ihn überzeugt. Mit der Art, wie er dies sagte, hat er meine lebenslange Dankbarkeit gewonnen. Es gab noch einen schlimmen Rückschlag, als der erste Chirurg, den ich wegen der Operation konsultierte, mir ohne Umschweife erklärt hat, ich sei angesichts meiner Beeinträchtigungen nicht mehr operabel. Er wollte mich nicht mit der Operation umbringen, aber mit dieser Erklärung hätte er es fast getan. Doch schon wenige Tage später hat mir Professor Dr. Walther Rindt in Saarbrücken, den ich eigentlich nur noch wegen der Hormonbehandlung aufgesucht hatte, angeboten, die Operation durchzuführen: Weil keine Totalanästhesie und folglich kein großer Eingriff möglich sei, werde er eine Reihe von Operationen durchführen, jeweils nur unter Rückenmarksanästhesie. Und so ist es gegangen. Ich bin sogar froh, ein Stück weit bewußt miterlebt zu haben, wie ich Frau wurde. Es ist überaus gut geworden und sogar hübsch, und um meine Orgasmusfähigkeit würde mich so manche geborene Frau beneiden. Auf einmal war alles gut. Ich bin glücklich.

Und ich liebe und werde geliebt. Meine Geliebte habe ich bei einer Dienstreise kennengelernt, während ich eine Ausstellung vorbereitete. Das war noch in der vom Gesetz geforderten Alltagstestzeit, in der ich schon den neuen Vornamen trug und als (offenbar überzeugende) Frau auftrat, aber unterm Rock waren noch Penis und Hoden. Und doch hatte sie keinen Zweifel, diese etwas herbe Frau sei Frau und frauenliebend; sie hat mir sehr bald unverblümt gestanden, mich zu wollen. Bald war uns beiden deutlich, daß dies nicht nur erotisches Spielchen und Begehren sei, sondern viel mehr, und so mußte ich ihr schließlich gestehen: »Ich bin noch ein Mann, Liebste . . .« Später habe ich sie übrigens nie mehr sprachlos erlebt, damals schon. Es hat auch zwei Stunden gedauert bis zum nächsten Telefonat, in dem sie dann meinte, sie habe sich schließlich nicht in ein Geschlechtsteil verliebt, sondern in einen Menschen.

Seit damals weiß ich, sie liebt mich bis zur Absurdität, und auch ich erfahre täglich neu und täglich tiefer, wie ich sie liebe, auch wenn uns ein Zusammenleben noch nicht möglich ist, weil uns Ländergrenzen trennen und sie ihren Job sofort los wäre, wenn sie sich dazu bekennen würde, eine Frau zu lieben; und ihre Arbeit, die sie so ausfüllt wie mich die meine, liebt sie schließlich auch. Aber wir gehören zusammen, und ich weiß mich geborgen.

Am Anfang des Frauenlebens hat es schon noch Männerphantasien in diesem alten Kopf gegeben. Sie habe ich verloren, als mich im Mai 1990 ein Mann überfallen und mehrfach mißbraucht hat. Er hat alles getan, zu verhindern, daß ich ihn sehen oder gar erkennen konnte, doch die Umstände waren so, daß die vorbildlich sanft und behutsam agierende Kriminalpolizei und ich uns einig sein müssen: Er hat mich gekannt, und zwar gut. Es hat massive Verletzungen gegeben, zwei Rippen sind angebrochen, und ich leide entsetzlich unter dem Haß, dessen ich kaum Herrin zu sein vermag und der mich oft hindert, gesellschaftlich angemessen mit Männern umzugehen. Ich brauche seitdem keine Übersetzungshilfen mehr für Autorinnen wie Susan Brownmiller oder Janice G. Raymond, und was ich selbst schreibe, hat sich seitdem sehr verändert.

Bei diesem Verbrechen ist durchaus jemand zu Tode gekommen, und der hieß Walter Schiffels. Ein Glück für ihn freilich, daß er nie Waltraud Schiffels in die Hände gefallen ist. Es wäre ihm nicht gut bekommen. Allerdings war die Vergewaltigung nichts anderes als die schlimmstmögliche Reaktion empörter Männer auf meinen »Geschlechtsverrat«, und was unterhalb dieser Schwelle möglich war, ist auch so ziemlich passiert. Die meisten finden es völlig in Ordnung, was sie tun; sie denken sich so gar nichts dabei, wie jüngst noch ein bundesweit bekannter Rundfunkjournalist des hiesigen Senders, dem es einfach »Kunst« zu sein schien, ein pornographisches Gedicht auf mein früheres und mein jetziges Geschlechtsorgan in einer hiesigen Zeitung zu veröffentlichen.

Inzwischen bin ich bei mir selbst angekommen, und die Zeiten sind vorbei, in denen eine fremde Frau aus dem Spiegel herausschaute, in den ich hineinsah. Würde Mary Daly ihr Verdikt noch einmal schreiben, wenn wir einander kennengelernt hätten? Ich glaube es nicht. Denn größere Entfernung zur Phallokratie, die es wirklich gibt, als sie Menschen meiner Art hinter sich bringen, kann es kaum geben, und die einzige Frauenerfahrung, von der wir wirklich ausgeschlossen sind und sein müssen (und dies zu unserem Leidwesen), ist die der Mutterschaft – aber gerade Autorinnen wie Mary Daly wären wohl die letzten, die erfüllte Weiblichkeit auf die Mütter beschränkt sehen wollten. Was Geburtsschmerz heißt, kann ich mir sehr wohl vorstellen. Ich habe Vergleichbares erlebt – öfter und länger als bei einer normalen Niederkunft. Alles andere aber ist mir widerfahren und angetan worden: Diskriminierung nur wegen meines Geschlechts, Männergewalt, Willkür, Klassengesellschaft, die es gegen Frauen immer noch gibt, und diese entwürdigende Hilflosigkeit in einer (noch) männerbeherrschten Welt, die diese steinzeitalten Herren immer mehr ruinieren. Aber ich habe auch Liebe erlebt, Zuwendung, Freundlichkeit, Wärme, Menschen, die sich mir plötzlich offenbarten, nur weil ich ehrlich war. Ich habe Klarheit in mein Leben gebracht und kann so manches manch anderen klarmachen. Ich bin gänzlich einverstanden mit mir selbst; zum ersten Mal kann ich mich selbst lieben, und dies ist die Voraussetzung dafür, andere lieben zu können. Ich habe viel Hilfe erfahren – jetzt brauche ich sie nur noch selten. Und ich kann anderen helfen: meinen Alkoholikern, den Huren, deren Hurenselbsthilfe ich mit aufgebaut habe, den Transsexuellen, deren Beratungsstelle nun in Saarbrücken existiert.

Gelegentlich habe ich Momente der Bitterkeit und meine, ich ginge nur noch mit Randgruppen um: mit Alkoholikern, Huren und Transis. Aber wäre das so schlimm? Sie lieben mich, und ich liebe sie auch. Und außerdem ist es gar nicht wahr: Da sind die vielen anderen in meiner Volkshochschule, in meiner Stadt, meiner Partei, sonstwo, Männer und Frauen, mehr Frauen freilich, aber das ist mir ja recht.

Ich war lange unterwegs. Aber: Ich bin angekommen. Ich bin glücklich. Ich bin eine Frau.

Stefan Kurz

Ein Puppenhaus wollte ich nie

Ich war ein ruhiges Kind. Zuerst zumindest. Ich war unproblematisch, konnte mich stundenlang allein beschäftigen, spielte und malte mit Hingabe. Geschwister hatte ich nicht. Wir wohnten im Stadtzentrum, deswegen blieb ich meist zu Hause. Das Spielen auf der Straße wäre zu gefährlich gewesen. Doch so pflegeleicht ich auch war, es gab einige Dinge, mit denen ich meine Eltern fuchsteufelswild machte und auch die Verwandten erboste.

Mein Vater, der mit unermeßlichem Stolz an seinem Töchterchen hing, hatte sich zu dessen viertem Geburtstag und Weihnachten etwas Besonderes ausgedacht: Wochenlang bastelte er im Keller oder auf dem Balkon an einem Puppenhaus. Es sollte ein Meisterwerk werden, und objektiv betrachtet war es das auch. Die Sache hatte nur einen Haken: Ich selbst hatte damals keinen größeren Wunsch als nach einer Eisenbahn, wie ich sie bei einem Spielkameraden gesehen hatte. Dieser Wunsch war so stark geworden, daß ich davon überzeugt war, ich würde sie auch bekommen.

An Weihnachten dann die Katastrophe: Mein Vater lüftete stolz und erwartungsvoll die Decke von dem Puppenhaus, ich muß entgeistert geblickt haben, fing an zu weinen und brüllte nach meiner Eisenbahn. Weihnachten war für alle verdorben, und doch hatte es keiner böse gemeint.

Auch eine wohlmeinende Tante vergraulte ich, die mir Schmuck schenken wollte. Kleine Mädchen lieben doch Kettchen und Armbändchen oder einen Ring. Eines Tages kam sie und schmückte mich. Mein Getobe und die Tatsache, daß ich das Armband schnell abzog, brachten sie für alle Zeiten davon ab, mir wieder Schmuck zu schenken.

Dann die Kindergartenzeit. Ich brachte alle Kindergärtnerinnen zum Kopfschütteln, denn wenn irgendwo eine Rauferei im Gange war – ich steckte mitten drin. Mit sechs Jahren hatte ich so viele Löcher im Kopf gehabt, daß es für eine Familie mit drei Jungen gereicht hätte. Sehr beliebt war in dieser Zeit das Spiel »Mutter und Vater«. Ich spielte aber nur mit, wenn ich der Vater oder der aufmüpfige Sohn sein durfte. Ob dann Michael oder Jürgen oder Oliver die Mutter spielen mußten, das war mir egal.

Argwöhnisch betrachtete ich die typischen Spiele der Mädchen wie »Gummitwist« oder »Mutter und Kind«. Für Gummitwist disqualifizierte ich mich nach ein paar linkischen Hopsern selbst, für Mutter und Kind war ich ungeeignet, da ich Puppen ablehnte, und ich war froh, wenn ich wieder mit lauten »Peng« und »Paff-paff« durch die Gegend tollen konnte. »Räuber und Gendarm« oder »Indianer und Cowboy« – das war meine Welt. Und wenn ich dabei eine kleine Prinzessin oder eine Squaw aus den Klauen der Feinde befreien und siegreich heimführen konnte, war ich glücklich.

Alles, was nur im entferntesten darauf abzielte, mich irgendwie der Mädchenwelt anzupassen, hatte Katastrophencharakter. Ich brüllte, ich riß aus, fühlte mich mit kindlichem Instinkt »gezwungen«. Meine Mutter, die hervorragend nähen konnte, hatte die schönsten Ideen für hübsche Kleider oder Röckchen. Es gab viele Tränen, sogar Hausarrest, weil ich mich weigerte, diese Sachen anzuziehen oder gar damit aus dem Haus zu gehen. Ich kämpfte um Hosen.

Die Schulzeit verlief recht ereignislos. Ich war eine gute Schülerin. Viele Kontakte zu den Klassenkameraden hatte ich nicht. Ich las viel, mit Vorliebe Kalle Blomquist und später Karl May. In Gedanken lebte ich alle Abenteuer meiner Helden nach. Ich hatte dann auch einen Spielkameraden in unserem Haus. Wir bauten uns in seinem Zimmer gern unter dem Tisch eine Höhle. Oder wir rauften. Beliebt war auch das Schießen mit Magnetpfeilen auf eine Metallscheibe.

Wüst aus dieser Zeit ist die Geschichte um die Erstkommunion, die fast daran gescheitert wäre, daß ich absolut nicht bereit war, das schlichte weiße Kleid anzuziehen. Ich mußte doch, für die drei Stunden wenigstens. Wie neidisch war ich auf die Jungen in ihren Anzügen mit Hemden und Krawatten! Kleider also, die ich von meinem Vater her kannte und in denen ich mich in meinen Zukunftsvorstellungen immer sah.

Im Schulsport begann dann langsam die offizielle Trennung von dem, was ich eigentlich gerne tat. Für die Mädchen gab es speziell Turnen, Gymnastik und leichtere Ballspiele. Bei den Spielen war ich oft zu grob, bei den anderen Übungen, gegen die ich mich entsetzlich sträubte, bewies ich die unlustige Grazie eines nassen Sacks. Dabei war ich durchaus nicht unsportlich.

Beim Wechsel ins Gymnasium war ich fast elf. Langsam begann die Pubertät. Doch darüber dachte ich erst mal nicht nach. Die Olympischen Spiele in München ließen mich im Fernsehen meinen ersten großen Schwarm erleben: die sowjetische Turnerin Olga Korbut. Heimlich sammelte ich Bilder und malte diese Sportlerin, ich konnte ganz gut zeichnen. Doch Olga verschwand, und dann war da ein Mädchen in meiner Klasse, das mich begeisterte. Sie hieß Silke. Wir freundeten uns auch an. Ich brachte kleine Geschenke, war ein richtiger kleiner Kavalier, war auch kräftiger als sie und nahm ihr schwere Sachen ab, trug ihr manchmal die Schultasche. Mir erschien das alles so selbstverständlich, ich merkte nicht, daß sich die Umwelt amüsierte. Ich bestand damals auf dem Spitznamen Toby, war wohl aus irgendeinem Buch. Andere, wohlklingendere Namen aus meinen geliebten Karl-May-Büchern wären mir zwar lieber gewesen, aber die konnte ich nicht durchsetzen. War ich mit diesem Mädchen allein, dann war ich glücklich. Sobald jedoch ihre Freundinnen dabei waren, war ich hilflos. Eifersüchtig weniger, aber hilflos. Sie war dann so anders, auch schnell beleidigt. Und diese verdrückte Art des Beleidigtseins von Mädchen war mir fremd, wie überhaupt diese Mädchenwelt und ihr Gehabe. Mit meinen Kameraden raufte ich, wenn es Differenzen gab, und dann war's gut. Aber da schob doch keiner für Tage oder Wochen beleidigt ab!

Diese sehr schöne Kinderfreundschaft flachte ab, als Silke mit fast 13 Jahren begann, sich für Jungen zu interessieren. Sie wurde zickig, aus meiner Sicht, und ich war nicht mehr interessant.

Das nächste Objekt meiner stillen, noch unbedarften Leidenschaft war Andrea, ein Mädchen aus der Jugendgruppe. Ich begann fieberhaft mein Werben, und wir freundeten uns an. Es war lange eine ungetrübte, für mich sehr glückliche Zeit. Die Schule machte mir keine Schwierigkeiten, ich träumte vor mich hin und lebte, wirklich wie ein verliebter kleiner Junge, für die Zeit, in der ich mit Andrea zusammen war und mit ihr spielte. Sie war ein tolles Mädchen, nicht zickig, und fuhr gerne mit mir Fahrrad. An etwas anderes dachte ich nicht, auch wenn ich es genoß, daß wir bei diesen Spielen nahe beieinander saßen. Ich spürte dann mein Herz bis zum Hals.

Andrea hatte eine ältere Schwester und einen älteren Bruder. Sie muß gespürt haben, daß ich mich völlig anders verhielt, als sie dies von ihrer Schwester kannte, und ich muß sie sehr an das Verhalten ihres Bruders erinnert haben. Sie fing an, mir auszuweichen. In der Jugendgruppe gab es einmal eine Diskussion, bei der Andrea recht eigensinnig ihren Standpunkt verteidigte. Das konnte ich nicht mit ansehen, und so ergriff ich ihre Partei. Ein anderes Mädchen zeigte in der zornigen Stille mit dem Finger auf mich und sagte: »Das sagst du doch jetzt nur, weil du unsterblich in die Andrea verliebt bist.« Für mich brach eine Welt zusammen.

Ich war verzweifelt. Das Mädchen hatte ausgesprochen, was ich von mir befürchtet hatte. Andrea zog sich von heute auf morgen von mir zurück. Verliebt, das durfte ich doch gar nicht sein. Das wußte sie von ihren Geschwistern, daß Mädchen nicht ineinander verliebt sein sollten. Ich trauerte Wochen, Monate. Sie war meine erste große Liebe. In der Jugendgruppe hatte ich von da an Schwierigkeiten. Aber noch mehr mit mir selbst. Ich wußte allmählich, daß ich mich in Mädchen nicht verlieben sollte. Aber jedesmal, wenn es wieder soweit war, wurde ich der nette, kleine Kavalier und umwarb sie. In Gedanken. Denn das Erlebnis aus der Gruppe hatte mir einen derartigen Schock versetzt, daß ich mich Mädchen gegenüber total abkapselte. Aber auch mit den Jungen wurde es schwierig. Sie sahen in mir irgendwann keinen Raufkumpel mehr. Mit zweien meiner Klassenkameraden verstand ich mich gleichwohl gut. Sie waren sehr weich und Mädchen gegenüber unsicher. Wir waren füreinander wohl eine Art Alibi, und es war gut so. Die Dinge, über die die anderen immer öfter begeistert tuschelten und raunten, lernten wir miteinander nicht kennen. Mir war halbwegs geholfen, nach außen hin. Doch innen: welch eine Katastrophe! Ich verliebte mich immer wieder in Schulkameradinnen, still natürlich. Ich schreckte vor jeder noch so unverfänglichen Berührung zurück, denn ich spürte in mir ständig Angst davor, daß wieder jemand so etwas sagen könnte wie vor ein paar Jahren in der Jugendgruppe. So galt ich als merkwürdig. Meine Eltern waren, von den Schulergebnissen einmal abgesehen, mit mir nicht unbedingt glücklich. Machte ich doch gar keine Anstalten, mich langsam so zu entwickeln wie die gutgeratenen Töchter aus dem Bekanntenkreis.

Diese Mauer, die ich um mich errichtet hatte, wurde eines Tages fast gewaltsam geschleift. Ausgerechnet von der Schülerin, die ich, nun 18 Jahre, ihrer Leistung wegen fürchterlich bekämpfte. Beate und ich waren gleich gut im Leistungskurs, aber jede wollte besser sein. Auf einer Klassenfahrt geriet sie in Schwierigkeiten, in mir war wieder der alte kleine Ritter erwacht, und ich deckte sie. Das war der Anfang einer wunderbaren Freundschaft. Sie war eine faszinierende Mischung aus Lausbub und Muttertyp. Ist sie heute noch. Hartnäckig taute sie mich auf. Sie mochte mich, vielleicht, weil sie mich in einem Moment großer Traurigkeit gefunden hatte. Sie hatte sich nämlich in einen jungen Mann verliebt, der sehr weit weg in einem anderen Land lebte. Ich tröstete sie mit Blödeln, Zuhören, Unternehmungen. Fast überflüssig zu sagen, daß ich mich in sie verliebte. Und wie! Der andere störte mich nicht, er war ja so fern. Und ich war da, real, tröstete, trocknete Tränen – ich konnte ja soviel tun. Problematisch wurde es, als diese Fernbeziehung zerbrach und ein Klassenkamerad ihr Freund wurde. Ich war rasend eifersüchtig. In einem Anfall von Verzweiflung versuchte ich, diesen Mann auf mich aufmerksam zu machen. Nur, damit er von ihr abließ. Allerdings ohne Erfolg.

Auch diese Freundschaft wurde lockerer. Die Schulzeit ging zu Ende, es kam die Studienzeit. Hatte ich gehofft, daß ich mich nun in einer neuen Umgebung ändern würde, so wurde ich enttäuscht. Ich mußte begreifen, daß ich mich nur in Frauen verliebte. Und zwar in Frauen, die ausschließlich an Männern als Partner interessiert waren. Ich lernte in meiner Studienzeit auch ein paar Lesbierinnen kennen. Das war nicht meine Welt. Schwierig nur, daß ich für sie kein Gespür hatte. Ich war für Kontakt und Zuwendung anfällig, war nicht gern allein. Und so kam es, daß ich zweimal völlig verschreckt davonlief, als ich merkte, was diese Frauen von mir erwarteten. Da half auch nicht, daß ich sie gemocht hatte. Der Gedanke, daß eine Frau mich aufgrund meines mir so verhaßten weiblichen Äußeren mochte, war entsetzlich.

Ich merkte, daß ich immer stärker ein Doppelleben führte. Bei allem, was ich tat, lief die gleiche Handlung noch einmal in meinem Kopf ab, nur mit anderer Besetzung: Ging ich einkaufen, so sah ich in Gedanken einen netten jungen Mann vor den Regalen und an der Kasse stehen. Fuhr ich mit dem Auto, so sah ich einen jungen Mann am Steuer. Ich wurde mit diesen Vorstellungen fast verrückt, da diese Träume zerrissen wurden, wenn mich jemand ansprach oder ich selbst meine Stimme hörte. Allerdings übernahm ich immer mehr das Verhalten aus meinen Träumen. So eine schlaksige Lässigkeit eines jungen Mannes von Anfang Zwanzig.

Mit dieser ungewollten Doppelrolle hatte ich enorme Schwierigkeiten, meine Umwelt auch, doch ich schaffte es nicht, mich damit auseinanderzusetzen. Ich spürte immer bohrender, daß etwas nicht stimmte, doch ich konnte es noch nicht beim Namen nennen. Ich floh vor der erst dumpfen, dann immer deutlicheren Empfindung, daß ich wie ein normaler Mann fühlte und mich instinktiv auch so verhalten wollte. Ich entwickelte fieberhafte Aktivitäten, knallte mich mit Arbeit zu, tat alles, um nicht mit mir und diesen entsetzlichen Gedanken, für die ich keine Lösung wußte, allein zu sein. In der Studienzeit gab es neben stillen Schwärmereien wieder eine große Liebe, eine völlig platonische Freundschaft, die jedoch abrupt zu Ende ging. Die junge Frau hatte einen Freund, den ich als Konkurrenz empfand und in unkontrollierten Momenten auch so behandelte. Kontrolle war mittlerweile zu meiner zweiten Haut geworden; ich wollte nicht auffallen, ich bekämpfte dieses »Männerverhalten« mit aller Kraft, denn da war immer noch diese Angst. Und ich wollte niemandem weh tun, es reichte, was ich mit mir ausfocht. Aber auch Kontrolle kann bröckeln, und der Freund zwang seine Freundin zur Aufgabe unserer Beziehung. Er war verwirrt, fühlte sich »bedroht«, konnte es nicht begreifen und tat, was jeder tun würde: Er versuchte, das Problem zu beseitigen.

Ich knabberte schwer daran, kapselte mich ab und begann, eine Art Lebensmüdigkeit an den Tag zu legen. Ich dachte weniger an Tabletten oder Pulsadern, vielleicht war ich dazu zu feige. Ich stand eher lange auf Brücken herum und ließ es in vielen Situationen »darauf ankommen«: Hatte ich ein Fahrzeug, so fuhr ich wie ein Henker. Auf Reisen suchte ich Extremsituationen, Gefahr – aber mir geschah nie etwas. Ich hatte mit der Zeit zwar wenige, aber gute Freunde gefunden, und ich begann dann doch irgendwann, ansatzweise über mich und meine Kämpfe mit mir selbst zu reden. Auch über meinen Schmerz nach zerbrochenen Freundschaften. Sie hörten zu und versuchten zu trösten, aber helfen konnte mir niemand. Manche dachten wohl schon an das, was dann später auch Wirklichkeit wurde. Gesagt hat es nie jemand. Aber später hat sich auch niemand so richtig gewundert. Manchmal fielen Bemerkungen wie »Mensch, was wärst du für ein toller Freund«, »Wenn du ein Mann wärst, ich würde mich verlieben . . .«, »Weißt du eigentlich, daß du Frauen gegenüber einen ungeheuren Charme an den Tag legst? Was für ein Verlust . . .« Solche Kommentare machten mich sekundenweise glücklich und stolz, auf Dauer jedoch unendlich traurig. Sprachen sie doch genau das an, was ich mir so glühend wünschte. Und Gedanken an ein »Ich will nicht mehr« wurden häufiger.

Dazu kam, daß mich doch der eine oder andere sehr nett fand. Es ging nicht, zumindest ging es nicht lange gut. Es waren sehr weiche, ja fast weibliche Männer, die wohl eine starke Schulter suchten. Ich war in keine feste normale Beziehung zu drängen. Eine Freundschaft überdauerte Jahre, aber wohl nur, weil wir einander relativ selten sahen und andere Dinge als Erotik der Grundstein waren. Den Männern als Mann stand ich ziemlich gleichgültig, ja ablehnend gegenüber. Meine Lustlosigkeit erstickte deren Lust im Keim. Ich wehrte mich dagegen, versuchte verzweifelt, normal zu empfinden, und probierte mit meiner Ärztin unzählige Pillenpräparate aus. Ich hatte gehört, daß einige den sexuellen Appetit schüren sollten. Sie taten es nicht.

Meiner Ärztin kam ich immer merkwürdiger vor, und sie hegte aus Erfahrung mit früheren Fällen schon den Verdacht, den ich dann, irgendwann später, selbst vor ihr aussprach. Dazu kam die heiße Phase des Studiums und die Vorbereitung aufs Examen. Mein Studium war im weiteren Sinne auf Öffentlichkeitsarbeit und Werbung ausgerichtet, das heißt nicht nur Leistung, sondern auch ansprechendes Auftreten. Für die Prüfung selbst bedeutete dies das Hervorzaubern eines netten weiblichen Äußeren, das ich einfach nicht hatte. Nicht, daß ich häßlich war, aber ich interessierte mich keinen Deut für Kleider oder Röcke, für Parfüm oder Schminke. Allein schon dieser Aspekt der Prüfung quälte mich Monate im voraus. Auch legten Vorbereitung und die Prüfungsangst die Nerven ziemlich bloß. Aus gesundheitlichen Gründen hatte meine Frauenärztin die Pillenpräparate abgesetzt, da ich immer über irgendwelche Beschwerden wie Kopfschmerzen, Übelkeit, Bauchschmerzen klagte. Diese vergingen, als die Überreste der Präparate langsam abgebaut wurden. Gleichzeitig erwachten fast nie gekannte Begierden in mir. Ich blickte mich entzückt (und entsetzt) nach schönen Beinen unter einem knappen Rock um. Ich merkte täglich, wie meine Fassade immer größere Risse bekam, und arbeitete verzweifelt aufs Examen hin. Ich wollte es auf Anhieb schaffen, danach wollte ich mich endlich um meine Natur kümmern. Ich spürte wohl auch, daß ein zweiter Anlauf zum Examen dann nicht mehr drin sein würde.

Ich schaffte es – mit Hängen und Würgen. Das Examen war das Ende meiner Studienzeit und das Ende meiner Flucht vor mir selbst. Diese letzten, aufgezwungenen paar Tage in einer Verkleidung mit Kostüm oder Rock, leicht geschminkt, in der ich für alle irgendwie grotesk wirkte, nahmen mir die Energie für weitere Verstellungsspielchen. Ich fühlte mich elend, eklig und fremder als je zuvor. Aber ich kam durch. Die anderen, die es auch geschafft hatten, feierten. Für mich begann ein wilder Taumel. Es war, als würde nun eine Sicherung nach der anderen durchbrennen. Ich stand vor einem Nichts und wußte nicht, wie ich es anfangen sollte. In diese Zeit fiel auch die erste nicht mehr platonische Liebesbeziehung zu einer Frau. Es war eine ganz alte Freundin, wir kannten einander schon ewig. Ich war nie in sie verliebt gewesen. Aber jetzt in dieser Ausnahmesituation knallte es. Ich zog alle mir möglichen männlichen Register. Wir kamen zwar beide nicht mit der Situation klar, und heute haben wir keinen Kontakt mehr, aber ich verdanke dieser Frau und dieser kurzen Zeit sehr viel. Sie half mir bei den ersten Schritten in meine eigentliche Welt. Sie brachte mich dazu, daß ich meiner Ärztin endlich von meinen Wünschen und meinem Selbstbild erzählte.

Ich ging auf dem Zahnfleisch in die Praxis. Die Ärztin sah mir das wohl an und nahm sich viel Zeit. Ließ mich einfach erst mal reden. Als ich geendet hatte, meinte sie nur, daß sie diesen Moment habe kommen sehen, da ich sie an frühere Patienten erinnere. Sie hätte nur nie von Transsexualität gesprochen, um mich nicht zu beeinflussen oder zu beunruhigen. Nun aber, da ich selbst damit gekommen sei, müsse etwas geschehen. Zuerst bräuchte ich einen fähigen Psychologen.

Wir suchten. Die erste Psychologin hatte gerade ihr Examen und sagte frei heraus, sie sei damit überfordert. Der zweite Psychologe, übrigens ein bundesweit renommierter Sexualtherapeut, schlug mir eine vier- bis fünfjährige Psychoanalyse vor. Dann wisse man vielleicht, warum ich so sei. Ich lehnte ab, nicht aus Arroganz, sondern aus Verzweiflung; wie hätte ich, allein schon finanziell, diese Zeit überstehen sollen? Wie hätte ich arbeiten sollen? Als was? Als wer? Es gab mich ja eigentlich nicht mehr. Ich war völlig durcheinander. Durch Zufall erfuhr ich von einer Psychologin in meiner Stadt, die schon früher Transsexuelle behandelt hatte. Ich nahm mit ihr Kontakt auf und bekam auch einen Therapieplatz.

Diese Therapie muß von Rechts wegen eine gewisse Zeit dauern und umfaßt verschiedene Dinge, wie zum Beispiel den Alltagstest. Den bestand ich problemlos. Ich arbeitete in dieser Zeit stundenweise als Fahrer für einen älteren Gemüsehändler und bewegte mich relativ unauffällig und begeistert im etwas rauhen Lieferantenmilieu. Ich war nicht sehr groß und immer dick angezogen, da ich mir jegliche weibliche Konturen fest mit Bandagen eingewickelt und plattgedrückt hatte. Ich übte fluchen und tief reden – es war eine schöne, wenn auch anstrengende Zeit. Anstrengend, weil mein bester Freund, der diesen Job vorher gemacht hatte, dem alten Händler gesagt hatte, ich sähe zwar nicht sehr robust aus, ich sei mal ziemlich krank gewesen, wäre aber eigentlich sehr zäh. Nur solle man mich nicht auf mein bartloses Gesicht, meine Stimme und so ansprechen. Der nette alte Mann hatte sich das zu Herzen genommen, ließ mich Riesenladungen umpacken und meinte immer: »Gell, Stefan, des schaffsch du doch!« Und Stefan schaffte, mit zusammengebissenen Zähnen, keuchte, setzte Muskeln an und war stolz.

Schwieriger waren dann schon die Übungen, mit denen ergründet werden sollte, ob ich nicht doch noch einen Hang zum Frauenmilieu und zum Lesbentum entwickeln würde. Ich wurde von meiner Psychologin ins Frauencafé geschickt. Nicht, daß ich etwas gegen Frauen hätte. Aber die Frauen dort waren mir unheimlich: Es waren zu viele, sie waren so militant und hatten so was Intensives am Leib. Ich brach diese Übung nach relativ kurzer Zeit verschreckt ab.

Ein großes Problem war ich für meine Eltern. Sie waren erschrocken, hatten Angst vor dem, was ich vorhatte, suchten bei sich nach den Gründen und waren verzweifelt. Ich versuchte, ihnen klarzumachen, daß sie keine Schuld hätten. Aber es war ein langer Prozeß. Ich rechne ihnen sehr hoch an, daß sie sich nicht abwandten, sondern bereit waren, ihrerseits mit Ärzten zu sprechen. Sie informierten sich, gaben über mich und meine Kindheit Auskunft und fügten sich schließlich dem Urteil der Ärzte, daß es für mich so das beste sei. Ob sie je ganz verstanden haben, weiß ich nicht. Aber ich habe heute das Gefühl, daß sie es zumindest akzeptieren. Und sie sind bereit zu erkennen, daß ich heute glücklicher oder überhaupt lebe.

Fassungslos und froh erlebte ich die Zeit des Alltagstest in meinem Freundeskreis. Es war für die Therapie kein Muß, aber für die Psychologin war es auch interessant, wie meine Umwelt, die mich zum Teil schon lange kannte, reagieren würde und was sie dachte. Und irgendwann mußte ich ja Farbe bekennen. Ich fing an, zuerst mit den engsten Freunden, eine Art Interview zu machen. Die Fragen waren etwa: Wie siehst du mich? Kannst du mich dir als Mann vorstellen? Was irritiert dich an mir? Und immer wieder war ich von der Reaktion und den Antworten verblüfft. Kaum jemand reagierte mit Entsetzen, es war eher so ein Aha-Erlebnis, ein Fingerschnippen nach dem Motto: »Das ist es! Jetzt wird mir alles klar.« Von den Männern meiner Umgebung erfuhr ich, daß sie mich in den seltensten Fällen als weibliches Wesen empfunden hatten, eher als den Kumpel, den Kameraden. Die Frauen bescheinigten mir ein unaufdringliches, doch stark männliches Verhalten. Ich lebte auf: War ich früher als komisch aufgefallen und auf Ablehnung gestoßen, so begegnete man mir jetzt mit Interesse, mit Hilfe und auch mit Kritik. Kritik war nötig, denn ich bewegte mich in diesem Alltagstest noch etwas unsicher auf meine neue Welt zu. Mit dem Gefühl, nun fast alles tun zu können, was ich schon immer gewollt hatte, neigte ich zu Übertreibungen. Ich kaufte mir Hemden und Hosen, die ich zwei Jahre später mit Schaudern in die Altkleidersammlung gegeben habe: so eine Art düsterer Zuhälterlook. Oder ich probierte an den Frauen, die mich schon lange kannten und mit denen ich befreundet war, meine Flirtkünste aus. Manche empfanden es als ein faszinierendes Spiel, andere sagten aber auch, ich solle nicht so dick auftragen.

Als dann der nächste Schritt der Therapie, die Hormonbehandlung, begann, wartete ich gespannt auf den Stimmbruch, der auch bald einsetzte. Der Haarwuchs wurde kräftiger, und ich nervte meine Umgebung damit, daß ich jedes neue flauschige Barthaar feierte. In diesen Monaten durchlebte ich alle Phasen seit Beginn der Pubertät bis zum Erwachsenenalter im Zeitraffertempo. Wichtig in dieser Zeit war der Kontakt zu einem früheren Patienten meiner Psychologin. Er erzählte mir von ähnlichen Phasen aus seiner »Entwicklungszeit«. Durch ihn kam ich schließlich an den Arzt, der dann die Operation durchführte.

Es war für mich der letzte Schritt aus dem Frauenkörper,

den ich nur noch so mit mir herumschleppte. Es hieß für mich, daß ich nicht mehr den Oberkörper in die verhaßten Bandagen einzwängen mußte, daß ich diese verhaßten weiblichen Formen los sein würde, daß ich in einiger Zeit unauffällig in Badehose ins Schwimmbad würde gehen können. Das alles ist heute möglich. Ich verdanke meinem sehr fähigen Chirurgen, daß ich fast so bin, wie ich mich fühle. Fast steht für eine große Kleinigkeit: Die Ärzte können heute viel, doch sie können mir nicht ermöglichen, Vater zu werden. Es gibt zwar viele Möglichkeiten mit Prothesen, aber sie funktionieren nicht. Von daher sollte man sich überlegen, ob und wie weit man sich derartigen Operationen unterzieht. Für den Alltag und für sportliche Aktivitäten gibt es andere, billigere Lösungen, mit denen man optisch schummeln kann. Und auch auf dem Örtchen für Männer gibt es Kabinen, anders geht es sowieso nicht. Ich spreche das hier nur an, weil ich mir eine Zeitlang Illusionen machte, obwohl mir die Ärzte gesagt hatten, was geht und was nicht.

Lästig und langwierig ist dann noch der Behördenkrieg, bis man endlich alle wichtigen Papiere geändert hat. Es kann dabei zu komischen Situationen kommen, da manche der Beamten mit so einem Fall Schwierigkeiten haben. Ich lebte fünf Monate mit völlig unbrauchbaren Papieren. Den Bildern in Personalausweis und Führerschein sah ich nur noch für ganz gutwillige Betrachter ansatzweise ähnlich, was auch bei einer routinemäßigen Verkehrskontrolle zu Peinlichkeiten führte. An Einschreiben, die ich abholen mußte, kam ich nicht mehr. Ich schrieb Vollmachten für Freunde. Ich war schon lange beim Gericht gewesen und hatte meinen Antrag auf Namens- und Personenstandsänderung eingereicht, aber der Amtsschimmel trabt halt langsam. Schließlich erhielt ich einen Termin beim Amtsarzt, der im Auftrag der Staatsanwaltschaft untersuchen mußte, ob mein Antrag berechtigt sei. Als ich vor dem Herrn stand, zeigte er sich zuerst mit meinem Äußeren (Hemd, Krawatte und Sakko) zufrieden. Er stellte fest, daß ich vermutlich nicht selbstmordgefährdet sei, daß ich vernünftige Vorstellungen von Beruf und Karriere hatte, daß »mittlerweile ein grundsätzlicher Identitätsprozeß bezüglich des männlichen Geschlechts stattgefunden hatte und daß eine Umkehrung der Identität in naher oder ferner Zukunft ausgeschlossen erschien«. Etwas unangenehm war ihm, daß er mich untersuchen mußte. Wir schauten an, was eben anzuschauen war. Dann meinte er, da wäre noch die letzte Frage, und las vor: »Ist durch den operativen Eingriff eine deutliche Annäherung an das Erscheinungsbild des männlichen Geschlechts erreicht worden?« Humorvoll gab er zu, daß ich sein erster »Fall« in dieser Hinsicht sei und daß er jetzt nicht genau wisse, wie er die Frage zu verstehen habe. Also, ob Erscheinungsbild nun mit Kleidung oder ohne . . .? Erst etwas ratlos, einigten wir uns darauf, daß die Öffentlichkeit Interesse an meinem »angezogenen« Erscheinungsbild habe – und er bejahte die Frage.

Ich erwähne diese Geschichte auch, um auf die Hilflosigkeit der Behörden hinzuweisen. Mein Beamter hatte Humor, aber es gibt auch andere, die weniger humorvoll, gar ablehnend, diskriminierend und unverschämt reagieren. Das muß nicht sein. Dennoch sollte man sich mit Geduld und Galgenhumor wappnen.

Mittlerweile lebe ich völlig unauffällig und normal. Ich arbeite recht erfolgreich in meinem Beruf, habe Hobbys, treibe Sport. Ich habe auch nicht die Stadt gewechselt, sondern es mit kleineren Manövern versucht. Meine Freunde halfen mir, indem sie mir für die Übergangszeit Besorgungen weitgehend abnahmen. Heute gehe ich in andere Geschäfte als früher. Meine Hausgemeinschaft war verständnisvoll oder uninteressiert an der Sache, man nahm es hin. Die Nachbarschaft kümmert sich nicht, und ich forsche nicht nach.

In meinem Beruf gibt es mit meiner Vergangenheit kaum Probleme. Ich arbeite selbständig im Bereich Öffentlichkeitsarbeit und Werbung. Ich weiß nicht, ob irgendeiner meiner Kunden von meiner Vergangenheit weiß. Wer mich nur vom Sehen her kannte und sich nur noch vage erinnert fühlt, dem trete ich als »Fremder« gegenüber. Manchmal geht's gut, wenn nicht, kann man immer noch reden. Denen, die mich persönlich besser kennen, sage ich lieber gleich die Wahrheit. In der Regel zeigen die meisten Verständnis und Toleranz und schweigen. Andere nicht, aber bitte. Ich selbst bin jedenfalls bei der Arbeit nie darauf angesprochen worden. Man sieht mir meine Vergangenheit auch nicht an. Das ist zum Teil Verdienst der Ärzte; ich hatte auch Glück mit der Hormonbehandlung, habe einen normalen Bartwuchs und selbst für einen Mann eine recht tiefe Stimme. Meine Kleidung im Beruf entspricht mittlerweile durchaus der eines jungen Unternehmers meines Alters (Anfang 30): nichts Spektakuläres. Ich schreibe »mittlerweile«, weil ich am Anfang durchaus zu Entgleisungen neigte. Die berufliche Eingliederung oder Umstellung konnte deshalb so relativ unbemerkt verlaufen, weil ich gerade den Übergang Ausbildung – Arbeitsleben für die Veränderung nutzte. Da ich vorher nie mit Kunden gearbeitet hatte und somit niemand mit meiner früheren Existenz zu tun gehabt hatte, tauchte eben dann nur Stefan Kurz auf dem Arbeitsmarkt auf. Da hatte ich viel Glück, zugegeben. Aber ich hatte mir auch was dabei gedacht. Ich würde auch jedem anderen in meiner Situation raten, wenn es irgendwie machbar und auszuhalten ist, einen entsprechenden Zeitpunkt zu wählen. Wenn also jemand noch in der Ausbildung ist und meint, daß er es noch schafft, dann sollte er diese zuerst zu Ende machen. Ich weiß, daß es schwer ist, aber man sollte es versuchen.

Hatte ich selbst bis vor kurzer Zeit noch panische Angst vor einer Entdeckung, so werde ich langsam gelassener, je mehr ich in meinem Leben Halt finde. Ich habe schließlich niemandem etwas getan. Außerdem reden und denken die Leute doch, was sie wollen, und solange man mich in Ruhe läßt, geht es auch.

Ich weiß nicht, wie ich reagieren würde, wenn mich jemand direkt ansprechen würde. Wahrscheinlich immer gelassener. Es sei denn, jemand würde sich meiner Partnerin gegenüber blöd oder anzüglich verhalten. Da wäre meine Ruhe wohl zu Ende. Ich bin heute mit einer fast gleichaltrigen Frau zusammen, die mich als Mann akzeptiert. Sie war immer nur mit Männern befreundet, sie kennt mich schon lange, hat meine Entwicklung verfolgt und schließlich für gut befunden. Wir sind ein Durchschnittspaar mit all den größeren und kleineren Problemen, die ein Paar nun mal hat. Nichts, was nun unbedingt mit meinem früheren Problem zusammenhängt. Wir haben einen tollen Freundeskreis aus Wissenden und Unwissenden. Meine Vergangenheit ist nur noch selten ein Thema.

Natürlich hatte ich selbst auch mit vielen Dingen zuerst Schwierigkeiten. Wie meine Psychologin während der Behandlung gesagt hatte: »Ihr Leben wird nicht unbedingt einfacher, aber es wird klarer.« Das ist richtig.

Die ewige Kontrolle ist vorbei. Ich mußte und muß aber lernen, damit umzugehen, daß die Umgebung jetzt mit mir umgeht. Sie geht mit dem um, was sie sieht. So brauchte ich eine ganz plausible Vergangenheitsgeschichte. Warum ich zum Beispiel nicht beim Militär war, fragten welche. Manchmal bedurfte es auch einer Geschichte über »frühere Erfahrungen«. Manchmal bedeutet das auch, über bestimmte Witze, die ich eigentlich scheußlich finde, zu lachen. Mann tut's halt. Aber auch der Umgang mit der Frauenwelt muß gelernt werden. In meinen Träumen war ich immer der kleine Ritter und der Eroberer. Das ist in der Wirklichkeit nicht mehr so ganz der Fall. Ich mußte lernen, daß manche Damen es ganz und gar nicht schätzen, wenn man sie zu zuvorkommend behandelt. Denn da ist ja die (falsch verstandene?) Emanzipation. Manche Frauen kommen durchaus auf mich, einen vielleicht ganz nett aussehenden Fremden, zu. Das passiert bei Geschäftsreisen manchmal. Dann kann ich mir auch überlegen, wie ich reagiere. Denn so ganz sicher fühle ich mich auf diesem Parkett noch nicht. Doch mit der Zeit finde ich auch in diesen Umgang hinein, unverfänglich und harmlos. Auf Abenteuer bin ich nicht aus. Zum einen bin ich in eine gute Beziehung mit einer wissenden Person hineingewachsen und fühle mich da wohl. Ich hoffe, das bleibt so. Zum anderen ist so jemand wie ich nicht für Abenteuer geschaffen. Es gibt doch gewisse Schwierigkeiten, und ich müßte die Karten auf den Tisch legen. Das geht aber erst nach einer gewissen Zeit, mit einer großen Vertrauensbasis und festen Zielen.

Manchmal werde ich gefragt, ob ich den gleichen Schritt wieder tun würde. Es war für mich die einzige Möglichkeit. Sonst gäbe es mich nicht mehr. Meine Vergangenheit verschwimmt immer mehr. Viele ihrer Spuren habe ich sorgfältig beseitigt. Der Mensch, der ich früher war, erscheint mir wie jemand, den ich sehr gut gekannt habe und der nun nicht mehr lebt. Ich kann heute die Wirklichkeit leben, von der ich früher geträumt habe. Vieles habe ich selbst geschafft, aber nicht alles. Deshalb möchte ich all denen von Herzen danken, die mir geholfen haben.

Barbara Kamprad und Louis J. G. Gooren

... damit die Schöpfung vollendet werde

Interview mit dem ersten Lehrstuhlinhaber der Welt für Transsexologie in Amsterdam

Kamprad: Was reizt Sie an der Arbeit mit Transsexuellen?

Gooren: Ich bin immer interessiert gewesen an Endokrinologie, der Lehre von den Hormonen. Ich war auch immer an sexuellen Problemen interessiert. Ich hatte stets Sympathie für Leute, die es aus sexuellen Gründen schwer haben und die von den Kirchen, von der Gesellschaft, aber auch von der Medizin nicht die Hilfe erfahren, die sie erhalten könnten. Sexuelle Probleme fanden nie Aufmerksamkeit. Bei Reproduktionsproblemen schon: Es gibt In-vitro-Fertilisation, und man geht sehr weit, um Ehepaaren zu helfen, die ein Kind wollen. Aber andere Menschen mit sexuellen Problemen werden nicht sehr gut betreut. Im Rückblick war es so: Die Transsexuellen waren auf einmal da. Ich habe nicht sie, sie haben mich gesucht. Dann ist das gewachsen, und es gab eine gewisse Entschlossenheit, dieses Fachgebiet anzugehen.

Kamprad: Es geht Ihnen nicht nur darum, den Transsexuellen zu helfen, auch operativ, sondern es geht Ihnen um deren Integration in die Gesellschaft. Ist es richtig, daß die Gruppe der Transsexuellen noch schlimmer dran ist als Homosexuelle?

Gooren: Viel schlimmer. Homosexuelle können sich verstecken. Man kann homosexuell sein, aber die Mehrheit der Homosexuellen ist nicht sichtbar in unserer Gesellschaft. Aus diesem Grund haben sie ein viel besseres Los als Transsexuelle, die keine Wahl haben, als sich irgendwann in ihrem Leben behandeln zu lassen. Dann gibt es eine Periode, in der sie sehr sichtbar sind.

Kamprad: Sie meinen die Phase, in der sie in anderen Kleidern an die Öffentlichkeit gehen wollen?

Gooren: . . . und müssen.

Kamprad: Müssen als Teil der Behandlung?

Gooren: Ja. Man kann Transsexualität nicht wirklich diagnostizieren. Es gibt keine Laboruntersuchungen. Man kann dem Patienten nur glauben. Das ist eine schwierige Sache in der Medizin. Man glaubt normalerweise dem Patienten nicht einfach, sondern man macht Untersuchungen. Das geht bei Transsexuellen nicht. Man muß einfach glauben, daß der Wunsch nach einer Geschlechtsumwandlung sehr groß ist. Und diese Glaubwürdigkeit entsteht nicht durch ein Gespräch, das muß sich mit der Zeit herausstellen. Deswegen müssen Transsexuelle die Rolle des anderen Geschlechts annehmen, in dieser Rolle leben und zeigen, daß sie das wollen und können. Mit dem Wollen zeigen sie, daß die Transsexualität für sie eine gute Wahl ist, und es zu können heißt, daß sie die Fähigkeit und die Kraft haben, diese Umwandlung zu realisieren. Es gibt Leute, die das nicht können, und es ist nicht gut, wenn diese Menschen eine Geschlechtsumwandlung vornehmen lassen. Es gibt Nuancen, aber im großen und ganzen sollten Leute, die in der Öffentlichkeit nicht als Frau leben wollen, wenn sie Mann-zu-Frau-transsexuell sind, auch nicht behandelt werden.

Kamprad: Ist es richtig, daß es mehr Männer gibt, die Frauen werden wollen, als umgekehrt?

Gooren: Ja, das Verhältnis ist etwa 3 : 1.

Kamprad: In dem Kontext: Transsexuelle verändern nicht nur ihr Geschlecht, sondern sie verschlechtern sich auch innerhalb der Gesellschaft. Es ist ja noch immer so, daß man in der europäischen Gesellschaft als Mann im allgemeinen leichter lebt denn als Frau.

Gooren: Ja. Man bekommt übrigens, wenn man viel Kontakt mit Transsexuellen hat, den Eindruck, daß die Frau-zu-Mann-Gruppe die stabilere ist. Es zeigt sich auch, daß diese Gruppe sich zu einem früheren Zeitpunkt im Leben zur Umwandlung entscheidet, im Durchschnitt fünf bis sechs Jahre früher als die Mann-zu-Frau-Transsexuellen.

Und sie ist entschlossener. Sie spielt nicht so herum wie Mann-zu-Frau-Transsexuelle, die mehr experimentieren, versuchen, sich zu »heilen« mit einer Ehe oder in einer homosexuellen Phase. Die Erfahrung zeigt, daß Frau-zu-Mann-Transsexuelle diesen Prozeß zeitig im Leben beginnen und deswegen bessere Resultate erzielen.

Kamprad: Sie haben beklagt, daß die meisten Transsexuellen relativ spät kommen, weil sie unter 18 Jahren nicht selbständig entscheiden können. Nun haben Sie Patienten zwischen sieben und über 80 Jahren. Was raten Sie denn Eltern, wenn die meinen, ihr Kind sei auffällig?

Gooren: Wir haben, allerdings an der Uni Utrecht, eine Psychologin, die spezialisiert ist auf Jugendpsychiatrie, und sie berät die Kinder beziehungsweise Eltern. Noch weiß keiner, was daraus wird. Es gibt eine Vermutung, daß sich diese Kinder, wenn man sie sehr früh betreut, nicht unbedingt zu Transsexuellen entwickeln werden. Unsere primäre Absicht ist es, sie schon früh zu begleiten, damit sie wissen, daß sie nicht allein gelassen werden. Wenn sie wirklich Transsexuelle sind, sollen sie schon im frühen Stadium ihres Lebens erkennen, daß es Hilfe für sie gibt. Es ist das Leiden von Transsexuellen, daß sie viele Jahrzehnte einfach allein dastehen und keine Hilfe haben. Es geht darum, diesem Leiden vorzubeugen. Es gibt Hinweise darauf, daß man nicht unbedingt transsexuell werden und später eine Geschlechtsumwandlung verkraften muß.

Kamprad: Also kann man psychologisch darauf hinarbeiten, daß jemand sich auch im eigentlich falschen Körper akzeptiert?

Gooren: Es gibt einige Fälle, in denen man annehmen mußte, daß ein Kind transsexuell ist, aber nach einigen Jahren der Betreuung wurde eine Umwandlung doch nicht erforderlich.

Kamprad: Stimmt es, daß man Transsexualität nicht erklären kann, weder psychologisch noch geistig und körperlich eigentlich auch nicht?

Gooren: Wir haben einige Kenntnisse darüber, aber letztlich doch keine Erklärung. Das gilt zum Beispiel auch für Krebs. Wir wissen nicht wirklich, wie Arteriosklerose entsteht, wie Herzgefäßkrankheiten entstehen. Und dennoch kann man einiges unternehmen, um das Leiden von Herzkranken, Krebskranken und auch Transsexuellen zu lindern. Transsexuelle sind nicht zu beneiden. Besonders die nicht, die sehr lange darunter gelitten haben. Sie geraten in ein Ausmaß an Deformation, das nie mehr zu heilen ist. Vierzig Jahre im falschen Körper gelebt zu haben hinterläßt Spuren, die nicht zu verwischen sind.

Kamprad: Wobei Sie die Erfahrung gemacht haben, daß Leute, die relativ spät operiert worden sind, noch einen erfüllten Lebensabend haben konnten. Wie jener Mann, von dem Sie erzählt haben, der 70 Jahre alt war . . .

Gooren: Der war sogar 78 – genauso alt wie meine Eltern, weshalb dieser Fall meine Phantasie so angeregt hat. Was würde ich tun, wenn mein Vater so zu mir kommen würde? Aber dies zeigt, daß der Mann, der wußte, daß er mit einem Bein schon im Grab stand, etwas von dem Gefühl, Frau zu sein, empfinden wollte. Das ist sehr eindrucksvoll. Man muß daraus schließen, daß dieses Problem nicht intellektuell wegzudrücken ist.

Kamprad: Wie läuft eine Behandlung und Beratung bei Ihnen ab? Und wie hoch ist die Zahl der Ratsuchenden?

Gooren: Die Zahlen sind in den jüngsten Jahren sehr stabil: 125 bis 150 neue Patienten pro Jahr. Und das seit vielen Jahren.

Kamprad: Kommen Leute aus dem Ausland?

Gooren: Ja. Aber wir können sie nicht betreuen. Wir haben einfach nicht das Personal.

Kamprad: Wenn jemand aus dem Ausland kommt, kann er gar nicht bei Ihnen landen?

Gooren: Nein, eigentlich nicht. Unsere Kapazität reicht knapp für die eigenen Leute.

Kamprad: Das ist wohl auch eine Kostenfrage. In Holland

werden Behandlung und Umwandlung von der Krankenkasse bezahlt.

Gooren: Ja, aber selbst wenn ein transsexueller Millionär
zu uns käme, könnte er hier nicht operiert werden.

Kamprad: Wo gehen Leute hin, die in ihrem eigenen Land
keine Hilfe finden?

Gooren: Es gibt einige Chirurgen, die die Operation gut
machen, die aber ohne Vorbereitung arbeiten.

Kamprad: Also Operation ohne Vor- und Nachsorge?

Gooren: Ja, das ist gewiß keine gute Betreuung von Transsexuellen, auch wenn die Operation gut ausgeführt wird.

Kamprad: Da kann man einfach hingehen und sagen: Ich
will operiert werden. Und das machen die dann auch?

Gooren: Ja. Es gibt eine Konsultation bei einem Psychiater,
bei der man den Eindruck gewinnen kann, daß jemand
transsexuell ist. Aber wichtiger ist, daß ein Transsexueller
eine Umwandlung auch durchhalten kann. Das ist ein kom-
plizierter Prozeß.

Kamprad: Und der geht über Jahre?

Gooren: Nein, nicht so lange. Die Betroffenen erhalten hier
eine psychologische Beratung von drei bis sechs Monaten;
dann wird entschieden, ob man hormonell behandelt. Was
wir auch tun, wenn der Patient wirklich entschlossen ist.

Kamprad: Hormone – das ist auch Ihr Fachgebiet?

Gooren: Ja. Die Hormonbehandlung dauert 18 bis 24 Monate. Dann wird operiert. Einige durchlaufen diesen Prozeß
etwas langsamer, weil sie viele Probleme haben. Es zeigt sich
immer wieder, daß Schnellbehandlungen nicht gut sind.

Kamprad: Gibt es Patienten, die Sie hormonell behandeln,
aber nicht operieren?

Gooren: Ja. Es gibt eine geschlechtliche Identität als Mann
oder als Frau, aber es gibt auch, seltener, Mischfälle. Leute,
die in ihrer geschlechtlichen Identität schwanken, Phasen
männlicher oder weiblicher Sexualidentität durchlaufen. Es
gibt Männer, die mit einem Busen leben wollen; es gibt
Frauen, die ohne Brüste leben oder die keine Menstruation

haben wollen. Fast jedes Phänomen in der Natur kommt in allen Nuancen vor, nicht nur in Schwarz und Weiß. Was soll man tun, wenn jemand sagt, er wolle einen Busen haben, aber seinen Penis behalten? Das ist nicht so einfach, doch es gibt solche Fälle, und die werden länger betreut als die eindeutigen.

Kamprad: Zu den eindeutigen Fällen gehören wohl auch die Transvestiten? Es ist doch nur im Bewußtsein der Normalbevölkerung so, daß die alle irgend etwas miteinander zu tun haben, nicht wahr?

Gooren: Die Welt der Transvestiten ist eine ganz andere.

Kamprad: Transvestiten wollen keine Operation, sondern nur die Verkleidung?

Gooren: Die wollen nur die Verkleidung. Meistens ist eine sexuelle Erregung dabei.

Kamprad: Was bei Transsexuellen nicht der Fall ist?

Gooren: Nein. Eine Frau, die als Mann gekleidet ist, weil sie transsexuell empfindet, ist nicht sexuell erregt; und umgekehrt gilt das auch für den Mann, der sich wie eine Frau kleidet, weil er sich körperlich als Frau empfindet. Sie tragen die Kleidung, die ihrem geschlechtlichen Empfinden entspricht. Aber Transvestiten machen das meist der sexuellen Erregung wegen, und oft endet der Kleiderwechsel mit einem Orgasmus. Manche kommen nur zum Orgasmus, wenn sie Frauenkleider tragen. Es gibt Ehepaare, die sich damit sexuell inspirieren wollen.

Kamprad: Aber es gibt doch auch Transsexuelle, die als erstes Indiz dafür, daß sie mit ihrem Geschlecht nicht einverstanden sind, einen Zwang empfinden, in Frauenkleidern zu gehen, sich zu schminken?

Gooren: Aber dann fehlt meistens das sexuelle Stimulans, das von Frauenkleidern ausgeht. Ich stimme zu, daß es keinen hundertprozentig klaren Unterschied gibt zwischen diesen beiden Gruppen. Es gibt Transvestiten, die später doch zu Transsexuellen werden oder eine entsprechende Neigung verspüren. Aber es gibt große Gruppen von Transvestiten, die niemals auf den Gedanken kämen, Hormone zu nehmen, ganz zu schweigen von einer Operation. Sie kämen nicht auf die Idee, ihren Fuß in diese Klinik zu setzen. Und sie brauchen es auch nicht.

Kamprad: Gibt es umgekehrt Transsexuelle, die sich für Transvestiten halten?

Gooren: Ja. Ihren Wunsch, Frauenkleider anzuziehen, weil sie wie eine Frau empfinden, deuten sie zunächst so, daß sie Transvestiten sind. Sie müssen darüber aufgeklärt werden.

Kamprad: Betreuen Sie nur die Patienten selbst oder auch die Familien?

Gooren: Wir sind zeitlich so eingeschränkt, daß wir nur die Patienten selbst betreuen können. Aber es gibt Selbsthilfegruppen für die Verwandten von Transsexuellen.

Kamprad: Was machen Sie zum Beispiel mit einem Familienvater, der hier reinkommt?

Gooren: Die betreffenden Gruppen organisieren sich jetzt selbst, und wo es erwünscht ist, geben wir professionelle Hilfe. Aber meistens sind es doch praktische Probleme, was etwa zu tun ist, wenn der Vater transsexuell ist. Was, wenn die Mutter transsexuell ist. Es gibt zum Glück diese Selbsthilfegruppen, die Angehörige unterstützen und auch schon sehr viel praktische Erfahrung haben.

Kamprad: Das sind auch selber Betroffene?

Gooren: Ja. Es gibt auch eine Gruppe von Kindern Transsexueller. Es stellt sich beispielsweise die Frage, was man als Kind tut, wenn man auf einmal zwei Mütter hat. Das ist nicht einfach. Leider können wir nicht alle diese Leute betreuen. Heutzutage sind der beste Kompromiß noch diese Laiengruppen, die ab und zu um unsere Hilfe bitten – und sie auch bekommen.

Kamprad: Und die werden vom Staat unterstützt? Kann man sich auch bei Behörden erkundigen, oder gehört das zu den Hemmschwellen?

Gooren: Diese Gruppen sind ziemlich privat organisiert. Wir haben die Adressen, aber die werden nicht weitergegeben, um die Privatsphäre dieser Menschen zu schützen. Das funktioniert gut. Überhaupt sind Selbsthilfegruppen für Transsexuelle sehr wichtig: Sie können dort die Erfahrung machen oder einfach hören, wie andere Leute diesen Prozeß durchgestanden haben, ob sie ihn bestanden haben. Es gibt praktische Tips, was man als Problem empfunden hat. Das ist etwas anderes, als wenn ich sage: Klinisch sieht die Sache so und so aus. Die wahren Gefühle vermitteln sich in den Gesprächen, die wir als Kliniker mit ihnen führen, oft nicht.

Kamprad: Viele der Betroffenen sagen ja auch, daß es ein Befreiungsschlag gewesen sei, mit anderen zusammenzusitzen, die gleiche oder ähnliche Gefühle haben.

Gooren: Sie erfahren, wie gut, aber auch wie schlimm dieser Prozeß verlaufen kann, was für Erfahrungen die Leute gemacht haben, welche Schwierigkeiten man bekommt.

Kamprad: Betrifft Transsexualität eigentlich alle Schichten?

Gooren: Ja.

Kamprad: Ich erinnere mich an die Studie aus Bern, wonach ein relativ hoher Prozentsatz im unteren sozialen Milieu angesiedelt war ...

Gooren: Bei uns ist das nicht der Fall. Unter etwa 1400 Patienten haben wir drei Ärzte, einige Ingenieure, drei evangelische Pastoren, einen katholischen Priester – ein Spiegelbild der Gesellschaft.

Kamprad: Apropos Pastoren: Ich habe herauszukriegen versucht, ob es irgendwelche Stellungnahmen der Kirche zur Transsexualität gibt. Es gibt offiziell keine.

Gooren: Nein. Die römisch-katholische Kirche sagt dazu nichts, obwohl, das finde ich sehr interessant, ich einen Brief vom Kirchengericht bekommen habe: Eine Frau hatte einen Antrag beim Bischofssitz gestellt, ihre Ehe zu annullieren, da ihr Mann transsexuell ist. Sie hat bei mir eine Beratung eingeholt: Ich war bereit, diese zu geben unter der Bedingung, daß ich den Ausgang der Angelegenheit erfahren würde.

Kamprad: Und?

Gooren: Ich weiß es noch nicht. Es war vor einem Monat, daß ich meine Expertise dorthin geschickt habe. Ich muß nachfragen, welchen Beschluß man gefaßt hat. Die evangelische Kirche hat eine positive Einstellung; an und für sich ist dies eine evangelische Universität, und die Pastoren hier bemühen sich sehr um Transsexuelle.

Kamprad: Was geschieht denn mit einem Pastor, der selber transsexuell ist? Verliert er sein Amt?

Gooren: Es gibt einige Leute, die in eine andere Gemeinde versetzt wurden, als Sozialarbeiter etwa.

Kamprad: Mit einer Degradierung müssen sie also rechnen?

Gooren: Die Möglichkeit besteht.

Kamprad: Und was ist aus dem katholischen Priester geworden?

Gooren: Na, der war schon sehr alt – und sehr beeindruckt davon.

Kamprad: Werden Sie wegen Ihres Engagements für Transsexuelle angegriffen?

Gooren: Sehr wenig. Ich bin zwar sehr entschlossen, aber nicht sehr provozierend. Ich habe in Fernsehen, Radio, Zeitung immer eine gute Presse gehabt. Das hat auch zur Toleranz für Transsexuelle beigetragen.

Kamprad: Ich habe so eine Vorstellung, daß es Leute geben könnte, die Ihnen vorwerfen, Gott ins Handwerk zu pfuschen.

Gooren: Ein Arzt wird das den ganzen Tag tun. Er wird es tun, damit die Schöpfung vollendet werde. Sonst könnten wir ja alle in Ferien gehen. Und bei der sexuellen Differentiation gibt es viele Mißbildungen. Das sind nicht nur Transsexuelle; es gibt Klienefelter-Syndrom, Turner-Syndrom, Kallmann-Syndrom – alles Mißbildungen der Genitalien. Wenn Sie schon sagen, daß Gott das alles schafft, dann macht er einfach sehr viele Fehler. Es gab einen Theologen an dieser Uni, der hat gesagt, unter religiösem Aspekt muß man einfach sehen, daß die Schöpfung nicht vollendet ist. Es gibt Krankheiten, es gibt Elend, es gibt Unglück, es gibt Überschwemmungen, Hunger, Krieg, Mangel. Es gibt Menschen, die Transsexualität ertragen müssen. Wenn Gott Mann und Frau gewollt hat, dann muß er das auch gut tun, und wenn er es nicht gut tut, dann muß man ihm ein bißchen dabei helfen. So einfach ist meine Philosophie darüber. Das gilt nicht nur für die Transsexualität.

Kamprad: Ich nehme an, daß es keinen »Normalfall« eines Transsexuellen gibt. Gibt es denn Übereinstimmungen bei den Patienten, die Sie bisher behandelt haben? Was geschieht bei der Beratung? Raten Sie den Leuten, irgendwo neu anzufangen? Ich erinnere mich an Beispiele aus Ihrer Praxis, wo meines Wissens niemand in seinem bisherigen Umfeld verblieben ist und auf sich genommen hat, daß er den Nachbarn nun im anderen Geschlecht vor die Augen tritt. Statt dessen brechen diese Menschen mit ihrem bisherigen Leben und fangen irgendwo anders ganz neu an. Ist das üblich?

Gooren: Das ist üblich. Das ist keine Sache der Beratung, sondern der Praktikabilität. Man muß das nicht machen, aber es ist einfach leichter. Manchmal wird das auch integriert: Es gibt ja auch Schüler, die transsexuell sind. Wir sagen dann: »Beenden Sie erst die Mittelschule. Wenn Sie dann eine weitergehende Behandlung möchten, können Sie sich für ein Jahr beurlauben lassen. Und machen Sie dann weiter, wenn Sie Ihr neues Geschlecht haben.« Es ist schwer für eine Umgebung, jemanden mit einem neuen Geschlecht zu akzeptieren.

Kamprad: Und die Arbeitgeber: behalten die nach holländischem Recht den- oder diejenige nach der Geschlechtsumwandlung?

Gooren: Ja. Das ist kein Grund zur Entlassung.

Kamprad: Erzählen Sie noch etwas über Hormone.

Gooren: Die Hormonbehandlung ist sehr einfach. Man gibt antimännliche Hormone an Mann-zu-Frau-Transsexuelle und antiweibliche Hormone an Frau-zu-Mann-Transsexuelle. Das Resultat ist meistens ziemlich gut. Ein Problem für Mann-zu-Frau-Transsexuelle ist die Behaarung. Sie ist sehr hartnäckig. Sie muß meistens auch epiliert werden. Das tut weh, es dauert Jahre, bis der Haarwuchs verschwindet. Die Hormonfrage bei Transsexuellen ist ein riesiges Gebiet. Hormone haben auch Nebenwirkungen. Wir kontrollieren Transsexuelle jedes Jahr einmal, auch wenn der Eingriff schon zehn oder fünfzehn Jahre zurückliegt.

Kamprad: Also die Nebenwirkungen können genauso sein wie bei einer normalen Frau in den Wechseljahren? Dagegen kann man nichts tun, zum Beispiel mit anders variierten Hormongaben?

Gooren: Nicht so ohne weiteres. Man muß sehen, wo die Beschwerden sind. Und dann versuchen zu helfen. Das muß auf die betreffende Person zugeschnitten werden.

Kamprad: Und die behandelten Personen kommen auch alle?

Gooren: Die kommen schon alle wieder, aber oft liegt mehr als ein Jahr dazwischen. Es gibt Leute, die uns nicht mehr sehen wollen, nicht mehr an diese Umwandlung, die Klinik, die stationäre Behandlung erinnert werden wollen. Wir sind, nicht für alle, aber für einige, auch ein Symbol des früheren Lebens. Man kann sagen, 95 Prozent der Transsexuellen kommen früher oder später zu uns zurück mit einem Problem, das zu speziell ist, um von einem anderen Arzt gelöst zu werden.

Kamprad: 95 Prozent haben irgendwann Schwierigkeiten und kommen wieder?

Gooren: Ja. Es brauchen nicht gerade Hormone zu sein, es kann auch etwas anderes sein, wofür wir die Lösung haben. Viele Ärzte haben nie Probleme der Transsexologie studiert und sagen deshalb einfach: Gehen Sie zurück zur Klinik. Oder sie rufen uns an. Es gibt einiges, das alle Transsexuellen gemein haben: Jeder will sein Problem möglichst von jetzt auf gestern gelöst haben. Es ist oft schwer, zu erklären, daß die Richtigkeit der Entscheidung nur aus der Observation kommen kann. Fast für keinen Transsexuellen ist das wirklich akzeptabel. Auffällig ist bei Transsexuellen dieses Getriebensein, man will das unbedingt, obwohl man weiß, daß es viele Schwierigkeiten und Beschwerden gibt.

Kamprad: Die nehmen alles in Kauf: Schmerzen, Nachbehandlung, Komplikationen hormoneller Art?

Gooren: Ja, ja.

Kamprad: Gibt es denn auch welche, die bei aller Sorgfalt der Behandlung mit ihrer neuen Identität nicht leben können?

Gooren: Wir hatten bisher nur drei Fälle, die bedauerten, diesen Schritt getan zu haben. Nicht, daß sie nicht transsexuell wären, sondern deswegen, weil das Resultat so schlimm ist, daß sie einfach nicht in der neuen Rolle leben können. Das waren sehr häßliche Männer, die keine sehr schönen Frauen geworden sind und auf der Straße attackiert werden, auch körperlich. Aber auch mit Worten. Es gibt Leute, die wieder als Männer in der Öffentlichkeit leben. Es gab einen Fall von einem blinden Transsexuellen, der sehr von seinem Partner erpreßt, gedrängt wurde, sich dieser Prozedur zu unterziehen. Andernfalls würde er ihn verlassen. Nun gibt es natürlich nicht nur den Druck der partnerschaftlichen Erpressung – es muß in diesem Fall auch ein transsexuelles Problem gegeben haben; aber ob es notwendig war, die Operation vorzunehmen, das ist die Frage.

Kamprad: Das war ein männlicher Partner, der den blinden Transsexuellen als Frau und nicht als Mann haben wollte?

Gooren: Ja.

Kamprad: Und was ist aus ihm geworden?

Gooren: Dieser Partner hat ihn doch verlassen. Das konnte man natürlich nicht von vornherein wissen, der Patient hatte nicht gesagt, daß jemand ihn erpreßte. Natürlich achten wir sehr darauf, daß die Entscheidung sehr persönlich und unabhängig ist. Und keiner außer der betroffenen Person darf ein Interesse an der Geschlechtsumwandlung haben.

Kamprad: Ich habe in den Archiven nachgesehen: In den jüngsten fünf Jahren häufen sich in Zeitgeist- und Frauenzeitschriften Informationen über Transsexuelle. Davor war das überhaupt kein Thema.

Gooren: Das stimmt.

Kamprad: Kommen die Leute nun früher zu Ihnen? Verschiebt sich die Altersstruktur?

Gooren: Ich kann das noch nicht wissenschaftlich bestätigen, aber ich habe den Eindruck, daß sich die Transsexuellen von sehr bunten Vögeln in der Vergangenheit zu jungen Bourgeois-Transsexuellen gewandelt haben. Wenn ich an die älteren denke, die mit einer Vergangenheit aus Prostitution oder Kabarett hierhin kamen . . . Dieses Bild hat sich geändert. Transsexualität ist ein gesellschaftliches Problem geworden.

Kamprad: Das Verdrängen hört auf. Man kann inzwischen darüber sprechen?

Gooren: Wenn die Möglichkeiten zur gesellschaftlichen Hilfe vorhanden sind, nimmt auch die »Ungesellschaftlichkeit«, wie sie früher für die Transsexuellen galt, ab. Die werden mehr »bourgois«. An und für sich ist diese Entwicklung nicht erstaunlich, aber es ist schön, wenn man das dokumentieren kann.

Kamprad: Die Leute kommen also nicht mehr aus dem halbseidenen Bereich?

Gooren: Nein.

Kamprad: Heißt das, daß ein Staatsbeamter zum Beispiel niemals zugegeben hätte, im falschen Körper zu stecken?

Gooren: Vielleicht wäre er kein Staatsbeamter geworden. Das Gefühl existiert schon früh im Leben, und man wird Kabarettist(in), oder man wird Hure, oder man wird Alkoholiker – einfach aus einem Seelenleiden heraus.

Kamprad: Führt dieser Leidensdruck, unter dem Transsexuelle stehen, oft in den Alkoholismus?

Gooren: Es gibt Transsexuelle, die sich in den Alkoholismus flüchten. Aber es ist sehr wichtig, daß es eine Perspektive für sie gibt, mit unserem Programm, das schon 15 Jahre läuft und in dem sich Psychologen, Endokrinologen, Chirurgen, Hautärzte, Stimmtherapeuten zusammengeschlossen haben.

Kamprad: Es gibt viele Transsexuelle in Deutschland, die hätte man früher als Mannweib bezeichnet und wäre gar nicht auf die Idee gekommen, daß mit denen etwas nicht stimmt. Aber es gibt ganz wenige, die wirklich sehr weiblich aussehen.

Gooren: Man kann nicht verstecken, daß man als Mann eine Geschichte hat und sich auch als Mann benehmen muß. Wenn man das vierzig Jahre macht, kann man nicht einfach den Schalter umstellen und sagen: »Das war das, ab jetzt wird als Frau gelebt.« Wer 40 Jahre als Maurer gearbeitet hat, hat nicht auf einmal einen weichen Händedruck.

Kamprad: Hatten Sie auch völlig problemlose Fälle?

Gooren: Nicht viele, aber es gibt Leute, die kommen schon im Alter von 18 Jahren zusammen mit den Eltern und sagen: Wir können die Transsexualität völlig dokumentieren. Wir haben nie Zweifel gehabt, daß dieser Prozeß stattfinden muß.

Kamprad: Die Eltern gibt's?

Gooren: Immer mehr. Es ist nie einfach, aber diese Fälle gehen ganz gut.

Kamprad: Wird es schwieriger, die neue Identität anzunehmen, wenn man lange eine ungeliebte Rolle gespielt hat?

Gooren: Ja. Man kann sich das aber doch vorstellen, wenn jemand zehn, zwanzig, dreißig Jahre leben muß mit einem Geschlecht, das er eigentlich nicht ist, das einen destruktiven Effekt hat.

Kamprad: Zumal, wenn man verheiratet ist, Kinder hat . . .

Gooren: Das ist Elend, nur Elend. Das ist furchtbar, nicht nur für den Transsexuellen, auch für die Kinder, die in der Ehe geboren werden, für die Frau. Nicht zu beschreiben, wie schlimm und wie schwer das ist, für alle. Wir hätten gern, daß das nicht mehr vorkommen muß, daß man das ganz früh sieht. Wir haben den Eindruck, daß man diesen Prozeß etwas lenken kann. Gut, wenn er in zehn Jahren abgeschlossen wäre, weil es keine Transsexuellen mehr gibt.

Kamprad: Ist das nicht Wunschdenken?

Gooren: Das fürchte ich auch, aber ich sage das nur, um Ihnen einen Eindruck zu geben, wie ich meine Arbeit sehe: nämlich mich selbst überflüssig zu machen. Das kann natürlich nicht in zehn Jahren sein, aber wir müssen die Angst davor nehmen, die Tatsachen bei Kindern frühzeitig zu sehen. Um dann eine Behandlung zeitig zu beginnen und die Leute nicht leiden zu lassen – zehn, zwanzig, dreißig Jahre.

Kamprad: Und sie ein falsches Leben unter völlig falschen Voraussetzungen leben zu lassen . . .

Gooren: . . . in dem sie nicht das leisten können, was sie eigentlich zu leisten imstande sind. Nur unglücklich sind. Das hinterläßt Spuren.

Kamprad: Können Sie auf Ihrem Lehrstuhl für Transsexologie da etwas tun? Ist das reine Forschung, oder unterrichten Sie auch junge Mediziner?

Gooren: Ich unterrichte auch junge Mediziner, aber die müssen so viel lernen, daß es ziemlich wenig ist, was speziell für Transsexologie bleibt. Es ist mehr eine Sache des Prestiges: Jetzt weiß man, daß dies nicht in einer dunklen Ecke dieses Krankenhauses geschieht: Ich bin eine von den Koryphäen, und das ist eine von den Sachen, die hier unternommen werden.

Kamprad: Mit welcher Außenwirkung! Wenn ich mich an die Presseresonanz bei der Einrichtung dieses Lehrstuhls erinnere: Es stand in allen Zeitungen.

Gooren: Das ist vielleicht die wichtigste Auswirkung dieses Lehrstuhls, daß diese Universität, dieses Krankenhaus an die Öffentlichkeit treten und sagen: Nicht nur dieser Mann, sondern auch wir als Organisation unterstützen diese Arbeit.

Kamprad: Das könnte eine Signalwirkung für andere Universitäten haben . . .

Gooren: Wenn jemand oder wenn eine Organisation sieht, daß man damit nicht sein Gesicht verliert, dann wagt der zweite auch, das zu tun.

Kamprad: Möchten Sie einen Appell loswerden?

Gooren: Daß Menschen ihre Hemmungen verlieren und in Ruhe nach Möglichkeiten suchen können, sich ihre Wünsche nach Transsexualität zu erfüllen. Sehen, daß das nichts Unanständiges ist. Sehen, daß die Medizin manchmal Lösungen hat. Ich finde es schlimm, daß Mediziner diesen Personenkreis einfach übergangen haben nach dem Motto: »Es kann nicht sein, was nicht sein darf.«

DORETTE POLAND

Transsexualität – Leitsymptomatik, Differentialdiagnostik und Behandlungskonzepte

Leitsymptomatik

1. Psychische Identifikation mit dem Gegengeschlecht

Transsexuelle sind der festen und kompromißlosen Überzeugung, daß sie im falschen Körper leben. Sie haben die innere Gewißheit, dem anderen Geschlecht anzugehören. Das heißt: Biologische Männer fühlen sich als Frauen, und biologische Frauen fühlen sich als Männer. Dieser innere Drang ist ständig vorhanden, ganz gleich in welcher Lebenssituation. Er besteht meist schon von früher Kindheit an.

2. Wunsch nach Geschlechtswechsel

Der Wunsch nach einer geschlechtsverändernden Operation ist kompromißlos und nicht beeinflußbar. Transsexuelle verfolgen mit Ausdauer und Beharrlichkeit ihr Ziel, in der Rolle des Gegengeschlechts soziale Anerkennung zu finden. Sie möchten unerkannt und unauffällig in der anderen Geschlechtsrolle leben können.

3. Ablehnung geschlechtsspezifischer Merkmale

Die Ablehnung der eigenen geschlechtsspezifischen Merkmale kann sich bis zur Selbstkastration steigern. Penis oder Brüste werden, um nicht sichtbar zu sein, abgeschnürt. Das Nichtaussprechen bestimmter Reizwörter (wie Brust) oder die Weigerung, den ursprünglichen Vornamen aufzuschreiben, gehören häufig dazu.

Transsexuelle empfinden, verbunden mit Ekel und Haß, ein völliges Getrenntsein von ihren Genitalien, eine Fremdheit, eine Nichtzugehörigkeit zu ihrer Person. Gleichzeitig haben sie das Bedürfnis nach den anderen Geschlechtsmerkmalen.

Der Widerspruch von Seinsvorstellung und Realität ist bei transsexuellen Menschen tragisch total, beherrscht die gesamte Denk- und Fühlsphäre. Häufig werden diese Spannungen von depressiven Reaktionen und Suizidversuchen begleitet.

4. Cross-dressing

Das Tragen der Kleider des Gegengeschlechts beginnt oft schon in der Kindheit. Es dient der Beruhigung, ist für viele das selbstverständliche äußere Zeichen ihrer inneren Einstellung. Sexuelle Erregung ist beim Tragen der Kleidungsstücke nicht vorhanden.

Transsexuelle Menschen halten sich, entgegen der zunehmenden Vermischung von männlichen und weiblichen Verhaltensweisen, extrem an die Geschlechtertrennung. Es werden die Merkmale gegenwärtiger Männlichkeits- oder Weiblichkeitsideale übernommen und häufig auf die Spitze getrieben. Transsexuelle versuchen sich gesellschaftlichen Normen perfekt anzupassen und begründen das damit, daß sie nur dann in der Gesellschaft akzeptiert werden, wenn sie vom äußeren Erscheinungsbild her akzentuierter männlich oder weiblich aussehen als ihre Mitmenschen. Daher besteht häufig der Wunsch nach einer Nasenkorrektur oder nach Kehlkopfabschleifung.

Die meisten Mann-zu-Frau-Transsexuellen passen sich nach einer gewissen Zeit äußerlich so gut an, daß sie in der Gesellschaft nicht mehr auffallen. Erst im Lauf der Zeit können sie lockerer und risikoreicher mit ihrem Äußeren umgehen. Bei Frau-zu-Mann-Transsexuellen ist der Übergang fließender, unauffälliger.

5. Untergeordnete Sexualität

Im Vergleich zur zentralen Identitätsproblematik spielt bewußt erlebte Sexualität eine untergeordnete Rolle. Selten wird masturbiert und nur dann, wenn es sich nicht mehr umgehen läßt. Sie empfinden dabei Ekelgefühle, weil es sie an ihr biologisches Geschlecht erinnert.

Nach *Eicher* (Literatur 7) spielt aktive Sexualität eine größere Rolle als bisher angenommen. Trotzdem bewerten Transsexuelle ihre Bereitschaft zur Sexualität als zweitrangig. Sie suchen in erster Linie Kontakte zu Partnern, die sie in ihrer Gesamtheit als Person akzeptieren.

6. Organische Befunde

Abweichende Befunde, die das genetische, hormonelle, äußere und innere morphologische Geschlecht sowie die sekundären Geschlechtsmerkmale betreffen, kommen bei Transsexuellen nicht häufiger vor als bei anderen Menschen.

Differentialdiagnostik

Transvestitismus

Das Tragen weiblicher Kleidungsstücke dient Transvestiten zur sexuellen Erregung beziehungsweise dem Orgasmus. Danach verlöscht vorübergehend der transvestitische Drang. Einer Gruppe von Transvestiten dienen die Kleidungsstücke in erster Linie zur Beruhigung, wobei sie hinterher oft Schamgefühle empfinden.

Transvestiten sind sich ihrer männlichen Identität bewußt und möchten diese auch nicht ändern. Allerdings gibt es Übergänge in die Transsexualität, was eine diagnostische Entscheidung sehr schwer machen kann und eine lange Beobachtungszeit voraussetzt.

Eigene klinische Erfahrungen zeigen (und auch *Janssen*, 11, berichtet darüber), daß es vor allem dann problematisch wird, wenn konflikthafte Partnerschaften bestehen oder wenn eine Trennung schon vollzogen ist und die Patienten in der geschlechtsverändernden Operation eine Problemlösung sehen.

Effeminierte Homosexualität

Bei effeminierten Homosexuellen hat das Tragen weiblicher Kleidung das Ziel, einen männlichen, sexuell aktiven Partner zu finden. Sie akzeptieren ihre Homosexualität, fühlen sich männlich beziehungsweise homosexuelle Frauen weiblich identifiziert.

Problematisch wird es, wenn sie über eine Operation Problemlösungen erzwingen wollen (30). Auch kann der Wunsch nach Operation Ausdruck unbewußter Abwehr homosexueller Wünsche sein (24).

Transsexuelle und Homosexuelle lehnen einander ab, weil Transsexuelle im allgemeinen eine gegengeschlechtliche Partnerwahl im Sinne ihres psychischen, nicht ihres biologischen Geschlechts treffen. Homosexuelle Durchgangsphasen sind möglich, wenn schwierige äußere soziale Umstände oder Uninformiertheit eine Rolle spielen.

Der Wunsch nach einer geschlechtskorrigierenden Operation bei Transvestiten wie auch bei Homosexuellen kann als Wunsch nach einer Entscheidung (endlich zu wissen, wohin man gehört) mißdeutet werden.

Psychiatrische Erkrankungen

Auch hier bedarf es einer langen Beobachtungszeit, da der transsexuelle Wunsch das erste Symptom einer psychotischen Erkrankung darstellen kann. Meist ist aber das Bedürfnis nach Geschlechtswechsel in ein generelles psychotisches Geschehen eingebettet. Es ist zu prüfen, inwieweit die transsexuelle Entwicklung im bisherigen Lebenslauf durchgängig verläuft und wann sie begann. Weiter ist zu prüfen, wie tief beziehungsweise wie ich-nah die Überzeugung, dem anderen Geschlecht anzugehören, ist und inwieweit dysmorphobe Züge eine Rolle spielen. Transsexualität ist kein Ausdruck einer paranoid-halluzinatorischen Psychose und nicht mit der Gabe von Neuroleptika zu beeinflussen. Die Realität ihres angeborenen Geschlechts erkennen Transsexuelle an. Grundsätzlich gelten geschlechtskorrigierende Maßnahmen bei psychotischen Patienten als Kontraindikation.

Borderline-Persönlichkeitsstörung und Adoleszentenkrisen

Störungen der Geschlechtsidentität kommen auch bei Borderline-Persönlichkeitsstrukturen und in Adoleszentenkrisen vor. Dabei ist die Identitätsstörung immer in das umfassendere pathologische Geschehen eingebunden. Eine lange Beobachtungs- und Betreuungszeit erleichtert die diagnostische Abgrenzung. Therapeutische Aufgabe ist dabei die Verhinderung eines iatrogenen Transsexualismus (23).

Somatische Erkrankungen

Eine genetisch-hormonelle und körperliche Untersuchung kann eine fehlerhafte Geschlechtsdetermination oder eine Störung der Geschlechtsdifferenzierung aufdecken. Wünsche nach einer Operation beziehungsweise nach dem Tragen der Kleider des Gegengeschlechts können durch somatische Erkrankungen wie Nebennierenrindentumor, Hypogonadismus, Temporallappen-Epilepsie auftreten (12, 20, 23).

Behandlungskonzepte

Psychoanalytische und verhaltenstherapeutisch orientierte Vorgehensweisen mit dem Ziel, die Patienten von ihrem Wunsch nach geschlechtsverändernder Operation abzubringen, sind bei erwachsenen Transsexuellen bisher fehlgeschlagen (u. a. 4, 14, 25, 29). Über erfolgreiche Behandlungen wurde vereinzelt berichtet (21). Auch bei Jugendlichen sind Behandlungen mit nachfolgender Aufgabe des Operationswunsches selten (1, 6).

Jugendliche können sich ähnlich kompromißlos wie erwachsene Transsexuelle verhalten, vor allem, wenn sie rigide-schizoide Persönlichkeiten sind oder in der Rolle des attraktiven Sexualobjekts frühzeitig bestätigt werden.

In den siebziger Jahren führte die Erkenntnis, den Patienten durch psychotherapeutische Vorgehensweisen nicht helfen zu können, dazu, durch Operationen den Körper psychischen Bedürfnissen anzugleichen. Die Zahl der wissenschaftlichen Veröffentlichungen mit Ergebnissen nach der Operation nahm zu (3, 8, 9, 10, 13, 15, 16, 17, 27, 28).

Im wesentlichen ergaben die katamnestischen Untersuchungen eine deutliche Verbesserung der Zufriedenheit der Transsexuellen mit sich selbst. Nicht unterschätzt werden dürfen die Schwierigkeiten der psychosozialen Integration; darauf wiesen vor allem *Cohen-Kettenis und Kuiper* (5) hin. Die geschlechtskorrigierende Operation löst die Probleme nicht, erleichtert sie höchstens.

Inzwischen hat sich in den USA und in der Bundesrepublik ein schrittweises Vorgehen bewährt, an dessen Ende die Operation stehen kann.

Erster Schritt

Der erste Abschnitt dauert mindestens zwei Jahre. Diese Zeit ist der Behandlung und Beobachtung vorbehalten. Wir schließen einen Betreuungsvertrag ab, denn wir haben die

Erfahrung gemacht, daß manche Patienten eine vorzeitige Hormoneinnahme beginnen und dadurch das Behandlungskonzept unterlaufen. Es wird eine gründliche Diagnostik (genetische, endokrinologische, internistische und neurologische Untersuchung, Schädelröntgen, EEG) und Differentialdiagnostik durchgeführt. Dieser Schritt beinhaltet auch Anamnese, Fremdanamnese, Klärung der sozialen und beruflichen Situation. Außerdem ist es inzwischen Voraussetzung geworden, daß die Patienten eine Behandlung bei einem erfahrenen Psychotherapeuten auf sich nehmen.

So extrem, wie Transsexuelle ihr Problem lösen, so extrem verhalten sich Ärzte und Therapeuten seit nunmehr 40 Jahren in ihrer Befürwortung oder Gegnerschaft zur Operationsindikation. Unabhängig davon sollten Psychotherapieverfahren entwickelt werden, die auf die speziellen Probleme der Transsexuellen zugeschnitten sind.

Dabei ist die Operation nicht »als Lösung des Leidens an der Wurzel« anzusehen, eher »als schmerzliche Notlösung gegen den Widerstand der eigenen instinktiven Abwehr« (4). Die »kreative Abwehrleistung« (18) der Patienten sollte es uns Therapeuten möglich machen, ebenso kreativ an diese Probleme heranzugehen.

Voraussetzung dafür ist die Achtung vor dem Fremden als ethisch-philosophische Grundlage. Die Annahme des Patienten in seiner Gesamtheit als Person ist selbstverständlich und bietet die Möglichkeit, mit seinen speziellen Abwehrkräften besser umgehen zu können.

Von vornherein wird die Problematik akzeptiert und damit die Basis für einen Dialog geschaffen, der das Zustandekommen einer therapeutischen Beziehung ermöglicht. Das Ernstnehmen des Operationswunsches heißt aber nicht, dem Agieren des Patienten nachzugeben und eine Art von Komplizenschaft einzugehen.

Von Anfang an wird deutlich gemacht, daß die jahrelange Vorbereitung auf die Operation (und die damit verbundene ständige Überprüfung, ob der Geschlechtswechsel auch psychisch verkraftbar ist) die entscheidende Grundlage dafür ist, daß das Leben nach der Operation überhaupt lebbar wird. Vergangene, gegenwärtige und zukünftige Lebensinhalte, Wertvorstellungen, Beziehungsmuster, werden kritisch überprüft. Wichtig dabei ist das Entwickeln von realistischen Zielen.

Das Bundessozialgericht in Kassel hat 1987 im Sinne der Reichsversicherungsordnung (RVO) entschieden, daß Transsexualität eine Krankheit ist. Bekanntlich erleben sich Transsexuelle nicht als krank und geraten in einen Zwiespalt. Einerseits möchten sie die Operation von der Krankenkasse bezahlt bekommen, andererseits müssen sie dann in Kauf nehmen, daß sie von Ärzten und Therapeuten als kranke Menschen behandelt werden. Entsprechend abwertend und abweisend sind häufig die Haltungen Transsexueller gegenüber dem Arzt und Therapeuten. Sie erleben den Kontakt zum Arzt als Ausgeliefertsein und fühlen sich erpreßt.

Der Therapeut muß sich auf ein massives Ausagieren seitens des Patienten einrichten, auf Ablehnung und auf das Gefühl, mißbraucht zu werden. Denn die Voraussetzungen für eine Therapie, wie Motivation und Anerkennung der Problematik als Krankheit, sind meist nicht gegeben. Aber auch Patienten ohne Behandlungsmotivation können im Lauf der Zeit für einen psychotherapeutischen Prozeß bereit sein (21).

Gefahren auf seiten des Arztes und Therapeuten können in seiner zu schnellen Entscheidung für die Operation liegen, im Nichterkennen seiner eigenen Abwehrmechanismen, seiner Ohnmachts- und Allmachtsgefühle.

Machtgefühle, weil man sich in der Lage erlebt, einem Menschen zu einem neuen, völlig anderen Leben zu verhelfen. Der Arzt wird durch den Patienten idealisiert, wenn er ihm schnell, ohne sich und dem Patienten Zeit zu lassen, zur Operation verhelfen will. Ohnmachtsgefühle entstehen, wenn er meint, eine verstümmelnde Therapie einer Psychotherapie vorziehen zu müssen und damit versagt zu haben.

Die Unsicherheit über den Sinn des therapeutischen Vorgehens sollte der Arzt angesichts der außergewöhnlichen existentiellen Situation, die das Phänomen Transsexualität in sich trägt, auf sich nehmen können. Wichtig dabei ist immer wieder, die konkrete Situation des Patienten mit seiner Individualität und Geschichte genau wahrzunehmen, zu reflektieren und die Behandlungsmaßnahmen dem Einzelfall entsprechend auszurichten.

Zweiter Schritt

Im Alltagstest, der mindestens ein Jahr dauert, leben Transsexuelle in der angestrebten Geschlechtsrolle. Abhängig von der Stärke ihres Selbstwertgefühls, empfinden sie diese Phase als bestätigend oder entwertend, zumal sie weder die Sicherheit einer Hormonbehandlung noch ausreichenden Rechtsschutz haben.

Ziel des Alltagstests ist die ständige Überprüfung, ob der Geschlechtswechsel im privaten wie im beruflichen Bereich auch möglich ist. Das, was Transsexuelle bisher nur in der Vorstellung wünschten, sollte nun in der Realität getestet werden. Dabei übertreiben Transsexuelle häufig ihr äußeres Erscheinungsbild, unterliegen klischeehaften Vorstellungen eines idealen Frauen- beziehungsweise Männerbildes. Im Ausleben ihrer gewünschten Geschlechtsrolle geraten Transsexuelle an ihre Grenzen, erfahren Bestätigung, werden aber auch mit Enttäuschungen konfrontiert.

Hilfreich in diesem Prozeß der Auseinandersetzung kann die Teilnahme an einer speziellen Gruppentherapie sein. Inhalte und Ziele sind u. a. die Aufarbeitung von Konfliktsituationen und familiären Problemen, Reduktion unkritischer Mißtrauenshaltungen, die Auseinandersetzung mit geschlechtstypischem Rollenverhalten und die Erarbeitung postoperativer Lebensmöglichkeiten. Voraussetzung für die Teilnahme an dieser Gruppentherapie ist eine abgeschlossene Diagnostik.

Dritter Schritt

Einleitung der gegengeschlechtlichen Hormontherapie durch einen Endokrinologen. Durch ihn erfolgt eine genaue körperliche Untersuchung mit Beachtung schädlicher Nebenwirkungen, die hohe Dosen gegengeschlechtlicher Hormongaben bewirken können.

Normalerweise vergröbert sich bei Frau-zu-Mann-Transsexuellen die Haut, Bartwachstum beginnt, die Stimme wird tiefer, es entwickelt sich eine stärkere Libido. Bei Mann-zu-Frau-Transsexuellen reduziert sich das Sexualbedürfnis, es verändert sich die Fettverteilung, die Haut wird weicher, die Brust entwickelt sich.

Vierter Schritt

Nach etwa neun Monaten kann dann die geschlechtskorrigierende Operation durchgeführt werden. Dazu sind zwei ausführliche Befundberichte von auf diesem Gebiet anerkannten, voneinander unabhängigen Fachärzten beziehungsweise Gutachtern notwendig.

Es gibt eine Gruppe Transsexueller, die sich, obwohl sie die Operationsvoraussetzungen haben, nicht für eine Operation entscheiden können (8). Der vollständige Wechsel in das Gegengeschlecht braucht nicht die Lösung für jeden Transsexuellen zu bedeuten.

Bei Mann-zu-Frau-Transsexuellen erfolgt Penektomie, die Entfernung der Hoden, und eine Neovagina wird angelegt.

Bei Frau-zu-Mann-Transsexuellen erfolgt Ovaektomie, Hysterektomie und beidseitige Mastektomie. Meist wird eine Klitorismobilisierung vorgenommen (7). Eine Penisplastik bringt nach wie vor unbefriedigende Ergebnisse. Für viele Transsexuelle ist es aber wichtig, im Stehen urinieren zu können und ein männliches Genital zu besitzen, auch wenn es nicht ausreichend funktioniert.

In der folgenden Tabelle sind die Voraussetzungen für eine geschlechtskorrigierende Operation, ausgehend von Vorschlägen einer Kommission der Deutschen Gesellschaft für Sexualforschung, angegeben. Als Kunstfehler wird die Nichteinhaltung einer Vor- und Nachsorge angesehen.

Die psychotherapeutisch-stützende Betreuung kann nach der Operation vor allem in Form der Gruppentherapie, aber auch in Einzeltherapie fortgesetzt werden.

Voraussetzungen für eine geschlechtskorrigierende Operation:

1. Abgeschlossene psychosexuelle Entwicklung (Operation nicht unter 21 Jahren)
2. Gründliche diagnostische Abklärung
3. Mindestens zwei Jahre präoperative ärztliche Beobachtung einschließlich einer psychotherapeutischen Behandlung
4. Mindestens ein Jahr lang präoperativ in der angestrebten Geschlechtsrolle leben (Alltagstest), danach Hormontherapie
5. Indikation zur Operation von zwei unabhängigen Spezialisten
6. Aufklärung über Operationsrisiken, rechtliche Situation
7. Ärztliche, soziale, gegebenenfalls psychotherapeutische Nachbetreuung

---

Literatur

Barlow, D.D., Abel, G.G., Blanchard, E.B. (1979) Gender identity change in transsexuals. Arch Gen Psychiat 36: 1001–1079 (1)

Benjamin, H. (1953) Transvestitism and transsexualism. Int J Sexol 7: 12–14 (2)

Benjamin, H. (1966) The Transsexual Phenomenon. New York: Julian Press (3)

Boss M. (1950) zitiert in: Mitscherlich, A, Rundfrage über ein Referat auf der 66. Wanderversammlung der südwestdeutschen Psychiater und Neurologen in Badenweiler. Psyche 4: 448–477 und 626–640 (1951) (4)

Cohen-Kettenis, P., Kuiper, A.J. (1987) Social aspects of sex reassignment surgery: a follow-up among 141 transsexuals. Vortrag 8. Weltkongreß für Sexologie, Heidelberg 1987 (5)

Davenport, C.W., Harrison, S.I. (1977) Gender identity change in a female adolescent transsexual. Arch Sex Behave 6: 327–340 (6)

Eicher, W. (1984) Transsexualismus. Möglichkeiten und Grenzen der Geschlechtsumwandlung. Stuttgart, New York: G. Fischer (7)

Fahrner, E.M., Kockott, G., Duran, G. (1987) Die psychosoziale Integration operierter Transsexueller. Nervenarzt 58: 340–348 (8)

Hoenig, J.H., Kenna, J.H.C., Yoad, A. (1971) A follow-up study of transsexualists: Social and economic aspects. Psychiat Clin 3: 85–100 (9)

Hunt, M.D., Hampson, J.L. (1980) Follow-up of 18 biologic male transsexuals after sex-reassignment surgery. Amer J. Psychiat 13: 432–438 (10)

Janssen, P.L. (1984) Zum transsexuellen Symptom in einem Partnerarrangement – Nur ein Fall? Psychother med Psychol 34: 76–80 (11)

Kockott, G., Nusselt, L (1976) zur Frage der zerebralen Dysfunktion bei der Transsexualität. Nervenarzt 47: 310–318 (12)

Kröhn, W., Bertermann, H.J., Wand, H., Wille, R. (1981) Nachuntersuchungen bei operierten Transsexuellen. Nervenarzt 52: 26–31 (13)

Marks, J., Gelder, M., Bancroft, J. (1970) Sexual deviants two years after electric aversion. Brit J Psychiat 117: 173–185 (14)

Meyer, J.K., Reiter, D.J. (1979) Sex reassignment: Follow-up. Arch Gen Psychiat 36: 1010–1015 (15)

Money, J., Ehrhardt, A.A. (1970) Transsexuelle nach Geschlechtswechsel. In: Schmidt, G., Sigusch, V., Schorsch, E (Hrsg) Tendenzen der Sexualforschung. Beiträge zur Sexualforschung, Bd. 49. Stuttgart: Enke (16)

Pauly, J.B. (1981) Outcome of sex reassignment surgery for transsexuals. Austr New Zealand J Psychiatry 15: 45–51 (17)

Pfäfflin, F. (1983) Probleme der psychotherapeutischen Behandlung transsexueller Patienten. Psychother med Psychol 33: 89–92 (Sonderheft) (18)

Pfäfflin, F., Junge, A. (1990) Nachuntersuchung von 85 operierten Transsexuellen. Zeitschr. f. Sexualforschung, 3, 331–348 (19)

Routier, G., Piaget, M., Langeron, P., Wiart, P., Duthoit, F., Cousin, F. (1964) Tumeur fèminissante de la surrènale et transsexualisme. Annales d'endocrinol 25: 680–685 (20)

Schorsch, E., Galedary, G., Haag, A., Hauch, M., Lohse, H. (1985) Perversion als Straftat. Dynamik und Psychotherapie. Berlin, Heidelberg, New York, Tokyo: Springer (21)

Schwöbel, G. (1960) Ein transvestitischer Mensch, die Bedeutung seiner Störungen und sein Wandel in der Psychoanalyse. Schweiz Arch Neurol psychiat 86: 358–382 (22)

Sigusch, V., Meyenburg, B., Reiche, R. (1979) Transsexualität. In: Sigusch V. (Hrsg) Sexualität und Medizin. Köln: Kiepenheuer & Witsch (23)

Sigusch, V. (1980) Medizinischer Kommentar zum TSG. NJW 50: 2740–2745 (24)

Socaides, C.W. (1969) The desire for sexual transformation: A psychiatric evaluation of transsexualism. Amer J Psychiat 125: 1419–1425 (25)

Socaides, C.W. (1970) A psychoanalytic study of the desire for sexual transformation (»transsexualism«): The plaster-of Paris man. Int J. Psychoanal 51: 341–349 (26)

Sörensen, T. (1981) A follow-up study of operated transsexual females. Acta Psychiat Scand 64: 50–64 (27)

Spengler, A. (1980) Kompromisse statt Stigma und Unsicherheit: Transsexuelle nach der Operation. Sexualmedizin 9: 98–103 (28)

Thomä, H. (1957) Männlicher Transvestitismus und das Verlangen nach Geschlechtsumwandlung. Psyche 11 (29)

Van Putten, T., Fawzy, F.D. (1976) Sex conversion therapy in a man with severe gender dysphoria. A tragic outcome. Arch Gen Psychiatry 33: 751–753 (30)

Dr. med. Dorette Poland arbeitet an der Psychiatrischen Klinik und Poliklinik der Technischen Universität München Klinikum rechts der Isar (Direktor Prof. Dr. H. Lauter).

MICHAELA-LARISSA EGER

Zum neuen Namen ein Sektbad in der Wanne

In Berlin-Kreuzberg haben wir gelebt, als ich klein war. Fünf muß ich gewesen sein, als diese komische Klauerei anfing. Zwischen den engstehenden Häusern waren Wäscheleinen gespannt, auf denen hingen Petras hübsche Kleider. Petra war Nachbars Tochter. Ich habe die Wäsche abgehängt, wenn Mutter einkaufen war, habe die ungeliebten Hosen aus- und die Mädchenkleider angezogen. Ich weiß bis heute, wie toll ich mich darin fühlte. Und ich erinnere mich gut, wie neidisch ich auf all die kleinen Mädchen war, die Röcke und Blusen und Schleifchen im Haar tragen durften. Wenn Mutter mit mir Klamotten kaufen ging, gab es jedesmal Theater. Ich wollte keine Hosen und keine Socken. Ich wollte Mädchensachen. Meine Eltern haben sich gewiß beizeiten gefragt, was mit ihrem Jungen los sei. Von Transsexualität hatten sie bestimmt noch nie etwas gehört. Meiner Mutter war es schon peinlich genug, der Nachbarin in schöner Regelmäßigkeit die gemopsten Kleider wiederbringen zu müssen. Aber die sah das ganz locker: Kinder hätten nun mal Spaß am Verkleiden. Ich habe mich in Grund und Boden geschämt, aber keine Angst vor Strafe war größer als das Glücksgefühl in Mädchenkleidern. Und so blieb es beim Röckchenklauen.

Mein Vater hat alles unternommen, um mich wie einen richtigen Jungen zu erziehen und mir den Unfug mit den Kleidern auszutreiben. Ich bekam eine elektrische Eisenbahn. Ich sollte mit Jungen spielen und toben. Geholfen hat nichts. Mit der Zeit hat ihn das so erbittert, daß ich genausooft Schläge bekam wie die Mutter. Die konnte es nicht mehr mit ansehen. Sie informierte das Jugendamt und sorgte für eine Heimunterbringung in Hanau. Damit waren die Schwierigkeiten aber nicht zu Ende. Ich kam in der Schule schlecht mit, ich paßte mich nicht an. Irgendwas war mit diesem Knaben nicht in Ordnung, das merkten alle.

Mit dreizehn kam ich für zwei Jahre in ein Kinderheim der Diakonie in Rummelsberg. Dort war ich unter lauter Jungen, und ich hätte doch so gern mit Mädchen gespielt. Freunde fand ich keine, wurde viel gehänselt und mußte den Kopf hinhalten für Streiche, die ich gar nicht begangen hatte. Schon bei alltäglichen Dingen machte ich Theater. Ich wollte nie mit den anderen Jungen duschen, weigerte mich, mich auszuziehen. Schließlich durfte ich immer als letzter duschen, begleitet von einer lieben Erzieherin. Wenn sie da war, ging's mir gut.

Eine schöne Erinnerung habe ich nur an eine Radtour mit dem Heimleiter und vier anderen Knaben – quer durch Oberbayern. Aber auf Dauer hat auch diese Tour nichts gebracht. Ich fand ein Leben als Junge einfach schrecklich.

In der Pubertät wurde es richtig schlimm. Ich war todunglücklich. Bei der Tochter eines Diakons hatte ich gesehen, daß ihr ein Busen wuchs. Bei mir blieb alles flach. Nächtelang habe ich nur geheult, und reden konnte ich auch mit niemandem.

1966 wurde ich aus dem heilpädagogischen Kinderheim entlassen und zu meinen Eltern nach Berlin zurückgeschickt. Da hatte sich nichts geändert, es wurde gestritten und geprügelt. Ich schaute, daß ich wegkam, fuhr ziellos mit der U-Bahn durch die Stadt, machte lange Spaziergänge oder ging ins Kino. Das war das Größte: schön angezogene, geschminkte Frauen im Film. So, genau so wollte ich auch aussehen. Aber ich war ja ein junger Mann. Vor meinem Körper habe ich mich nur geekelt. Heute wundert es mich, daß ich trotz allem stabil genug war, nicht abzurutschen. Alkohol und Drogen waren für mich tabu, obwohl ich die Dealer am Bahnhof Zoo jeden Tag sah. Sie und die Mädchen, die an der Spritze hingen und langsam vor die Hunde gingen. Ich wünschte mir, in eine solche Welt gar nicht erst geboren worden zu sein.

Im Herbst 1968 bekam mein Vater eine gute Stelle. Wir zogen um nach Karlsruhe. Mein Problem war immer das gleiche: Ich wollte eine Frau sein. In Kaufhäusern stand ich stundenlang vor den Kleidern, wühlte in weiblicher Unterwäsche. Mehr als anschauen konnte ich mir nicht leisten: Ich hatte kein Geld.

Meine Eltern drängten mich dazu, zur Bundesbahn zu gehen. Ich bewarb mich und bekam einen Ausbildungsplatz für den einfachen Beamtendienst. Ich hätte gern dort gearbeitet, wo Frauen arbeiteten, im Büro, aber genau dies blieb mir versagt. Ich lernte im Gleisbau, mußte im Rangierdienst Waggons anhängen, im Zugbegleitdienst Fahrkarten kontrollieren oder im Stellwerk Signale und Weichen stellen. Die Ausbildung war nicht schlecht, und wenn ich sie als Mädchen hätte absolvieren können, wäre vieles anders gekommen. Aber ich war ja kein Mädchen.

Ich wurde krank, bekam Kreislaufstörungen. Daß sie nur ein Indiz für ganz andere Störungen waren, merkte niemand. Wegen des miesen Kreislaufs wurde ich für den Betriebsdienst untauglich geschrieben, abgeschoben zur Güterabfertigung. Auch mein Berufswunsch Zugschaffner war damit blockiert. Statt dessen mußte ich Güter in Waggons verladen und Sackkarren schieben. Zur harten Arbeit kam der Spott der Kollegen. Ich konnte nicht mitreden, wenn sie mit ihren Frauenbekanntschaften prahlten, ich hatte keine Freundin. Ob ich vielleicht schwul sei? fragten sie mich. Ich hatte es mit Frauen probiert. Aber Geschlechtsverkehr hatte mir keinen Spaß gemacht, außerdem haßte ich mein Glied. Ich wohnte noch immer zu Hause. Meine Eltern wunderten sich, warum ich mich immer einschloß, mein Vater drohte damit, die Tür einzuschlagen. Wie sollten sie auch ahnen, daß ihr Sohn nach Feierabend in Frauenkleidern vor dem Spiegel stand? Eines Tages passierte es doch: Ich hatte den Schrank offengelassen, meine Mutter wollte frische Wäsche einsortieren. Der Schlag muß sie beinahe gerührt haben, als sie Büstenhalter und Slips und Seidenstrümpfe fand, dazu Schuhe und Kleider, die ihr gehörten. Am Abend war der Teufel los. Meine kostbaren Schätze waren in der Mülltonne gelandet, mein Vater schlug zu. Ich hatte es satt und zog aus. In der eigenen Wohnung konnte ich anziehen, was ich wollte. Tagsüber Männerklamotten, abends Frauenkleider zu Hause – so ging das jahrelang. Zu gern wäre ich mit den Fummeln auch auf die Straße gegangen, aber dazu reichte der Mut nicht. Ich glaube, in dieser Zeit war ich kurz davor, mir das Leben zu nehmen. Abgelenkt habe ich mich mit meinem Hobby: Tanzen. Ich tanzte sogar Turniere, aber im Grunde beneidete ich auch dabei nur die schönen Frauen in ihren tollen Kleidern, mit ihrem Schmuck und ihrer Schminke. Damals hat man mir eine Ausbildung als Tanzlehrer angeboten, ich bewarb mich und wurde prompt genommen. Das tat meinem Selbstwertgefühl gut. Ich war vorübergehend sogar bereit, mich mit meinem Geschlecht abzufinden, und spielte mit dem Gedanken, eine Familie zu gründen.

In der Disco habe ich bald darauf eine sehr attraktive Frau kennengelernt. Sie war 38, ich gerade 26. Es klappte gut mit uns, bis ich ihr von meinem heimlichen Problem erzählte. Danach war alles ganz schnell vorbei. Meine Freundin lachte mich nur aus. Ich mußte die bittere Lektion lernen, daß sich Vertrauen nicht auszahlt, daß niemand einen so sehr verletzen kann wie der Mensch, den man liebt.

Im nachhinein hatte diese Erfahrung doch etwas Gutes: Sie zwang mich, den Tatsachen ins Auge zu sehen und eine Entscheidung zu fällen. Ich hatte das Versteckspiel und die fruchtlosen Anpassungsversuche als Mann satt. Vor den Modeschaufenstern des Kasseler Kaufhofs beschloß ich: »Du bist eine Frau, du warst schon immer eine, also leb auch so.« Am gleichen Abend habe ich gekündigt und bin weggezogen, nach Heidelberg.

Tagsüber arbeitete ich in einem Fotogeschäft, abends war

ich Frau. Als ich nach Frankfurt versetzt wurde, genoß ich die Anonymität der Großstadt und traute mich in Frauenkleidern auf die Straße und in Travestielokale. Ich gab eine Anzeige auf und fand dadurch eine Psychologin, die Menschen wie mich kannte und miteinander zusammenbrachte. Dabei hatte ich bisher immer gedacht, mein Problem gäbe es kein zweites Mal auf der Welt. Auf einmal gab es Gleichgesinnte. Eine von ihnen holte mich eines Tages zu Hause ab und scheuchte mich auf die Straße. Was für ein Erlebnis! Noch nie war ich bei Tag in Frauenkleidern umherspaziert. Nach 29 Männerjahren machte ich als Frau im Rock die Tür hinter mir zu. Das hat mich unglaublich viel Mut gekostet, aber es war auch ein solches Glücksgefühl – ich kann es bis heute nicht beschreiben. Da spielte es fast keine Rolle mehr, daß ich wegen des Tragens von Ohrringen meinen Job verlor. Ich hielt mich mit Aushilfsarbeiten über Wasser, machte mich kundig und beantragte sogar einen neuen Personalausweis – einen mit einem fraulicheren Paßbild und dem Vermerk »trägt Frauenkleidung«. Für den Anfang genügte mir das, obwohl mich die Demütigung ärgerte. Aber noch gab es in Deutschland das Transsexuellengesetz nicht.

Als es 1981 in Kraft trat, war ich die erste, die mit gutachterlichen Stellungnahmen der Universität Heidelberg die Personenstandsänderung beantragte. Ich wurde offiziell als transsexueller Mensch anerkannt. Der Alltagstest sollte laut Gesetz ein Jahr durchgehalten werden. Ich machte freiwillig vier Jahre daraus. Ich wollte es ganz genau wissen. Den Ärzten war das nur recht.

Am 15. März 1981 bekam ich meinen weiblichen Personalausweis und unterschrieb mit meinem neuen Namen. Vor Gott und der Welt war ich nun eine Frau. Wenn das kein Grund zum Feiern war: Ich kaufte zwei Kisten Sekt, goß sie in die Badewanne und stieg hinein.

Ich war dreißig und fast am Ziel. Nun fehlte nur noch die Hormontherapie und die geschlechtsangleichende Operation. Solange ich diese beiden Hürden nicht genommen hatte, war ich optisch ein Mann in Frauenkleidern mit Papieren, die ihn als Frau auswiesen. Kein Wunder, daß mich in dieser Phase niemand einstellen wollte. Ich jobbte als Zimmermädchen in einem Hotel, als Kassiererin im Kino. Ich ließ mich umschulen als Büropraktikerin und war danach prompt arbeitslos – in den Büros wurden gerade Stellen abgebaut.

1986 hielt ich das fachärztliche Gutachten in Händen. Es machte den Weg frei zur Operation. Aber wohin sollte ich gehen? Welche Klinik hatte einen guten Ruf, welcher Chirurg war erfolgreich? Ich hatte schon zweimal Termine an einem Krankenhaus sausen lassen – die Endgültigkeit der Operation machte mir angst. Durch Empfehlung eines Urologen kam ich zu Professor Eicher ans Diakonissenkrankenhaus in Mannheim. Von diesem Arzt erzählte man sich wahre Wunderdinge, er hatte einen untadeligen Ruf. Und ich hatte unendlich viel Vertrauen zu ihm.

Am 13. April 1987 war es soweit. Die letzten Stunden waren sachlich und ruhig. Ich hatte eine Schlaftablette bekommen. Im OP kam die Angst wieder. Ich wurde auf den gynäkologischen Stuhl gelegt, meine Beine wurden mit Decken umwickelt. Den Einstich merkte ich schon nicht mehr.

Dreieinhalb Stunden dauerte die Operation. Die Schmerzen waren erträglich. Psychisch war ich jedenfalls gut drauf. Ich weiß noch, daß ich beim Aufwachen zuerst mit den Händen zwischen meine Beine fuhr. Das war mir am wichtigsten: daß da alles weg war. Als ich den Verband spürte, wußte ich, ich hab's geschafft. Eine Frau!

Das Glücksgefühl war riesig, obwohl manche Begleitumstände der Operation mich doch genervt haben. Wer sein Leben lang gesund war, kann nicht gut mit Schläuchen und Kathedern umgehen. Ich mag es auch nicht besonders, wenn ich still liegen muß und nicht aufstehen darf. Aber das war nur eine Sache von Tagen. Gegen sporadisch wiederkehrende Ängste setzte ich meinen Glauben an Gott, der mir all die Jahre zuvor schon immer geholfen hat.

Die Operation war ein Einschnitt in meinem Leben. Dinge, die anderen Frauen selbstverständlich sind, waren für mich ein Geschenk. Was für ein Gefühl, im Schwimmbad nie mehr Angst haben zu müssen, ob aus dem Slip etwas hervorschaut. Hautenge Höschen tragen können mit französischem Schnitt, nicht mehr solche, die verstecken sollen statt knapp zu sitzen. Keine geborene Frau erlebt vermutlich, wie es ist, wenn ihre Vagina austamponiert wird, muß nicht üben, wie man als weibliches Wesen auf die Toilette geht. Für mich waren dies alles neue Erfahrungen. Sie haben mein Selbstbewußtsein gestärkt. Je mehr ich Frau wurde, desto unkomplizierter wurde mein Leben. Ich war in meinen Körper geradezu verliebt. Mein Busen ist schön geformt, ich trage Büstenhalter mit Spitzen und muß nicht zu unansehnlichen, stabilen BHs greifen.

Wenn zu all diesen tollen Erfahrungen noch hinzukommt, daß es in der Liebe stimmt, ist der siebte Himmel zum Greifen nah. Ich hatte zum Zeitpunkt der Operation einen sehr lieben Freund. Er kannte meine Lebensgeschichte und war sicher, sie akzeptieren zu können. Ich schlief gern mit ihm und erlebte mich dadurch erst recht als Frau bestätigt. Es waren Gefühle, die man nicht in die Maschine tippen kann. Sie waren einfach überwältigend.

Aber Bäume wachsen nicht in den Himmel. Mein Freund kam mit meiner neuen Identität nicht klar; vielleicht auch nicht mit dem Schwung und der Begeisterung, zu denen mich die Operation befähigt hatte. Ich fand mich so toll, daß ich ihm vermutlich ziemlich auf den Geist ging. Jedenfalls versuchte er, möglichst viele Schwachstellen an mir zu finden. Vor allem meine tiefe männliche Stimme mißfiel ihm. Aus dem siebten Himmel bin ich ziemlich schnell abgestürzt. Wie früher war da wieder jemand um mich, der mich verspottete, über mich lachte, herumnörgelte und mich kleinmachte. Nach vier Jahren Verlobung zog ich den Ring vom Finger. Dafür hatte ich die schweren Jahre nicht durchgemacht, um jetzt jeden Tag Streit und Unzufriedenheit in den eigenen vier Wänden zu haben. Vor allem wollte ich mich nicht in meiner gerade gewonnenen Identität verletzen lassen.

Der Schlußstrich tat weh, war aber wichtig. Wie viele andere Menschen, die eine persönliche Krise bewältigen müssen, habe ich mich in die Arbeit geflüchtet. Es war mir schon lange klar, daß ich anderen Transsexuellen helfen wollte. Wer so ein Schicksal auferlegt bekommt, braucht Hilfe. Ich wollte, daß dieser Weg für andere leichter werden sollte, als er es für mich war. Beratung, gegenseitige Unterstützung, Namen und Adressen von Ärzten, Psychologen, Psychiatern, Therapeuten, Chirurgen und Endokrinologen in einem Verzeichnis, Gesprächsgruppen, praktische Tips für den Alltag – ich hatte große Pläne. Am Anfang stand meine Selbsthilfegruppe in Karlsruhe. Beim Diakonischen Werk Baden fand ich offene Ohren – und Türen. Es dauerte alles seine Zeit, aber schließlich bekam ich einen Raum zur Verfügung gestellt, in dem ich zweimal wöchentlich zur Beratung einladen konnte. Der Erfolg gab mir recht. Die Anlaufstelle in Karlsruhe wurde bald von Menschen aus ganz Baden-Württemberg und darüber hinaus frequentiert. Es war für viele der Start in ein neues Leben. Meine Arbeit beschränkte sich auf ein erstes Gespräch über den bisherigen Verlauf und auf Vermittlung an psychosoziale und psychotherapeutische Fachdienste. Aber das genügte. Viele, die über Jahre geschwiegen, ihre Probleme nie irgendwo abgeladen hatten, gingen fröhlich und gelöst davon. Sie hatten jemanden, der ihnen zuhört, der ihre Leidensgeschichte selbst erlebt hat, der der Schweigepflicht unterliegt und weiß, wie die nächsten Schritte aussehen können.

Inzwischen ist die Lebensberatungsstelle für Transsexuelle Menschen in Baden-Württemberg und im Saarland e.V., so der offizielle Titel, unter das Dach der Karlsruher AOK gezogen. Einmal im Monat kann ich dort Beratungen abhalten. Als Vorsitzende des Vereins und Leiterin der Geschäftsstelle habe ich viele Kontakte geknüpft – zu den Arbeitsverwaltungen und den Landesarbeitsämtern, zu Amtsgerichten, Krankenkassen und Kliniken, zu Fachärzten und Universitäten. Auch der Traum von einem umfassenden Sachregister ist Wirklichkeit geworden. In Zusammenarbeit mit der AOK konnte ich ein »Fachärztliches Verzeichnis« erstellen und drucken lassen, das die Geschäftsstelle gegen eine geringe Gebühr abgibt; für Betroffene unentgeltlich. Es führt Adressen in Baden-Württemberg, Bayern und dem Saarland auf. Bisher ist es das einzige Verzeichnis dieser Art in Gesamtdeutschland. Ich habe von Anfang an Wert gelegt auf Öffentlichkeitsarbeit und Aufklärung unter der Bevölkerung. Das Interesse der Medien ist groß, und sie haben mich immer fair behandelt – von lokalen Blättern bis zu bundesweiten Fernsehanstalten.

Ich habe auch nur gute Erfahrungen mit der Landesregierung in Baden-Württemberg gemacht. Sozialministerin Barbara Schäfer nimmt regen Anteil an unseren Problemen und unterstützt uns nach Kräften. Wie es oft so ist – wenn man eine erfüllende Aufgabe gefunden hat, lösen sich auch private Dinge in Wohlgefallen auf. Im Rahmen meiner Arbeit habe ich einen liebevollen Menschen kennengelernt, der transsexuell ist und Rat brauchte. Ich konnte ihm helfen. Er wird seinen Weg gehen und sein Geschlecht ändern. Aus Beratung wurde Liebe. Wir leben weit auseinander, können uns aber von Zeit zu Zeit sehen.

Weil man vom Ehrenamt schlecht leben kann, habe ich noch einmal die Weichen für einen neuen Beruf gestellt. Ich lasse mich zur Arbeitspädagogin ausbilden und will danach in einer Behindertenwerkstatt arbeiten. Aber mein Engagement für die Transsexuellen, zu denen ich so lange gehört habe, wird sich dadurch nicht verringern. Denn noch ist viel zu tun.

N. N.

Eigentlich kennt mich nur ein Mensch . . .

Die Geschichte eines Verzichts

Ich wurde in den fünfziger Jahren als jüngstes Kind einer vielköpfigen Arbeiterfamilie auf dem Land geboren. Meine Geschwister waren älter als ich; ich kam als Nesthäkchen hinterher.

Als ich knapp ein Jahr alt war, starb meine viel ältere Schwester im Kindbett. Mir scheint, deshalb und weil ich später sehr lang als einziges Kind noch bei meinen Eltern im Haus wohnte, bin ich von meiner Mutter von frühester Kindheit an als ihr »zweites Mädchen« betrachtet und dann auch dementsprechend erzogen worden.

Diese Erziehung hat sich nicht nur auf das bezogen, was sie mir anzog: Meine Mutter hat dauernd gekränkelt, und ich habe ihr bei der Hausarbeit helfen müssen. Ja, es ist dahin gekommen, daß ich ganz so wie eine kleine Frau alle Arbeiten gemacht habe, die in einem Haushalt so anfallen.

Sehr wichtig geworden ist für mich ein Erlebnis in der Schule – das mag in der dritten oder vierten Klasse gewesen sein. Da hat uns unser Lehrer von seiner Studienzeit erzählt und dabei auch erwähnt, daß sich ein Kommilitone von damals hat »umoperieren« lassen. Ich weiß noch bis heute, wie er das erzählt hat, und da war in mir auf einmal nicht mehr nur das Verlangen, so etwas auch zu erleben, sondern auch der Glaube, es könne gehen. Der Gedanke daran hat mich nicht mehr losgelassen, und ich war jetzt ganz sicher, ich sei »im falschen Körper« oder ich hätte das »falsche Geschlecht«. Und das hat sich in mir immer weiter verfestigt und verstärkt. Es hat mir überhaupt nicht gepaßt, als ich in die Pubertät kam und gemerkt habe, wie mein Körper allmählich der eines Mannes geworden ist.

Von da an habe ich mich in mir selbst immer weiter »auseinanderentwickelt«: Äußerlich bin ich ein sehr männlicher Mann geworden, aber innerlich habe ich mir immer mehr gewünscht, eine Frau zu sein.

Ich habe dann auch schon öfter mal in der Wäsche von meiner Mutter herumgekramt und mir dies oder jenes Kleidungsstück von ihr angezogen, wenn sie nicht zu Hause war; aber wenn ich mich dann im Spiegel angeschaut habe, bin ich doch sehr erschrocken, denn äußerlich habe ich überhaupt nichts Weibliches an mir.

Nach der Schule bin ich dann in die Lehre gegangen, und ich meine schon, da wollte ich meine Männlichkeit unterstreichen, ich habe nämlich einen sehr männlichen Handwerksberuf ergriffen.

In der Lehrzeit habe ich dann zum ersten Mal eigenes Geld in die Finger gekriegt. Und da ist dann das Verlangen, Wäschestücke des anderen Geschlechts zu kaufen, ganz unwiderstehlich geworden. Ich habe mich einfach nicht mehr dagegen wehren können und habe dann auch wirklich das eine und andre Stück gekauft und allein in meinem Zimmer anprobiert. Aber ich habe panische Angst davor gehabt, die Eltern könnten einmal unvorhergesehen heimkommen und mich damit erwischen. Aber das ist nie passiert, Gott sei Dank, und auch später in meiner Ehezeit nicht, die ja jetzt auch schon ganz schön lang dauert. Nein, es hat nie jemand etwas an mir gesehen.

Kurz vor Erreichung meiner Volljährigkeit ist meine Mutter gestorben, sie war schwer krank gewesen. Ich bin dann mit meinem Vater allein im Haus gewesen, und der ist Kriegsinvalide und ziemlich bewegungsunfähig, und so habe ich für ihn den Haushalt führen müssen – und das hat mich sehr befriedigt! Es war halt was »Weibliches«, so die Rolle der »Frau im Haus«, und wenn's nur diese Art Arbeit war. Ein Jahr später habe ich dann meine Frau kennengelernt. Aber bis dahin habe ich noch überhaupt keine Ahnung von der Liebe gehabt, der körperlichen, meine ich, und auch ihr ging's so, und so ist unser Lieben nicht ohne Folgen geblieben.

Ich habe meine Freundin also geschwängert, und wir haben natürlich geheiratet, und bald bin ich Vater eines Sohnes gewesen. Ich liebe meine Frau sehr, und sie mich auch, das weiß ich, und deshalb habe ich ihr nie etwas über mein »eigentliches« Ich sagen können. Ich weiß viel zu gut, wie es wäre, wenn ich es mal wieder nicht aushalten würde und die verbotene Wäsche anzöge, und sie würde mich erwischen: Da bräche eine Welt für sie zusammen. Ich hoffe bei Gott, daß das nie passiert, und tue alles, um es zu vermeiden, und unterdrücke mich deshalb auch so weit, wie es nur eben geht. Nach außen hin bin ich eben ganz der gutbürgerliche Familienvater, anders kennt mich niemand.

Und das will ich auch weiter durchhalten. Ich habe ja auch eine gute Berufsposition und ein geordnetes Einkommen, und wenn ich nun den Weg der Geschlechtsanpassung ginge, würde ich alles kaputtmachen und müßte alles aufgeben, was ich mir erarbeitet habe! Und dann wäre ich immer noch eine Frau, die wie ein Mann aussieht – ich bin halt sehr männlich, ich weiß das ja, ich sehe mich schließlich im Spiegel, und die Gesellschaft könnte das nie akzeptieren, das ist mir schon klar.

Und aus all diesen Gründen will ich versuchen, mit meiner Krankheit zu leben, und hab's ja auch bis zum heutigen Tag gekonnt. Tatsächlich weiß überhaupt nur ein einziger Mensch von mir, und das sind Sie; ich habe mich nur Ihnen offenbart, und Sie haben mir ja auch geraten, den Entschluß durchzuhalten und weiter im Verborgenen zu leben.

Wenn mich je meine Frau oder sonstwer entdeckte – ich glaube, ich müßte alle Brücken hinter mir abbrechen und mein ganzes jetziges Leben lassen und versuchen, mir ein ganz neues zweites Leben irgendwo aufzubauen, wo mich niemand kennt.

Aber nach allem, was ich jetzt so von Ihnen und anderen Mitbetroffenen gehört habe, weiß ich auch dann nicht, ob ich den letzten Schritt gehen könnte, den ich jetzt nur aus Liebe zu meiner Frau und dem Kind nicht getan habe. Ich weiß wirklich nicht, ob ich's könnte.

Text von Waltraud Schiffels nach Notizen von N. N. und Gesprächen mit ihm.

Ich kenne Tausende

Vita der transsexuellen Prostituierten Susanne

Susanne arbeitet seit über zwei Jahrzehnten in einer süddeutschen Großstadt als Prostituierte. Sie schafft von der
Straße aus an und wohnt auch in dem Bordell, in dem sie
arbeitet. Sie ist sehr erfolgreich in ihrem Beruf und eine der
bekanntesten Erscheinungen ihres Milieus in der Stadt. An
ihrem Wohnort arbeitet sie sowohl in der Transsexuellenberatung als auch in der Hurenhilfe, die es dort gibt, mit. Der
Beitrag ist die Nachschrift eines Gesprächs, das Waltraud
Schiffels mit ihr führte:

Ich bin jetzt fünfzig, weißt du. Aber ich habe immer ein
Mädchen sein wollen, von Anfang an. Wenn Frauen bei uns
zu Besuch waren, habe ich immer deren hohe Schuhe angezogen – meine Mutter hat darüber nur gelacht. Ich habe gesagt, ich möchte Marianne heißen. Ich bin ja aus Frankreich,
aus der Gegend von Bordeaux, und mit meiner Schwester
habe ich auf unserem Balkon immer so arabische Tänze getanzt. Die Schule hat mich nicht interessiert – gut, mit Puppen habe ich nicht gespielt, aber auch nur, weil wir uns keine
haben leisten können. Ich komme aus armen Verhältnissen:
Als Kinder haben wir da in den Weinanbaugebieten mehr in
den Weinbergen arbeiten müssen, als wir hätten spielen
dürfen. Nachher, als ich ein bißchen älter war, habe ich auch
angefangen, mich zu schminken, auch in der Schule. Die
Lehrer haben gesagt, ich solle das lassen, ich sei schließlich
kein Mädchen. So was könnten sie in der Schule nicht brauchen. Aber ich habe ihnen geantwortet – schon damals –, ich
sei kein Junge, ich sei ein Mädchen. Meine Mutter hat sich
darüber amüsiert und gemeint: »Laßt ihn doch!« Aber ich
hab's dann doch wieder sein lassen, bis ich elf wurde.

Damals gab's in der Bahnhofsgegend einen jungen Mann, der hat sich für mich interessiert, und dem habe ich vorgespielt, ich sei ein Mädchen; dazu habe ich dann zum ersten Mal ein Kleidchen angezogen. Er fand das nett. Aber weiter gegangen ist's mit ihm noch nicht. Als ich zwölf war, habe ich dann zum ersten Mal ganz im Ernst einen jungen Mann kennengelernt. Ich habe mich damals schon ständig wie ein Mädchen gekleidet. Auch seinetwegen bin ich von zu Haus abgehauen, und jetzt hat meine Mutter keinen Spaß mehr verstanden: Sie hat mich mit der Polizei suchen lassen. Die hat mich dann auch gefunden, und meine Mutter hat mir klargemacht, so ginge das nicht, und hat mir gründlich den Marsch geblasen und mich in eine Fabrik gesteckt. Meine Mutter fand, ich hätte kein bißchen Charakter. Ich bin dann für fast neun Monate in die Psychiatrie der Straßburger Krankenanstalten gekommen – aber als ich da entlassen werden sollte, habe ich gesagt, ich möchte nicht mehr nach Hause, und mein behandelnder Arzt hat mich gefragt, was ich denn machen wolle. Ich habe ihm geantwortet, ich würde gern in die Küche gehen, Koch sein oder etwas in der Art. Das hätte mir gefallen. Aber so was gab's nicht für mich, statt dessen haben sie mich in ein Blumenhaus geschickt. Aber die Arbeit wollte ich nicht machen. Ich habe zwar eingelenkt und bin dann erst mal hin, es war eine Arbeit als Gärtner in einem Erziehungsheim bei Paris, was ich da machen sollte, und ich habe die Arbeit auch zwei Tage lang gemacht, aber dann gesagt: »Ich kann das nicht, ich will das auch nicht!« Das war richtige Männerarbeit, diese Gärtnertätigkeit, die ich da machen sollte. Und da haben sie mich auch rausgenommen. Dann hat jemand in der Küche gefehlt, und ich bin dort eingesetzt worden und bin auch tatsächlich drei Jahre lang dort geblieben. Ich bin dann entlassen worden und schließlich arbeitslos nach Paris gekommen. Einige Mitarbeiter in der Küche, die es gut mit mir meinten, haben mir noch Geld auf den Weg mitgegeben, sonst wär's am Anfang noch schwieriger geworden.

Am »Pigalle« in Paris habe ich zum ersten Mal einen Mann gesehen, der da als Frau auftrat, aber bei dem habe ich gleich gemerkt: »Das ist doch keine wirkliche Frau!« Ich bin da reingegangen, habe mir ein Bier bestellt. Dieser Typ hat da Trommel gespielt, ein bißchen auch Theater – und wir sind ins Gespräch gekommen. Er wollte mich prompt abschleppen. Ich habe ihm aber gesagt: »Das mache ich nicht!« Und er hat gemeint, ich sähe so feminin aus, und ich habe ihm gesagt: »Natürlich sehe ich feminin aus, ich bin doch auch eine Frau, ich bin kein Mann!« Aber da hat er mich ausgelacht und gesagt, ich sei genau wie er, nichts anderes. Später hat er mir sehr geholfen, Hormone besorgt und so.

Sexualkontakte mit Männern habe ich auch vorher schon gehabt, aber noch gar keine mit Frauen. Mein männliches Glied war übrigens voll entwickelt, aber ich habe keinen Hodensack gehabt – die normalen Männergefühle habe ich nie kennengelernt. Ich habe mich auch nie von einem Mann da vorn anfassen lassen: Das hat mich angeekelt. Für Frauen – na gut, ich bin ihnen öfter »gute Freundin« gewesen, das hat sich auch gehalten, das ist auch heute noch so, aber ich bin jetzt eben selbst eine Frau, mit der neuen Identität vor den Behörden, den Papieren, dem ganzen Drum und Dran, aber auch dem Körper: Ich bin nun mal operiert, ich bin eben Frau. Und deshalb, mit Frauen: Küßchen hier und Küßchen da, aber dabei bleibt's auch.

Später habe ich mir Arbeit gesucht, als Zimmermädchen in einem Hotel, einem Stundenhotel. Da haben sich auch Schwule getroffen, später ist es ganz ein Homosexuellentreff geworden. Und für die war ich halt die Patricia. Das ging eine ganze Weile gut, und als ich zwanzig war, bin ich ganz nach Paris, als Frau natürlich. Dort habe ich dann leider Gottes angefangen, als Tänzerin zu arbeiten, und das habe ich nicht geschafft. Ich habe einfach zu wenig Busen gehabt. Ich habe dann dort jemanden kennengelernt, die Paulette, die war schon sehr alt, über sechzig. Die hat mich mitgenommen. Sie hat überwiegend nachts gearbeitet. Und da wollte ich mitmachen, arbeiten wie sie. Ich habe Striptease gemacht, mir die Kostüme angeschafft – aber ich habe natürlich die ganze Zeit über ständig in der Frauenrolle gelebt. Seit ich 19 geworden bin, habe ich nie mehr anders gelebt denn als Frau. Mit 22 habe ich mir das Geld zusammengespart gehabt und meine Operation in Casablanca endlich machen lassen. 3500 Dollar hat mich das damals gekostet. Es ist ganz ohne Komplikationen verlaufen, und ich bin auch – anders als andere – lang genug drin geblieben in der Klinik, erst 24 Tage nach der Operation entlassen worden, weil ich Geld genug gehabt habe.

Aber vor dem Gesetz bei uns in Frankreich und auch sonstwo – damals – war ich immer noch ein Mann. In Frankreich gab's ja gar kein Gesetz für so was, keine Papiere, nichts. Ich habe dann in Tunesien, in Marokko, auch in Thailand als Tänzerin gearbeitet – war eine Frau, aber vor dem Gesetz immer noch ein Mann. Ich war ein großer Star, das muß ich schon sagen, und ich bin gut bezahlt worden. In Berlin war ich auch, in Hamburg auf der Reeperbahn, im »Tabu«. Und ich war echt ein Star. Ja, und dann habe ich mich bemüht, meine Papiere zu bekommen.

In Straßburg habe ich einen Arzt kennengelernt, einen tollen Arzt und einen sehr netten Mann. Dem habe ich von meinen Problemen erzählt. Er hat versprochen, etwas für mich zu tun, was er eben so tun könne, was machbar sei. Er hat mit mir die ganzen Befragungen fürs Gericht durchgezogen, aber schließlich ist mir das doch zu lästig geworden, und ich habe wieder damit aufgehört. Nach zwei, drei Jahren hab ich ihn wieder angeschrieben. Und er hat tatsächlich gesagt, ich solle wieder zu ihm kommen. Ich wollte ja vom französischen Staat die Papiere bekommen, die mir mein Leben als Frau auch ganz offiziell ermöglichen sollten und es mir auch erlaubt hätten, richtig rechtsverbindlich zu heiraten. Ein Gutachter in Straßburg hat mir bestätigt, daß ich seit 1974 mit einem Mann in einem gemeinsamen Haushalt zusammenlebte, daß ich auch den Haushalt die ganze Zeit über geführt habe und daß wir ein ganz normales Intimleben ohne Komplikationen zusammen hatten, ganz wie Mann und Frau. Ich hatte diesem Mann übrigens erst bei unserem dritten Zusammensein gesagt, daß ich nicht immer eine Frau gewesen sei, und er wollte es gar nicht glauben. Er hat mich ganz selbstverständlich für eine Frau gehalten und auch so genommen. Er hat mich seinen Eltern vorgestellt, und die haben mich auch für eine Frau gehalten. Das alles hat dieses Gutachten bestätigt.

Vom Militärdienst bin ich übrigens ohne große Umstände befreit worden. Die haben mich einberufen – laut Papieren war ich ja noch männlicher französischer Staatsbürger –, und ich bin auch hingegangen, aber da haben sie mir gesagt: »Eine Frau wollen wir da nicht haben.« Die haben mir gesagt: »Schicken Sie uns Ihren Mann her!«, und ich habe ihnen gesagt: »Entschuldigen Sie, aber der Mann, das bin ich!« Und sie haben nur darauf beharrt, ich solle heimgehen und meinen Mann schicken. Na, das war dann erledigt.

Ich bin immer noch französische Staatsbürgerin. Mein jetziger Mann – das ist mein dritter – ist Deutscher. Mit den Behörden ist alles immer ganz normal und ohne Komplikationen gelaufen, bei den Eheschließungen und auch bei den Scheidungen. Die Urkunden habe ich alle.

Die Adresse der Klinik in Casablanca habe ich übrigens von der Coccinelle in Paris bekommen, der berühmten. Meine Papiere sind danach alle ganz neu geschrieben worden, die Männerpapiere sind vernichtet, die gibt's nicht mehr.

Mit der Arbeit als Prostituierte habe ich vor dreißig Jahren angefangen, in Paris – vor meiner Tänzerinnenzeit. 59/60 war das, um genau zu sein: Ich hatte ja kein Geld für die Operation, und eine andere Möglichkeit, echt Geld zu verdienen, als Mann etwa, hatte ich ja nicht mehr. Danach habe ich erst mal zwei, drei Lokale gehabt. Getanzt habe ich zuerst in Deutschland, dann bin ich nach Frankreich zurückgekehrt, und dann habe ich einen Mann kennengelernt und mir gesagt: »Na gut.« Nur war der verheiratet. Mir hat er angeboten, da zu bleiben und da zu arbeiten. Und ich habe eben beides getan, meine Liebe gehabt und meine Arbeit. Ich habe immer gearbeitet für mein Geld. Und so bin ich wieder in den Beruf eingestiegen. Und habe geheiratet. Und dann habe ich wieder mit dem Schluß gemacht. Und habe wieder angefangen zu tanzen. Und dann wieder ein Lokal aufgemacht, in Kehl, und wieder geheiratet, und das ist auch wieder schiefgegangen, auch mit dem Lokal.

So habe ich schließlich wieder angefangen, hier in Saarbrücken als Hure zu arbeiten. Na, wenigstens brauche ich nicht zu bougieren wie ihr andern, dafür habe ich meine Gäste, das ist bei mir gar kein Problem. Ich muß auch nicht täglich Hormone schlucken, und wenn mir mal ein Schwanz zu dick ist, kriegt der Kerl da meine Salbe drauf, und dann geht das bei mir ganz von selbst. Zweimal im Jahr kriege ich eine »Progynon«-Depotspritze – das hat gar keine Nebenwirkungen, keine Übelkeit und gar nichts. Und mein Busen ist auch ganz von selbst so geworden. Guck ruhig, ich habe die schönsten Nippel von ganz Saarbrücken.

Ich bin jedenfalls froh, daß ich es geschafft habe. Und wenn ich heute jemandem helfen kann, bin ich die erste. Ich habe schon vielen Transsexuellen geholfen, mit Papieren, aber auch mit anderem. Vor allem in Frankreich habe ich vielen geholfen, denn da gibt's vom Staat ja gar keine Hilfe, keine Papiere, gar nichts, ganz anders als hier. Die Operationen sind ja immer noch strafbar dort. Und kennengelernt habe ich Tausende, wirklich, nicht zehn, keine zwanzig, sondern Tausende. Auch in diesem Beruf.

Klaus Adam und Christiane Engler
Transsexualität – Zur Rechtslage

I. Rechtsgeschichte des Transsexuellengesetzes

Um das Transsexuellengesetz (TSG) in seiner heutigen Fassung zu verstehen, erscheint es hilfreich, auf dessen geschichtliche Entwicklung einzugehen.

1. Rechtliche Situation vor Einleitung des Gesetzgebungsverfahrens zum TSG

Bis Mitte/Ende der sechziger Jahre gingen das damals geltende Recht und auch die Gerichte von der Unwandelbarkeit des Geschlechtes eines Menschen aus. Doch im Laufe der Zeit wurde mehr und mehr offenbar, daß für die Bestimmung des Geschlechtes nicht allein nur auf den Körper als solchen abgestellt werden kann, sondern darüber hinaus auch insbesondere die Psyche des Menschen berücksichtigt werden muß. Dies ergab sich gerade aus dem Umstand, daß Transsexuelle, die auf den ersten Blick ganz eindeutig dem einen oder anderen Geschlecht zuzuordnen sind, sich im Laufe ihrer Lebensentwicklung immer mehr von ihrem Ausgangsgeschlecht entfernen. Von der Psyche her haben sie sich schließlich schon so dem Gegengeschlecht angenähert, daß der eigene Körper als Irrtum der Natur, den es auf jeden Fall zu beseitigen gilt, angesehen wird. Nahezu immer übte diese Entwicklung und die Erkenntnis, in einem falschen Körper zu stecken, auf die betroffenen Personen einen solchen psychischen Leidensdruck aus, daß auch die Gerichte daran nicht vorbeisehen konnten.

Zunächst versuchten die Gerichte, die nun nötige rechtliche Zuordnung zum Gegengeschlecht durch Eintragung im Geburtenregister im Wege der richterlichen Rechtsfortbildung zu betreiben – ein Versuch, der in jedem Falle zum Scheitern verurteilt war.

Zum ersten Mal in seiner Geschichte wurde der Bundesgerichtshof Ende 1970 aufgrund eines Vorlagebeschlusses des Kammergerichtes Berlin gezwungen, sich mit dem immer stärker werdenden Problem der Transsexualität auseinanderzusetzen. Zwar kam der Bundesgerichtshof in seinem Beschluß vom 21. 9. 1971 (BGHZ 57, 63) zu dem an sich unbefriedigenden Ergebnis, daß dem Antrag des Klägers, die aufgrund der stattgefundenen Operation eingetretene Geschlechtsänderung auch im Geburtenbuch eintragen zu lassen, mangels gesetzlicher Grundlage nicht stattgegeben werden könne. Doch der Stein kam durch die Entscheidung gleichwohl ins Rollen, zumal der Kläger gegen diese Entscheidung Verfassungsbeschwerde eingelegt hat, welcher nach Verstreichen von nahezu weiteren sieben Jahren durch Beschluß vom 11. 10. 1978 stattgegeben wurde.

Das Bundesverfassungsgericht hob in seiner Entscheidung den Beschluß des Bundesgerichtshofs wegen Verletzung von Art. 2 I i. V. m. 1 I GG auf. Danach gebiete es das Grundrecht auf freie Entfaltung der Persönlichkeit ebenso wie die Menschenwürde, die Angabe des Geschlechtes im Geburtenregister jedenfalls dann zu ändern, wenn es sich um einen unwiderruflichen Fall der Transsexualität handele und eine geschlechtsumwandelnde Operation stattgefunden habe. In einem solchen Falle müsse § 47 I Personenstandsgesetz verfassungskonform dahingehend ausgelegt werden, daß der dort benutzte Begriff der Berichtigung auch die Richtigstellung von erst später falsch gewordenen Angaben umfasse.

Doch bereits vor dieser längst überfälligen Entscheidung gab es in den Jahren 1972 und 1975 entsprechende Anfragen im Deutschen Bundestag zu dem für Transsexuelle unlösbaren Konflikt der gelebten Geschlechtsrolle einerseits und der Namensgebung im Geburtsregister bzw. sonstigen Urkunden andererseits.

Daraufhin legte der Deutsche Bundestag, einstimmig übrigens, der Bundesregierung einen Antrag vor, in dem diese gebeten wurde, einen Entwurf zur Änderung des Personenstandsgesetzes insbesondere unter Berücksichtigung der Probleme der Transsexuellen dem Bundestag zuzuleiten.

Zur Vorbereitung dieses Entwurfes wurden seitens der Bundesregierung zahlreiche Berichte der Auslandsvertretungen der Bundesrepublik Deutschland eingeholt, um die Gesetzessituationen in anderen Ländern zu erfassen und gegebenenfalls Anregungen für die eigene gesetzgeberische Tätigkeit zu erhalten.

Eine gesetzliche Regelung existierte zu dem damaligen Zeitpunkt jedoch nur in Schweden, wobei diese sich nach den Angaben der zuständigen Behörden allerdings gerade aufgrund ihrer Kollision mit dem Gesetz über die Kastration nicht bewährt habe. In Italien, Norwegen und der Schweiz dagegen wurde im Einzelfall eine Berichtigung von Vornamen bzw. Geschlechtsbestimmung vorgenommen. Ganz anders lag dagegen die Situation in dem damals noch konservativeren Frankreich, in dem schon eine geschlechtsumwandelnde Operation an sich nicht statthaft war. Um ihrer ausweglosen Situation zumindest in körperlicher Hinsicht zu entfliehen, waren französische Transsexuelle darauf angewiesen, in das benachbarte Marokko zu fahren und sich dort der nötigen Operation zu unterziehen. Die dort ausgestellten Ausweise wurden jedoch zu keiner Zeit von den französischen Behörden anerkannt. Auch in den übrigen Ländern, mit Ausnahme vielleicht der Niederlande, wurde das Problem entweder nicht gesehen oder ansonsten tabuisiert. Lediglich die USA, in denen es keine bundesgesetzliche Regelung zur Problematik der Transsexualität gab, verfügten trotz der unterschiedlichen Regelung in den einzelnen Staaten über die großzügigste und unproblematischere

Behörden- und Gerichtspraxis. Dort wurde nach ärztlich attestierter Operation Name und Geschlecht ohne weitere Förmlichkeiten in den Dokumenten berichtigt.

2. Vorlage des Gesetzesentwurfes zum TSG durch die Bundesregierung an den Bundestag am 6. 6. 1979

Mit dem Gesetzesentwurf versuchte die Bundesregierung unter Berücksichtigung der Entscheidung des Bundesverfassungsgerichtes vom Vorjahr die stets auftretenden Schwierigkeiten bei der Geschlechtsidentifizierung von Transsexuellen im sozialen Leben zu beseitigen und die Störungen im Selbstverständnis der Betroffenen abzubauen (vgl. Drucksache BT 8/2947 S. 12).

In den §§ 1–7 des Entwurfes wurde die sogenannte »kleine Lösung« festgeschrieben, wonach nur die Änderung des Vornamens eines volljährigen Transsexuellen ermöglicht werden sollte. Der Betroffene unterlag danach nicht den strengeren Voraussetzungen der sogenannten »großen Lösung« in § 8, also gerade nicht dem Erfordernis der mangelnden Fortpflanzungsfähigkeit und der geschlechtsumwandelnden Operation. Die »kleine Lösung« war gerade für die Fälle konzipiert, in denen der Betroffene entweder (noch) nicht zur Operation bereit oder eine Operation aus verschiedenen Gründen nicht durchführbar ist. Gerade dann müsse es dem Transsexuellen ermöglicht werden, in der gefühlten Geschlechtsrolle auch auftreten zu können. Voraussetzung ist aber auch hier, daß vor Ausspruch einer positiven Entscheidung das angegangene Gericht zwei unabhängig voneinander tätig werdende Gutachter heranziehen muß. Dies wurde gerade deshalb als wichtig angesehen, um sicherzustellen, daß zur Zeit der gerichtlichen Entscheidung das Zugehörigkeitsgefühl zum anderen Geschlecht so gefestigt ist, daß mit einer Umkehr desselben nicht mehr gerechnet zu werden braucht.

Die in § 8 festgelegte sogenannte »große Lösung« sieht

ein Mindestalter von 25 Jahren vor. Vor allem diese Altersgrenze, die später noch höchst umstritten werden sollte,
sollte sicherstellen, daß der Transsexuelle bei seiner Entscheidung über einen Antrag nach § 8 sich in einem Alter
befindet, in dem damit zu rechnen ist, daß sein Reifeprozeß
abgeschlossen ist. Gerade in dem zwischen Volljährigkeit
und der Vollendung des 25. Lebensjahrs liegenden Zeit-
raum sollte der Betroffene prüfen, ob er wirklich dazu bereit
ist, in der Rolle des anderen Geschlechtes mit allen damit
verbundenen Konsequenzen zu leben.

Große Probleme warf in der Folgezeit auch die Regelung
des § 10 II auf, wonach eine bestehende Ehe mit Rechtskraft
der gerichtlichen Entscheidung nach § 8 automatisch aufge-
löst werden sollte. Zweck dieser Regelung war es, den Betroffenen nicht bereits zu einem Zeitpunkt, in dem über
seine Zugehörigkeit zum anderen Geschlecht noch nicht
entschieden ist, in ein Scheidungsverfahren zu drängen, zumal eine Ehe eines Transsexuellen nicht zwingend zerrüttet
sein muß.

Ebenso heiß umstritten war die Frage der Konsequenzen
der anerkannten Transsexualität für den Status der davon
betroffenen Kinder. Nach § 1 I, der stets auch in Verbindung
mit § 5 gesehen werden muß, sollte der Status des Transsexuellen als Vater bzw. Mutter auf jeden Fall unberührt von
der gerichtlichen Entscheidung bleiben. Dies war relevant
vor allem für den Unterhalt und das Erbrecht. Auch in den
Urkunden des Kindes sollte ausnahmslos der vor der Änderung der Geschlechtszugehörigkeit geführte Namen angegeben werden.

3. Stellungnahme des Bundesrates zum Gesetzesentwurf der Bundesregierung

Herbe Kritik an der gesetzlichen Konzeption als Ganzem,
aber auch an mehreren Einzelregelungen wurde seitens des
in der Mehrheit CDU/CSU besetzten Bundesrates laut.

Vorab kritisierte der Bundesrat, daß der Gesetzesentwurf ausreichende Erkenntnisse aus dem medizinisch-naturwissenschaftlichen Bereich sowie Zusammenstellungen über die Auswirkungen der rechtlichen Zuordnung zum Gegengeschlecht vermissen lasse. Zudem sei es nicht gelungen, die Transsexualität in einer für die Rechtsanwendung brauchbaren Weise von anderen sexuellen Erscheinungsformen wie z. B. Homosexualität und Transvestismus abzugrenzen.

Auch seien weder die rechtlichen Schwierigkeiten im Bereich des Familienrechtes, insbesondere des Adoptionsrechtes, noch die Probleme bei der Unterbringung von Transsexuellen in Krankenhäusern oder gar Strafanstalten überzeugend geregelt worden.

Doch der größte Widerstand zeigte sich bei der Regelung der sogenannten »kleinen Lösung«, die zudem noch an geringere Voraussetzungen geknüpft war. Nach Meinung des Bundesrates dränge sich bei einer solchen Konzeption gerade der Eindruck auf, daß es zwei Gruppen der Transsexuellen gebe: diejenigen, die eine möglichst weitgehende Anpassung an das Gegengeschlecht wünschten, und die Gruppe, die sich mit der bloßen Änderung des Vornamens bescheide. Dabei sei es doch gerade bei der Transsexualität generell auffallend, daß die Betroffenen eine soweit wie mögliche Anpassung an das gefühlte Geschlecht anstrebten. Weiter bestehe gerade durch die Statuierung der »kleinen Lösung« die Gefahr, daß auch solche Personen von den im Gesetz eröffneten Möglichkeiten Gebrauch machten, die gerade nicht zur Gruppe der Transsexuellen gehörten. Ebensowenig könne ausgeschlossen werden, daß solche Personen, bei denen eine bloße transsexuelle Veranlagung bestehe, voreilig zum anderen Geschlecht zu wechseln versuchten, obwohl ihnen andere Wege offenstünden. Generell könne gesagt werden, daß die Möglichkeit der bloßen Namensänderung transsexuelle Neigungen zu fördern helfe. Zwar sei dann die Möglichkeit eröffnet, schon früh im Gegengeschlecht zu leben und aufzutreten. Doch habe gerade die Erfahrung gezeigt, daß in den Fällen, in denen keine körperliche Anpassung stattgefunden habe, gerade dieses Auftreten in der gefühlten Geschlechtsrolle viele Schwierigkeiten und Peinlichkeiten mit sich brächte, die vermieden werden sollten (vgl. Drucksache BT 8/2947 S. 20). Grundtenor in dieser Argumentation ist, daß nur diejenigen, die eine Operation wünschen, als »echte« Transsexuelle anzusehen seien. Für die geringe Anzahl der Fälle, in denen eine Operation nicht möglich sei, sei eine Regelung wie die in § 1 nicht angezeigt.

Jedenfalls könne die bei diesen Personen ohnedies oft bestehende Selbstmord- oder zumindest Selbstverstümmelungsgefahr durch die bloße Namensänderung nicht beseitigt werden. Letztlich werde durch die Einführung der »kleinen Lösung« gegenüber Dritten der Eindruck erweckt, gleichgeschlechtliche Personen könnten ehelich verbunden sein, zumal ebensowenig ausgeschlossen werden könne, daß demnächst gleichgeschlechtlich veranlagte Personen auf der Basis der reinen Namensänderung Zugang zur Ehe erstrebten und fänden.

Ebenfalls sehr heftig kritisiert wurde die Regelung des § 10 Abs. 2, nämlich die automatische Beendigung einer bestehenden Ehe durch den Feststellungsbeschluß nach § 1 TSG. Gerade diese Vorschrift sei mit der überragenden Bedeutung der Ehe in unserer Rechtsordnung nicht zu vereinbaren und verstoße dadurch gegen Art. 6 GG. Vor allem im Hinblick auf den anderen Ehegatten müsse es dem Transsexuellen zugemutet werden, vor Durchführung des Verfahrens nach § 8 die Scheidung seiner Ehe durchzuführen, da nur durch das sogenannte Verbundverfahren die Scheidungsfolgen gleichzeitig mit der Eheauflösung geregelt werden könnten. Das Verfahren nach dem TSG müsse aufgrund der Höchstpersönlichkeit für den Betroffenen frei von Einflüssen anderer Verfahren bleiben.

4. Gegenäußerung der Bundesregierung

Keine Zustimmung fand die kritische Stellungnahme des Bundesrates bei der Bundesregierung. Letztere betonte gerade im Hinblick auf inoperable Transsexuelle die Notwendigkeit einer »kleinen Lösung«, wobei es sich hierbei auch in therapeutischer Sicht um eine Hilfe handele, die im Hinblick auf das Grundgesetz nicht verweigert werden könne. Vor allem würden aber operable Betroffene durch den Wegfall der »kleinen Lösung« zu einem operativen Eingriff gezwungen, was sicher nicht mit dem Grundsatz der Verhältnismäßigkeit vereinbar sei. Weiter werde durch die Notwendigkeit zweier Gutachten auch die Gefahr des Mißbrauches des Verfahrens weitgehend ausgeschaltet. Letztlich müsse darauf hingewiesen werden, daß Transsexualität als solche keinen Scheidungsgrund darstelle. Vielmehr müsse die Ehe zerrüttet sein, was nicht stets angenommen werden könne. Zudem werde der Transsexuelle mit dem Risiko der Abweisung seiner Scheidungsklage belastet, was schließlich dazu führen könne, daß er auch von der sogenannten »großen Lösung« keinen Gebrauch machen könne.

Diese Meinung teilte auch die Mehrheit der Mitglieder des Innenausschusses in seiner Sitzung vom 14. 3. 1980.

5. Verabschiedung des TSG durch den Bundestag und seine Folgen

In seiner Sitzung vom 12. 6. 1980 verabschiedete der Bundestag trotz der weiterbestehenden Bedenken des Bundesrates das TSG, weitgehend der Fassung des Gesetzesentwurfes der Bundesregierung folgend. Daraufhin rief der Bundesrat in seiner Sitzung vom 27. 6. 1980 den Vermittlungsausschuß an. Dieser empfahl auch für die »kleine Lösung« das Mindestalter von 25 Lebensjahren. Dieser Empfehlung folgte der Bundestag in seiner Sitzung vom 4. 7. 1980 und verabschiedete das TSG in seiner heutigen Fassung.

6. Beschluß des Bundesverfassungsgerichtes vom 16. 3. 1982

Mit diesem Verfahren strebte der damals 22jährige Kläger nach der im Juli 1981 abgeschlossenen operativen Geschlechtsumwandlung auch die personenstandsrechtliche Anerkennung seiner neuen Geschlechtsrolle an. Bemerkenswert bei dem vorliegenden Verfahren war der Umstand, daß der Kläger weder einen Antrag auf Namensänderung nach § 1 TSG noch einen solchen auf Feststellung der Geschlechtszugehörigkeit nach § 8 TSG gestellt hatte. Das Bundesverfassungsgericht stellte in seiner Entscheidung fest, daß § 8 Abs. 1 Nr. 1 TSG wegen Verstoßes gegen Art. 3 I GG insoweit nichtig sei, als trotz Erfüllung der übrigen Voraussetzungen der Norm gleichwohl ein Mindestalter von 25 Jahren für die personenstandsrechtliche Anerkennung verlangt wird. Es begründete seine Entscheidung u. a. damit, daß der Sexualbereich als Teil der Privatsphäre unter dem Schutz von Art. 2 I i. V. m. Art. 1 I GG stehe. Einschränkungen in diesem Bereich seien jedoch nicht ohne weiteres mit dem Grundgesetz vereinbar. Gerade dann aber, wenn der Gesetzgeber die Durchführung einer geschlechtskorrigierenden Operation vor Erreichen einer bestimmten Altersgrenze nicht verbiete, gebiete es die Menschenwürde und das Persönlichkeitsrecht, nach Durchführung der geschlechtsanpassenden Operation den Personenstand des Menschen dem geänderten Geschlecht zuzuordnen (vgl. BVerfG vom 16. 3. 1982 S. 14). Aus diesem Grunde stünde dem Gesetzgeber im Rahmen des Art. 3 Abs. 1 GG nicht die Befugnis zu, die Personenstandsänderung eines Transsexuellen von der Erreichung einer starren Altersgrenze auch dann abhängig zu machen, wenn er die übrigen Voraussetzungen von § 8 TSG erfülle.

Dagegen wurde in dieser Entscheidung nicht geprüft, ob die streitige Altersgrenze auch für den Fall der Durchführung der »kleinen Lösung« als mit der Verfassung unvereinbar angesehen werden kann. Zudem seien die große und die kleine Lösung hinsichtlich ihrer Voraussetzungen zu unterschiedlich, als daß von der Verfassungswidrigkeit der Altersgrenze bei der »großen Lösung« auf die Verfassungswidrigkeit derselben bei der »kleinen Lösung« geschlossen werden dürfe.

Abzuwarten bleibt demnach, daß der Gesetzgeber dem Spruch des Bundesverfassungsgerichtes zumindest im Hinblick auf die Altersgrenze der »großen Lösung« Rechnung trägt. Wünschenswert wäre jedoch eine einheitliche, möglichst niedrig liegende Altersgrenze, z. B. Volljährigkeit, in beiden Fällen.

II. Das Verfahren nach dem Transsexuellengesetz (TSG)

Das TSG kennt in den §§ 1–7 die sogenannte »kleine Lösung« und in den §§ 8–12 die sogenannte »große Lösung«.

1. Bei der sogenannten »kleinen Lösung« geht es ausschließlich um die Änderung des Vornamens. Dafür ist Voraussetzung, daß die Antragstellerin bzw. der Antragsteller »sich aufgrund der transsexuellen Prägung nicht mit dem in ihrem Geburtseintrag angegebenen, sondern dem anderen Geschlecht als zugehörig empfindet und seit mindestens 3 Jahren unter dem Zwang steht, ihren/seinen Vorstellungen entsprechend zu leben«.

Weitere Voraussetzung ist die deutsche Staatsangehörigkeit und eine hohe Wahrscheinlichkeit, daß sich das Zugehörigkeitsempfinden der Antragstellerin bzw. des Antragstellers zu dem anderen Geschlecht nicht mehr ändern wird.

Eine weitere Voraussetzung ist nach dem Gesetzeswortlaut (§ 1 Absatz 1, Ziffer 3 TSG), daß die Antragstellerin bzw. der Antragsteller 25 Jahre alt ist.

Wie bereits ausgeführt, hat das Bundesverfassungsgericht in seiner Entscheidung vom 16. 3. 1982 nicht entschieden, ob diese Altersgrenze auch bei der »kleinen Lösung« als mit der Verfassung unvereinbar angesehen werden muß. Die Praxis der Gerichte dürfte in diesem Punkt nicht einheitlich sein. Es liegen Entscheidungen von Amtsgerichten vor, die lediglich die Volljährigkeit der Antragstellerin bzw. des Antragstellers voraussetzen. Es wäre wünschenswert, wenn der Gesetzgeber sich endlich entscheiden könnte, die Altersgrenze auch bei der »kleinen Lösung« zumindest auf 18 Jahre zu senken.

Für den Antrag auf Namensänderung sind die Amtsgerichte zuständig, die »ihren Sitz am Ort eines Landgerichts haben«. Den Antrag kann man/frau entweder selbst, über einen Rechtsanwalt oder auch zu Protokoll der Geschäftsstelle des Amtsgerichts stellen.

Der übliche Verfahrensgang ist, daß nach Antragstellung der zuständige Richter die Antragstellerin bzw. den Antragsteller persönlich anhört und dann zwei Sachverständige – in der Regel Ärzte, die mit dem Problemkreis Transsexualität vertraut sind – mit der Erstellung von Gutachten beauftragt.

Nach positivem Votum der Gutachter muß das Gericht noch eine Stellungnahme des Innenministeriums (»Vertreter des öffentlichen Interesses«) einholen.

Danach ergeht ein richterlicher Beschluß, wonach der Vorname der Antragstellerin bzw. des Antragstellers geändert wird. Aufgrund dieses Beschlusses erfolgt dann beim Standesamt der neue Namenseintrag.

2. Die »große Lösung« verlangt als weitere Voraussetzung, daß die Antragstellerin bzw. der Antragsteller nicht verheiratet ist, dauernd fortpflanzungsunfähig ist und sich einer operativen Geschlechtsumwandlung unterzogen hat.

Auch dieser Antrag ist wieder bei einem Amtsgericht zu stellen, das seinen Sitz am Ort eines Landgerichts hat. Nach der Anhörung der Antragstellerin bzw. des Antragstellers durch den zuständigen Richter werden auch bei der großen Lösung zwei Sachverständigengutachten eingeholt, die Auskunft geben sollen, ob die Antragstellerin bzw. der Antragsteller dauernd fortpflanzungsunfähig ist und sich einer operativen Geschlechtsumwandlung unterzogen hat.

Bei positiver Stellungnahme der Gutachter und nach Anhörung des Innenministeriums ergeht dann ein richterlicher Beschluß, in dem festgestellt wird, daß »die Antragstellerin bzw. der Antragsteller als dem anderen Geschlecht zugehörig anzusehen ist«.

Klaus Adam ist Rechtsanwalt in Saarbrücken, *Christiane Engler* Rechtsanwältin in Frankfurt am Main.

BARBARA KAMPRAD UND FRIEDEMANN PFÄFFLIN

Am eindrucksvollsten sind Familien, die trotzdem zusammenbleiben

Interview mit einem Psychoanalytiker

Kamprad: Wie sind Sie dazu gekommen, sich mit Transsexualität zu befassen?

Pfäfflin: Als Student begegnete ich zum ersten Mal einem transsexuellen Patienten und war von dem Zwiespalt, in dem er lebte, fasziniert. Gleichzeitig war ich nach den Stunden, die ich bei einem Arzt mit anhörte, auch erschöpft und ausgehöhlt. Mich wunderte, wie wenig man dem Patienten anbot und ihm an Hilfe angedeihen ließ. Dann erfuhr ich, daß an einigen Universitätskliniken in den USA Geschlechtsumwandlungsoperationen vorgenommen wurden. Dort, so sagte man mir, seien aber die Institute, die Gender Identity Clinics, sehr viel besser ausgerüstet als hier. Das kleine Institut in Hamburg sei nicht in der Lage, sich dieses Themas anzunehmen. Ich bewarb mich daraufhin um eine Famulatur bei Professor John Money an der Johns-Hopkins-Universitätsklinik in Baltimore, der ersten Universitätsklinik in den USA, in der solche Operationen durchgeführt worden waren. Vorher waren US-amerikanische Patienten ins Ausland gefahren, nach Ostasien, nach Afrika, nach Belgien oder Dänemark, bis die Johns-Hopkins-Universität Geschlechtsumwandlungsoperationen in ihr Programm übernommen hatte. Ich sah dort viele Patienten aus unterschiedlichen Gesellschaftsschichten mit unterschiedlichen Hintergründen. Ich fand dort eine sehr offene Atmosphäre den Patienten gegenüber, eine unterstützende, nicht so eine zurückhaltende wie hier. Personell war das dortige Institut nicht besser ausgerüstet als das in Hamburg. Später, als hier eine Stelle frei wurde, bewarb ich mich und sah über viele Jahre fast ausschließlich solche Patienten. Dabei merkte ich, daß das meiste, was in den Büchern steht, an der vielfältigen Wirklichkeit von Patienten mit einer transsexuellen Symptomatik vorbeigeht. In der medizinischen Literatur gibt es vielfach eine klischeehafte Darstellung der Charaktere.

Kamprad: Was sind das für Klischees?

Pfäfflin: Daß die Transsexuellen nötigend sind, völlig besessen von ihrem Wunsch nach Geschlechtsumwandlung; und wenn man diesem Wunsch nicht nachkomme, versuchten sie ihren Arzt durch Suiziddrohungen zu erpressen, damit er sie zur Operation überweist oder, wenn es ein Operateur ist, daß er die Operation durchführt. Ich fand das nur in ganz seltenen Fällen und schätze es als Reflex der Behandlungssituation ein: Ärzte sind manchmal ratlos oder haben Bedenken gegen die Eingriffe überhaupt. Sie lassen die Patienten im Regen stehen. Und die wallfahrten dann von Pontius zu Pilatus, erzählen ihre Geschichte, die immer stromlinienförmiger wird, immer eingeschränkter, immer weniger von ihrem biographischen Hintergrund erkennen läßt. Weil sie mehr oder weniger vor verschlossenen Türen stehen, werden sie schließlich zu diesem Klischee hingeführt.

Kamprad: Wo hat sich das Transsexuellengesetz (TSG) bewährt, wo hat es Schwächen?

Pfäfflin: Die Bundesrepublik war das zweite Land, das ein Transsexuellengesetz erließ. Zehn Jahre zuvor hatte Schweden eine entsprechende Regelung gefunden, daß Menschen ihren Vornamen oder Personenstand ändern können, zum Teil auch unabhängig davon, ob sie schon operiert waren. Zunächst war daran gedacht, bei uns ein Gesetz zu machen, das nur die Personenstandsänderung nach der Operation ermöglicht. Aus der Sicht des Behandelnden fand ich es wichtig, daß eine Vornamensänderung vorher stattfindet, denn in der Behandlung spielen Alltagserfahrungen eine große Rolle: daß jemand über längere Zeit in der gewünschten Geschlechtsrolle gelebt, sie ausprobiert, darin Sicherheit gewonnen haben soll. Zu sehen, ob er das überhaupt aushält, die möglichen Anfeindungen, unter Umständen die Abwendung der Familie, den Verlust von Arbeitsplatz und Wohnung, was immer wieder passiert. Dafür war es wichtig, daß er vorher die Möglichkeit hat, wenigstens von den Papieren her unbehelligt zu leben, bei Polizeikontrollen und Razzien nicht mehr in die peinliche Situation der Leibesvisitation zu kommen, ausgelacht oder heruntergemacht zu werden. Vor allem die CDU-regierten Länder hatten eher Bedenken dagegen – der Bundesrat muß einem solchen Gesetz ja zustimmen –, aber schließlich ist es durchgekommen.

Kamprad: Zwingt die Gesetzeslage zur Operation?

Pfäfflin: Das kann man nicht sagen, denn die meisten, die den Antrag stellen, wollen sich ja operieren lassen. Sie fühlen sich aus inneren Gründen gezwungen. Niemand *muß* sich operieren lassen. Es wird im Gesetz davon gesprochen, daß jemand seit Jahren unter dem Zwang steht, seinen Vorstellungen entsprechend zu leben, das heißt in der anderen Geschlechtsrolle. Es gibt genug Patienten, die sagen: »Ich habe das nie als Zwang erlebt, sondern als Selbstverständlichkeit.« Da ist ein problematischer psychiatrischer Fachterminus, Zwang, verwendet worden für etwas, das man gar nicht als Zwang erleben muß, sondern als Befreiung aus dem Zwang, in einer bestimmten Rolle leben zu müssen. Aufs Ganze gesehen ist das Transsexuellengesetz eine gute Einrichtung. Einige Länder folgten inzwischen unserem Beispiel und verbesserten unser Gesetz zum Teil noch. In Holland zum Beispiel behob man den Mangel, daß auch Ausländer, die längere Zeit im Land leben, das Gesetz in Anspruch nehmen können, während es bei uns nur für Bundesbürger gilt und für Staatenlose, die ihren dauerhaften Wohnsitz hier haben. Nach der Operation betrieben Türken, Jugoslawen, Franzosen, die in ihrer Heimat keine Personenstandsänderung erhalten konnten, hier über Jahre ihre Einbürgerung, um wenigstens ihre Papiere mit ihrer Selbstwahrnehmung und ihrer Erscheinung in Einklang bringen zu können. Sie hätten sonst keine Veranlassung gehabt, die deutsche Staatsbürgerschaft anzustreben. Das hat Holland besser gelöst.

Eine andere Frage ist, ob für die Vornamens- wie auch für die Personenstandsänderung jeweils zwei Gutachten erforderlich sind. Man ging ursprünglich davon aus, wenn nur ein Gutachter da ist, könnte der bestechlich sein, verwandt mit dem Antragsteller, der Antragstellerin, möglicherweise geneigt, Gefälligkeitsgutachten zu machen. Das war eher Mißtrauen gegen die Gutachter. Im Prinzip finde ich die Doppelbesetzung nicht schlecht, weil es Gutachter gibt, die gucken jemanden nicht genau genug an, machen ihren Job luschig. Andere gucken genauer hin, das ist schon als Korrektiv gut. Manchmal ist es ein bißchen lästig, wenn jemand etwa zwei Gutachten für die Vornamensänderung hatte, die geht durch, nach ein paar Monaten wird operiert, und dann müssen noch mal zwei Gutachten gemacht werden. In der Praxis hat sich in solchen Fällen inzwischen eingebürgert, daß unter Umständen eine Bescheinigung genügt, wenn sie die Fragen, die das Transsexuellengesetz stellt, beantwortet. Die Bescheinigung des Operateurs reicht als ein Gutachten, und einer der Vorgutachter gibt ein kurzes, ergänzendes Zweitgutachten ab.

Kamprad: Das kann der gleiche sein?

Pfäfflin: Ja. Manchmal ist es auch hilfreich, daß ein zweiter Gutachter vorgeschrieben ist – in Fällen, bei denen man unsicher ist. Das Gericht ist nicht daran gebunden, bei zwei sich widersprechenden Gutachten ein drittes einzuholen. Es entscheidet selbst – so oder so. Was ursprünglich kein Problem des Transsexuellengesetzes war, aber eines geworden ist, ist die Frage, ob man ein Genehmigungsverfahren für die Operation einführen soll. Schweden hat solch ein Genehmigungsverfahren. Dort gibt es eine Kommission, bei der sich die Leute bewerben müssen und in der entschieden wird, ob jemand operiert werden darf oder nicht. Bei uns gibt es so etwas beim Kastrationsgesetz. Gutachterausschüsse bei den Landesärztekammern nehmen dazu Stellung. Die Sexualwissenschaftler, die an den Beratungen des TSG beteiligt waren, wollten, daß die Verfahren so wenig wie möglich formalisiert sein sollten. Behandelnder Arzt und Patient sollten möglichst viel Freiheit in der individuellen Ausgestaltung der Entwicklung haben. Je formalisierter etwas ist, desto leichter sind Formalien einklagbar, abhakbar. Dann geht es nur noch um Formalien und nicht mehr um die innere Auseinandersetzung. Deshalb fand ich es gut, daß das Transsexuellengesetz ausdrücklich offengelassen hat, wer die Indikation für die Operation stellt. Es bezieht sich ausschließlich auf die zivilrechtlichen Aspekte der Vornamens- und Personenstandsänderung, nicht dagegen auf Behandlungsfragen. Es wurde allerdings unterlaufen durch die Politik der Krankenkassen: Nachdem diese vorher in begründeten Einzelfällen relativ problemlos die Kosten übernommen hatten, weigerten sie sich im Rahmen der Sparmaßnahmen Anfang der achtziger Jahre plötzlich. Sie erklärten die Operation zur Geschlechtsumwandlung zur kosmetischen Operation und sagten, das könne jeder machen, müsse es aber aus eigener Tasche bezahlen. Die Kassen sahen Transsexualität nicht als Krankheit, sondern als eine Befindensstörung psychosozialer Art. Die Patienten, die transsexuell waren und diese Form der Behandlung brauchten, um Stabilität zu gewinnen, wehrten sich auf dem Instanzenweg dagegen und gewannen letztlich vor dem Bundessozialgericht. Das Bundessozialgericht entschied (Urteil vom 6. 8. 1987, AZ 3 RK15/86), daß die Kosten in bestimmten Fällen von den gesetzlichen Krankenkassen übernommen werden müssen.

Die Kriterien, die das Bundessozialgericht für die Kostenübernahme aufstellte, decken sich mit den Fragen des Transsexuellengesetzes nach Diagnose, Anamnese (wie lange besteht die Symptomatik schon?), nach Prognose (ist zu erwarten, daß jemand so bleibt?) und betreffen darüber hinausgehend die Frage, ob jemand unter großem Leidensdruck steht. Die Krankenkassen handhaben es heute so: »Wenn ein Mitglied zwei Gutachten aus dem Vornamensänderungsverfahren vorlegt, sind wir verpflichtet, die Kosten zu übernehmen.« Sie verwechseln die Indikation für die Vornamensänderung mit der Operationsindikation. Dazu das Beispiel eines Patienten, der zehn Jahre in diese Abteilung kam, ein älterer Herr um die Fünfzig, der noch nie ein weibliches Kleidungsstück angezogen und damit nach draußen gegangen war, aber immer die Phantasie hatte, wenn er als Frau leben könnte, würde er viel besser zurechtkommen. Er war ein durch und durch männlich identifizierter Mann, so wie er sich nach außen darstellte, verbrachte seine Freizeit vor allem bei Schießübungen mit Parteigenossen aus der NPD, wirkte rigide und zwanghaft. Auf den Alltagstest ließ er sich in keiner Weise ein, er hatte schreckliche Angst, lächerlich zu wirken, wenn er, umoperiert, als Frau in Erscheinung treten würde. Weibliche Hormone bekam er schon seit Jahren von seinem Hausarzt verordnet. In der Gruppentherapie wurde er mit seinen Befürchtungen, seiner Angst konfrontiert, bis er sich bereit erklärte, zu einer der nächsten Sitzungen als Frau gekleidet zu kommen. Diese Absicht setzte er so um, daß er sich in der Toilette der Klinik einen Rock anzog, bevor er zur Gruppensitzung kam. Er sah darin verkleidet und irgendwie verschroben aus. Nach der Sitzung zog er sich sofort wieder um und forderte in der darauffolgenden Sitzung die Überweisung zur Operation mit der Begründung: »Ich lebe doch als Frau. Ich bin doch auch als Frau in die Gruppe gekommen.« Irgendwann wanderte er enttäuscht ab, da seiner Forderung nicht nachgegeben wurde.

Kamprad: Und der wollte operiert werden?

Pfäfflin: Ja. Er hatte bereits eine Ehe hinter sich und lebte damals mit einer Frau zusammen, die sein Vorhaben strikt ablehnte, die auch zu den Beratungen nicht mitkam.

Kamprad: Wie wäre dieser Mann nach der Operation klargekommen?

Pfäfflin: Das fragten wir ihn und uns auch. Da konnte man aber nur im Kreis herumdiskutieren. Er ist an eine benachbarte Universität gegangen, hat alles neu aufgerollt. Irgendwann hat er die Kollegen dort weich gekriegt. Obwohl sie zweifellos seine Problematik sahen, haben sie ihm nach etwa zwei Jahren das Vornamensänderungsgutachten positiv beantwortet. Aufgrund der erwähnten Handhabung der Krankenkassen hatte er den Antrag auf Vornamensänderung gestellt, weil er dachte, dadurch an Gutachten zu kommen, mit denen er sich operieren lassen könnte. Ich war als zweiter Gutachter beauftragt, und bei mir sagte er, diese ganze Vornamensgeschichte interessiere ihn eigentlich überhaupt nicht, er wolle den Vornamen nur ändern – er hatte auch keine Vorstellung, wie er heißen wollte –, wenn er auch operiert werde. Er hat das eng miteinander verknüpft, und ich fand es problematisch. Ich habe in meinem Gutachten gesagt, im Sinne der Definition des Transsexuellengesetzes könne man schon von einer transsexuellen Symptomatik bei ihm sprechen, man könne auch sagen, daß diese mehr als drei Jahre bestehe, denn seine Geschichte war über zehn Jahre lang bei uns dokumentiert worden, und schließlich, daß sich wahrscheinlich an der Symptomatik nichts mehr ändern werde. Trotzdem hätte ich angesichts der konkreten Situation große Bedenken. Ich befürwortete die Vornamensänderung, betonte aber ausdrücklich, daß das Gutachten nicht als Gutachten zur Indikationsstellung für eine Operation geeignet sei.

Mit diesem vierzig Seiten langen Gutachten ging er zu seiner Krankenkasse. Der Sachbearbeiter las das Gutachten gar nicht, nahm nur die drei einschlägigen Fragen und Antworten zur Kenntnis und nicht den übrigen Text. Zwei Tage später rief mich der Patient triumphierend an, er habe die Zusage der Kostenübernahme durch die Krankenkasse. Damals rief ich die Krankenkasse an und erörterte theoretisch mit dem Leiter, ob er sich einen Fall vorstellen könne, der so läuft. Ob er sich denken könne, daß so etwas in seinem Haus vorkomme. Die Krankenkasse ging dem nach und zog im konkreten Fall die Kostenübernahmezusage wieder zurück. Denn das war wirklich fahrlässig gewesen. Inzwischen ist der Patient wieder verheiratet und lebt weiterhin als Mann, immer noch mit der Vorstellung, es wäre alles viel besser, wenn er eine Frau wäre. Daß es ihm selber nicht gelingt, auch nur einen konkreten Schritt in diese Richtung zu tun, nimmt er nicht wahr. Dies als Beispiel, wie die Regelung des Gesetzes und die Reaktion der Krankenkassen durch die Formalisierung unter Umständen problematisch sein kann. Im übrigen hat das TSG für viele eine große Erleichterung gebracht, vor allem für Menschen, die schon zehn Jahre oder länger in der anderen Geschlechtsrolle gelebt hatten, schon operiert waren, mit Partner oder Partnerin zusammengelebt hatten, heiraten wollten, was bis zur Entscheidung des Bundesverfassungsgerichts bzw. dem Inkrafttreten des TSG nicht möglich gewesen war. Und plötzlich konnten sie ihren Personen- und auch ihren Familienstand ändern, fühlten sich in der Lage, wie jede andere Familie zu leben, ohne sich immer erklären zu müssen. Das ist schon ein großer Gewinn.

Davor gab es einzelne Transsexuelle, die es mit Charme geschafft hatten, Standesbeamte davon zu überzeugen, daß es notwendig war, den Personenstand zu ändern, ohne es an die große Glocke zu hängen. Solche Menschen, die soviel Ausstrahlung haben, die brauchen dieses Gesetz letztlich nicht. Aber das kann man nicht für den Durchschnitt oder für die Mehrheit sagen. Viele sind darauf angewiesen, daß diese rechtliche Hilfe zur Verfügung steht.

Manchen, die mit sich und der Welt nicht zurechtkommen, ist auch die Vornamens- und Personenstandsänderung keine sehr große Hilfe, insbesondere wenn sie kein Gespür haben dafür, wie sie ankommen. Mit dem Gesetz ist eine Hilfestellung gegeben. Man kann aber nicht alle Probleme damit lösen.

Es war jedenfalls wichtig, daß die Bundesrepublik dieses Gesetz erlassen hat. Das hat Signalwirkung gehabt für Österreich, auch für Italien, die Türkei, die inzwischen diese Möglichkeit bietet, für Frankreich, das sich immer noch schwertut. Letztlich wird der Europäische Gerichtshof, der bei einem Antragsteller aus England dieses Ansinnen mehrfach abgeschmettert hat, nicht umhin können, irgendwann der Mehrheit in der Europäischen Gemeinschaft zu folgen. Als das TSG gerade in Kraft getreten war, habe ich bei einer internationalen Tagung über Recht und Psychiatrie davon berichtet. Amerikanische Kollegen sagten: »Wozu ist das nötig? Wir brauchen so etwas nicht.« Das hängt aber mit dem unterschiedlichen Meldewesen und Personenstandsrecht in den USA bzw. in einzelnen Staaten der USA zusammen. Es ist dort sehr viel leichter, seinen Namen zu ändern. Das ist in der deutschen Tradition, aber auch in den Traditionen anderer europäischer Länder sehr viel schwieriger.

Kamprad: Sie sind Psychoanalytiker. Welche Rolle spielt, welche Chance hat die Psychotherapie?

Pfäfflin: Über viele Jahre wurden Geschlechtsumwandlung und Psychotherapie als sich ausschließende Alternativen diskutiert. Das geht zurück auf die ersten Veröffentlichungen und Nachuntersuchungen über Transsexuelle. Die erste Nachuntersuchung, in der über fünf Fälle berichtet wurde, war die von Hertz, Tillinger und Westman (1961) aus der Universitätsklinik Stockholm. Die Autoren deklarierten: Psychotherapie hat keinen Erfolg. Damit wurde legitimiert, daß man operierte, was ja durchaus umstritten war. Der Satz wurde vielfach aufgegriffen. Er entsprach der Erkenntnis der Psychiater, die mit Psychotherapie früher nicht viel Erfahrung hatten, auch heute oft noch nicht haben, und die Psychotherapie in diesem Zusammenhang so verstanden, daß man das Ziel verfolgen müsse, die Besonderheit, die ein Mensch mit einer transsexuellen Symptomatik bietet, wegzumachen.

Wenn man mit diesem Ziel herangeht, ist es schwierig, den Patienten zur Mitarbeit zu gewinnen, und kaum möglich, das Ziel zu erreichen. Oft ist es unmöglich, weil nicht berücksichtigt wird, daß eine bestimmte Form der Lebensgestaltung oder der Symptomatik von jemandem in der Regel nicht aus Jux und Dollerei erfunden wird, sondern aus innerer Not, aus einer Dynamik, die er zur Stabilisierung seiner eigenen Person braucht. Wenn man das in Frage stellt, ist es schwer, ihn dafür zu gewinnen, nachzudenken, wofür er das braucht. Von daher waren viele Patienten mit transsexueller Symptomatik gar nicht erreichbar für eine Psychotherapie. Oder die Psychotherapie wurde in einer Art und Weise angeboten, daß sie gar nicht helfen konnte. Die Patienten machten sich davon unabhängig, gingen ins Ausland, ließen sich dort operieren. Fuhren dorthin, wo man nicht lange nach der Vorgeschichte fragte, sondern mehr nach dem Geld. Ende der siebziger Jahre hat es aus der Abteilung für Sexualwissenschaft des Frankfurter Universitätsklinikums ein Behandlungskonzept gegeben, in dem als Kriterium für den Beginn einer Hormonbehandlung bzw. für die Operationsindikation unter anderem genannt wurde, daß mindestens ein halbes Jahr erfolglos Psychotherapie versucht worden sein sollte. Wenn das irgendwo steht, dann wird ein Patient, der die Operation haben will, den Nachweis führen, daß er sich ein halbes Jahr lang erfolglos hat therapieren lassen.

Kamprad: Völlig klar, der mauert.

Pfäfflin: Natürlich. Wenn man an Strukturveränderungen in der Psyche denkt, dann dauern diese in der Regel bei jeder Psychotherapie länger als ein halbes Jahr. Psychoanalysen dauern heute zwischen drei und sechs Jahre durchschnittlich bei drei bis vier Sitzungen pro Woche. Das ist die Regel bei Personen, die nicht eine so grundlegende Problematik haben wie Menschen, die Körper und Identität als diskrepant erleben. Es gab einzelne Psychotherapeuten, die sich auf solche Patienten eingelassen haben, z. B. der Schweizer Analytiker Georg Schwoebel, der über eine lange Psychoanalyse berichtete. Sie hatte tatsächlich in dem Sinne Erfolg, daß der Patient hinterher sich nicht mehr als Frau fühlen mußte, sondern sich als Mann annehmen konnte. Es hat andere gegeben, die die Patienten in ihrem Wunsch unterstützten, sie gleich zur Operation überwiesen und Psychotherapie für nutzlos erklärten.

Das ist keine gute Entwicklung. Es ist sinnvoll, daß man beides miteinander verknüpft und – unabhängig davon, ob jemand operiert wird oder nicht – sich darauf einläßt, mit ihm gemeinsam zu verstehen, was seine Probleme sind. Wenn man so herangeht, ist der Ausgang offen. Dann muß der Patient nicht mauern. Ich habe mir angewöhnt, in ersten Gesprächen zu sagen, daß ich nicht wüßte, ob sich der Patient operieren lassen werde oder nicht, daß es aber, wenn er es unbedingt wolle, erreichbar sei. Das habe noch jeder hingekriegt, der darauf besteht. Darüber müsse er mit mir nicht kämpfen. Daß ich aber mehr von ihm verstehen will und daß ich nach einem Gespräch nicht aus dem Handgelenk wissen könne, was für ihn gut sei und was nicht. Ihn beschäftige das zum Beispiel seit 36 Jahren, und ich kenne ihn seit 36 Minuten. Das reiche einfach nicht aus, diese durchaus umstrittene Vorgehensweise mitzutragen, da müsse man sich auf einen längeren gemeinsamen Weg einlassen; sehen, wo sonst noch der Schuh drückt. Das nimmt viel Luft aus diesem Kampf, dann lernt man auch mehr von der Lebenssituation kennen. Die Leute fangen an, über andere Sachen zu sprechen: über große Einsamkeit, Schwierigkeiten, Kontakte zu finden oder aufrechtzuerhalten. Das sind Probleme, die jeder haben kann; wenn sich da was tut, ist oft viel gewonnen. Es kann sein, daß die transsexuelle Problematik an Gewicht verliert. Es kommt vor, daß Leute sagen, sie interessiere sie nicht mehr so sehr, weil sie sich mehr damit auseinandersetzen, ob sie überhaupt Kontakte machen, wie sie mit jemandem zusammenleben oder nicht zusammenleben können, warum sie keine Freunde finden. Ich glaube, je offener man sich auf diese Fragen, die die Patienten an einen herantragen, einlassen kann, um so offener können auch die Patienten sein. Man kann dann schauen, ob es nicht andere Bereiche gibt, die primär zu bearbeiten sind.

Kamprad: Gibt es auch Patienten, die nach dem Entree trotzdem nicht wiederkommen, weil sie sich eben nicht auf eine längere Zusammenarbeit einlassen wollen?

Pfäfflin: Ja. Die gibt es auch. Das ist ja nun beim Friseur, beim Arzt und beim Schneider, egal, wo Sie hingehen, immer so, daß der persönliche Kontakt eine Rolle spielt. Nicht jeder kann mit jedem. Es gibt Leute, die kommen rein und können aus irgendwelchen Gründen nicht mit mir. Das ist okay. Dann suchen sie sich eben jemand anderen. Es geht auch umgekehrt: Patienten, bei denen man selber irgendwelche Gründe hat, warum man mit denen nicht kann. Dann soll man das sagen. Und dazusagen, daß ihr Anliegen sicher berechtigt ist, daß man aber selber nicht mit ihnen arbeiten möchte. Es ist ja ein sehr persönliches Sich-aufeinander-Einlassen, und dazu gehört, daß ein Funke springt, daß Interesse entsteht für die oft lange Auseinandersetzung, die man gemeinsam führt.

Kamprad: Ist das eine Frage des Geldes?

Pfäfflin: Die Frage des Geldes spielt hier keine Rolle, weil dies eine Ambulanz der Universitätsklinik ist und die Patienten hierhin mit einem Überweisungsschein kommen. Die Kasse bezahlt den Pauschalbetrag an die Universitätsklinik, pro Quartal und Überweisungsschein einen Betrag um 60 Mark – egal, ob der Patient in diesem Quartal einmal kommt oder in den 90 Tagen des Quartals achtzigmal. Insofern müssen wir uns um Geld nicht kümmern, weil wir keine Einzelabrechnung machen. Das ist anders in der niedergelassenen Praxis. Aber für eine Psychotherapie gibt es ein normales Antragsverfahren – für Psychoanalysen, Psychotherapie, Verhaltenstherapie –, und jeder dafür qualifizierte und ermächtigte Arzt oder Psychologe, der die entsprechenden Prüfungen gemacht hat und von der kassenärztlichen Vereinigung anerkannt ist, kann einen entsprechenden Antrag stellen. Dann werden soundso viele Stunden bewilligt für Psychotherapie, man kann Verlängerungsanträge stellen. Bei der Finanzierung der Psychotherapie machen die Kassen eigentlich nie Probleme, wenn es eine irgendwie begründete Antragstellung gibt.

Auch bei den Hormonverschreibungen haben sie sich nie

quergestellt, bis auf einen Fall, der bis vor das Landessozialgericht Baden-Württemberg ging. Das sind Beträge, die fallen nicht ins Gewicht. Bei den Operationskosten ergibt das immer auf einen Schlag so viel. Ein dreiwöchiger stationärer Aufenthalt ist bei den heutigen Tagessätzen – zwischen 300 und 500 Mark im Krankenhaus – einfach teuer. Wenn die Patienten sonst von Arzt zu Arzt rennen und sich hier und da etwas gegen alle möglichen Beschwerden holen, fällt das nicht so auf und wird daher auch nicht problematisiert, obwohl das meiste davon am Problem der Patienten vorbeigeht und die Krankenkassen unnötig Geld ausgeben. Viel wichtiger ist eine langjährige psychotherapeutische Begleitung, unabhängig davon, ob es zur Operation kommt oder nicht. Sie sollte auch nicht enden, wenn es zur Operation kommt. Sie sollte enden, wenn das von der inneren Auseinandersetzung her angezeigt ist. Es ist unsinnig zu sagen, ich mache ein Stück Psychotherapie, und wenn das nicht klappt, dann wird operiert. Und dann lasse ich den Patienten im Regen stehen.

Kamprad: Da haben wir den fließenden Übergang von der Psychotherapie zur Nachbetreuung.

Pfäfflin: Ja. Bei der Transsexualität starren viele Patienten und Ärzte, starrt die Öffentlichkeit ausschließlich auf den Aspekt der Operation. Das ist ein Vorgang, der ein paar Stunden umfaßt, und ein paar Tage oder Wochen im Krankenhaus mit der unmittelbaren körperlichen Nachbetreuung. Der Übergang von einem Leben als Mann in das Leben als Frau oder umgekehrt und die Ausgestaltung der entsprechenden Lebensverhältnisse, das ist ein Prozeß, der sehr viel länger dauert und viel mehr Energie braucht, viel mehr Unterstützung oder Infragestellung. Die Operation ist wirklich nur ein kleiner Teil. Es gibt Leute, die erst nach der Operation in der Lage sind, mehr von sich zur Diskussion zu stellen, bestimmte Lebensprobleme überhaupt zu thematisieren, weil sie so fixiert auf die Vorstellung waren, daß sich alles durch die Operation lösen wird. Erst dann können sie sich öffnen und wahrnehmen, was sie sonst für Probleme haben. Ich bin beeindruckt von manchen Nachbetreuungen, die dann erst wirkliche Psychotherapien waren, in denen man viel bearbeiten konnte. Es ist nicht unheikel, sich darauf einzulassen. Es kann sich nachträglich die Frage stellen, ob die Operation eigentlich nötig gewesen ist. Aber es ist ein wichtiger Prozeß, bei dem es um die Aneignung der eigenen Geschichte geht.

Kamprad: Das heißt, es gibt Irrtümer.

Pfäfflin: Es gibt Irrtümer, ja. Sehr selten. Mindestens ist es sehr selten, daß Menschen sich dem stellen und sich bewußt werden, daß sie sich geirrt haben. Ich habe selber nur zwei Patienten getroffen in den letzten 18 Jahren, die nach einer Operation voll zurückgekehrt sind in die alte Rolle. Einer von diesen beiden hat nachher noch versucht, auch die operativen Schritte wieder rückgängig machen zu lassen. Der andere, geboren als Junge, lebte zunächst als Frau, ließ sich in Casablanca operieren, lebte weiterhin als Frau, kehrte später wieder in die männliche Rolle zurück und verkleidet sich heute wie ein Frau-zu-Mann-Transsexueller als Mann. Er bereut den Schritt nicht in dem Sinne, daß er mit der Welt hadert oder sich Vorwürfe macht, daß er sich operieren ließ. Wenn er das im Rückblick schildert, sagt er: »Das war ein notwendiger Schritt. Ich hatte nicht anders gekonnt.« Er wünscht sich zwar, er hätte ihn nicht getan, aber er sagt, es gab für ihn damals keine Alternative, und er setzt sich damit auseinander, warum nicht. Er kommt gut zurecht.

Kamprad: Sind das die Fälle, die ihren Alltag vorher nicht getestet haben?

Pfäfflin: Bei diesem kann man das nicht sagen, denn er hat vorher lange als Frau gelebt. Bei dem andern könnte man darüber streiten. Er war vorher über Jahre in Behandlung in den USA, hatte dort schon mit einer Hormonbehandlung angefangen, lebte, nachdem er nach Deutschland zurückgekehrt war, in einer ganz schwierigen familiären Auseinandersetzung, in die drei Generationen verwickelt waren. Er hat das nur so bewältigt, daß er sich gepuscht hat, als Frau zu leben, und das ging auch für längere Zeit gut. Aber vielleicht nicht lang genug. Er hatte große Mühe, sich auf eine regelmäßige Behandlung einzulassen. Denn er hat heruntergespielt, was er an Problemen hatte, und sich als erfolgreich geschildert. Ich habe bei ihm die Indikation zur Operation gestellt. Es nützt ja nicht viel, wenn man Zweifel hat und den Patienten damit nicht erreichen kann. Man kann es ansprechen, aber wenn die Abwehr zu groß ist, dann hilft es gar nichts. Irgendwann hat er sich operieren lassen. Es ging ihm/ ihr eine ganze Zeitlang gut. Aber die familiären Konflikte eskalierten, er/sie konnte sich nicht mehr heraushalten und abgrenzen; es kam zu einer schweren depressiven Verstimmung und zunehmender Alkoholabhängigkeit, schließlich zu einer psychotischen Dekompensation, die eine mehrwöchige stationäre Behandlung in unserer Klinik erforderlich machte. Er scheint jetzt wieder einigermaßen Fuß zu fassen.

Kamprad: Als Mann . . .

Pfäfflin: Ja, aber *nach* der Operation zur Frau. Das sind freilich die extremen Ausnahmen.

Kamprad: Wie verliefe Ihrer Ansicht nach ein »optimaler Fall«?

Pfäfflin: Jeder geht den Weg, der zu ihm paßt.

Kamprad: Welche Bedingungen muß ein transsexueller Mensch erfüllen, um das zu werden, was er sein will?

Pfäfflin: Die Frage nach den Bedingungen halte ich für falsch gestellt. Das ist die Diskussion der Krankenkassen oder die diagnostische, die selektiert und die nicht danach fragt: Was ist für den einzelnen angemessen, warum braucht er etwas Bestimmtes in einer bestimmten Entwicklungsphase seines Lebens? Wenn Sie das Buch von Wolf Eicher gelesen haben über Transsexualismus (Gustav-Fischer-Verlag, Stuttgart 1985) und insbesondere die dort geschilderten Fallbeispiele und deren Interpretation, dann ist Ihnen sicher aufgefallen, daß dort immer wieder die Rede davon ist, daß sich der Patient *eindeutig* als Frau erlebt oder *eindeutig* als

Mann. Viele Patienten präsentieren sich auch so. Wenn jemand gar keine Zweifel hat, dann sollte das zu denken geben. Das Wort »eindeutig« macht mich hellhörig. Es klingt nach Abwehr, als müßte etwas unbedingt ausgeblendet werden. Ich finde, es sollte jemand einen Zugang zu seinem inneren Erleben haben und etwas anfangen können mit seiner Geschichte, dann ist das eine gute Voraussetzung. Aber ich würde das nicht im Sinne von Bedingungen formulieren, weil ich meine, das sei etwas, was man gemeinsam erarbeiten kann. Bedingungen klingen nach abhaken, nach abgeschlossen.

Kamprad: Aber wenn ein Patient genug Geld hat, dann holt er sich einen Operateur, und damit ist das erledigt. Wenn einer nicht genug Geld hat, und das ist ja wohl die Mehrheit, dann muß er bestimmte Dinge hinter sich bringen, bevor er auf dem Operationstisch landet. Er muß die Gutachten beibringen. Er muß doch Bedingungen erfüllen. Es sei denn, er kann sich ein neues Geschlecht kaufen.

Pfäfflin: Es gibt einen sehr schönen Aufsatz von Johann Cremerius über »Die psychoanalytische Behandlung der Reichen und der Mächtigen« (1979). Sinngemäß sagt Cremerius, daß es außerordentlich schwierig sei, mit sehr reichen Leuten Psychoanalyse zu machen, weil diese, wenn sie Leidensdruck haben, zum Beispiel in der Ehe, sich einfach einen neuen Mann oder eine neue Frau kaufen. Oder im Beruf, dann schmeißen sie die Firma weg und kaufen sich eine andere. Oder mit dem Auto, dann kaufen sie sich ein anderes. Oder mit den Kindern, dann kommen die ins Internat. Da entsteht nicht genug Motivation, sich innerlich auseinanderzusetzen, sondern da werden die äußeren Bedingungen verändert. Wenn einer sehr reich ist und sich einen Operateur kauft, und der Operateur geht auf diese Form der Auseinandersetzung mit einem konflikthaften Leben ein, dann ist das so, da kann man nicht viel machen. Gut finde ich das nicht. Ihre Frage ist wichtig, weil ich auch nicht den Eindruck erwecken will, jeder Patient solle in eine Psychotherapie gezwungen werden. Das ist Quatsch. Man muß für jeden den ihm oder ihr angemessenen Weg finden.

Ihre andere Frage war, ob man unbedingt, wenn man will, daß die Krankenkasse die Kosten übernimmt, einen Gutachter aufgesucht haben muß. Es ist so: Die Operation unterliegt keinem Genehmigungsverfahren. Wenn ein Operateur einfach operiert, wenn ein Patient zu ihm kommt, macht er sich nicht strafbar. Ein seriöser Operateur wird sagen, daß sein Fachgebiet die operative Technik ist, und er wird sich einen Überweisungsbrief oder ein Gutachten, oder wie immer Sie das nennen wollen, von jemandem geben lassen, der den Patienten länger kennt und mit ihm auch die psychische Seite der Problematik gründlich in Augenschein genommen hat. Aber dazu brauchen Sie kein formales Verfahren. Wir haben hier auch Patienten zur Operation geschickt, ohne daß zum Beispiel das Vornamensänderungsverfahren gelaufen war. Patienten, die jünger als 25 waren, die aber z. B. von 18 bis 21 hier in regelmäßiger Behandlung waren.

Kamprad: Gehört denn zu den möglichst zu erfüllenden Voraussetzungen der Alltagstest?

Pfäfflin: Ich halte ihn für nützlich und sinnvoll, weil ich glaube, es ist schlecht vertretbar, jemanden zur Operation zu schicken, der keinerlei Erfahrung damit hat, wie es ist, wenn er seinen Wunsch verwirklicht. Es ist früher manchmal so gewesen, daß Leute bis zum Tag der Operation in der alten Rolle gelebt haben, sich operieren ließen, aus dem Krankenhaus kamen und versuchten, dieses neue Leben anzufangen. Aber man kann sich ausmalen, auf welche enormen Schwierigkeiten sie dabei stoßen.

Kamprad: Die können eigentlich nur in eine andere Stadt gehen und neu anfangen, oder?

Pfäfflin: Ja, aber das bedeutet einen abrupten Verlust an sozialen Bindungen, eine solche Heimatlosigkeit, daß man das problematisieren muß.

Kamprad: Können Sie einen Alltagstest beschreiben?

Pfäfflin: Alltagstest heißt, daß man so lebt, wie man sich erlebt. Wenn zum Beispiel eine als Mädchen geborene Person sagt, sie erlebt sich als Mann, sich aber verhält wie Baby Doll, dann überzeugt das nicht. Dann wird man das thematisieren. Man ist ja Mann und Frau nie für sich allein, sondern man ist es auch immer in der Spiegelung der Reaktionen anderer. Wenn ein Mann sagt: »Ich bin eine Frau«, aber alle um ihn herum sehen in ihm nur den Mann, dann ist es eine merkwürdige Realitätsverzerrung, wenn er das nicht wahrnimmt und erklärt, »alle reagieren auf mich als Frau«. Es ist sinnvoll, daß man ihm hilft, ein Stück mehr Realität zu erkennen, zu merken, warum er überall aneckt. Und zu fragen, ob er das braucht, dieses Anecken . . . Es kann ja sein, daß er sich dabei als etwas Besonderes fühlen kann. Dann ist es auch nicht unbedingt sinnvoll, daß er es ändert.

Kamprad: Bedeutet es eine Verschlechterung in der gesellschaftlichen Position oder im Ansehen, wenn man vom Mann zur Frau operiert wird?

Pfäfflin: Ja, immer wieder. Viele mußten, zumindest vorübergehend, berufliche Einbußen hinnehmen, aber durchaus nicht alle. Manche haben soviel Aufwind erfahren, weil sie sich bestätigt fühlten in ihrem Erleben, daß sie sich im Laufe der Zeit mit diesem Sich-identisch-Erfahren gestärkt fühlten, arbeitsfähig wurden, sich mehr in Beziehungen einlassen konnten.

Kamprad: Wie lange sollte jemand seine neue Rolle gelebt haben?

Pfäfflin: Üblicherweise ist es ein Jahr, in der Fachliteratur wird geschrieben, *mindestens* ein Jahr. In den USA hat man in vielen therapeutischen Einrichtungen von Anfang an Hormone gegeben, um das Hineinwachsen in die andere Rolle zu erleichtern, während wir hier in Deutschland sagten, ein Jahr, bevor man mit Hormonen anfängt. Damit man aus eigener Kraft erlebt, daß es geht, die andere Rolle zu leben, und dadurch auch mehr Selbstvertrauen gewinnt. Der Patient soll sich nicht der Illusion hingeben, daß, wenn er nur die Pille schluckt, seine Ohren anlegen oder die Nase verkleinern läßt, daß er dann automatisch akzeptiert wird bzw. mit sich selber besser zurechtkommt. Man muß sich selber akzeptieren in dem So-Sein, wie man ist. Manche denken, das müsse viel länger dauern. Ich denke, das ist individuell verschieden. Es sind viele, die hierherkommen, die haben schon fünf oder sieben Jahre so gelebt und empfinden das nicht als eine Bedingung, die man ihnen stellt, sondern als eine Selbstverständlichkeit. Wenn einer anfängt zu feilschen um diesen Alltagstest, dann hat er einen anderen Zugang zu diesem Thema, faßt es viel zu kopfig auf. Der denkt, er muß irgend etwas erkämpfen. Es geht nicht darum, irgendeine Bedingung zu erfüllen, die ein Gutachter oder ein Arzt oder ein Gericht stellt. Er muß dahinterstehen können. Sonst lebt er weiterhin ein falsches Leben, das er nicht leben will. Insofern müßte man herauskommen aus der mir abwegig erscheinenden Diskussion um Bedingungen und um, was in manchen Selbsthilfegruppen erzählt wird, ein möglichst erfolgreiches Verhalten bei den jeweiligen Gutachtern. Erstens sieht man auf der Stelle, wenn jemand das nicht laufend macht, daß er spielt. Zweitens haben die Leute gar nichts davon, wenn sie sich in Rollen begeben, die nicht ihr Leben darstellen.

Kamprad: Das stelle ich mir trotzdem schwierig vor. Wenn jemand ein Mann ist wie Sie: Sie haben relativ wenig Feminines an sich. Und der lebt als Frau, läuft rum als Frau. Der sieht einfach komisch aus. In Gerichtsakten steht etwas von »Charlies Tante« . . .

Pfäfflin: Das war ein Flensburger Richter, der eine Patientin abfällig so charakterisierte. Ich empfand das als gehässig, ich hatte ja diese Frau erlebt. Sie hatte in der Tat eine körperlich mächtige Statur. Aufgrund eines langen Lebens in einem männlichen Beruf als Handwerker hatte sie tief eingegrabene männliche Gesichtszüge. Aber in der Ausstrahlung, die diese Person hatte, und wie sie über sich sprach, war spürbar, daß sie sich als Frau erlebte. Da finde ich es völlig blödsinnig, nur davon auszugehen, ob jemand grobe Gesichtszüge hat. Da geht es um die Frage: Wie erlebt sich diese Person? Deshalb fand ich es diffamierend, daß das Gericht von »Charlies Tante« redete. Da wurde gesagt, das sei ein verkleideter Mann. Das ist sehr äußerlich betrachtet, und es wurde überhaupt nicht danach gefragt, was dessen Subjektivität ausmachte. Von daher tut sich keiner dieser Menschen einen Gefallen, wenn er sich verkleidet und sich nicht so fühlt. Was soll's? Es geht doch nicht darum, das Leben als Karneval zu gestalten, als Maskenball, da kann man sich nicht wohl fühlen.

Kamprad: Aber das gibt es doch offensichtlich auch, daß jemand sagt: »Ich fange meine neue Identität mit der Operation an. Ich gehe als Mann rein und komme als Frau wieder raus.«

Pfäfflin: Ich kenne einen Fall von einem Mann, der war verheiratet und hatte einen männlichen Beruf. Der wollte sich operieren lassen unter dem Gesichtspunkt, daß er das nur für sich brauche. Nach außen hin wollte er weiterhin als Mann leben. Das brauche er nur für sein Empfinden des Sich-bei-sich-Wohlfühlens, daß das männliche Geschlechtsteil abgeschnitten ist, daß da eine Scheide ist. Er wurde behandelt von einem Kollegen in einer anderen Stadt, der das nicht unproblematisch fand, der aber aufgrund eines längeren Kontaktes mit dem Patienten dessen Wunsch unterstützte und mich bat, meine Stellungnahme abzugeben. Ich habe das nicht nachvollziehen können. Aber dieser Mensch ist operiert worden. Was langfristig aus ihm geworden ist, weiß ich nicht. Wenn es gut geworden wäre, vermute ich, hätte ich es wohl erfahren, sozusagen als Triumph, um mir zu zeigen, daß meine Einschätzung falsch war. Aber möglicherweise irre ich mich mit dieser Vermutung, und dem/der Betreffenden geht es gut, ohne daß sie mir nachweisen muß, daß meine Einschätzung unzutreffend war.

Kamprad: Manche Transsexuelle haben Kinder. Wie erleben Sie deren Problematik, die plötzlich zwei Mütter respektive zwei Väter haben?

Pfäfflin: Ich rede inzwischen nur noch von Männern und Frauen, wenn sie operiert sind, ich rede nicht mehr so gerne von Transsexuellen. Manchmal läßt sich das Wort aber nicht vermeiden, vor allem wenn man von Männern *und* Frauen und von der Situation vor *und* nach der Operation sprechen will. Also, bei den sogenannten Frau-zu-Mann-Transsexuellen gibt es nur ganz wenige, die Kinder haben. Frauen, die sich operieren lassen wollen, kommen selten in die Lage, vorher Mutter zu werden. Anders herum gibt es das häufiger: 20 Prozent derer, die operiert wurden, waren vorher verheiratet, und ein nicht ganz so hoher Prozentsatz hatte auch Kinder. Dies ist das Ergebnis einer bei uns untersuchten Stichprobe. Eheschließung und Vater-Werden erfolgten häufig unter der irrigen Annahme, daß sie, wenn sie heirateten und Kinder hätten, möglicherweise einen Zugang finden könnten, doch noch als Mann zu bestehen, oder den Drang ablegen könnten, sich als Frau zu erleben. Manche dieser Ehen sind aus Gründen auseinandergegangen, die mit der Transsexualität nicht unmittelbar zu tun hatten. Der Mann verfolgte seinen Weg weiter und ließ sich irgendwann operieren. Scheidung oder Trennung waren zum Zeitpunkt der Operation häufig schon vollzogen, auch der Kontakt zu den Kindern bestand nicht mehr. Aber oft ist es so, daß die Kinder noch im Haus leben und daß auch die beiden Partner aneinander hängen. Trotz der schwierigen Problematik, die sich daraus ergibt, daß der Mann sich nicht als Mann fühlt, bleiben sie zusammen. Zunächst haben die Kinder in den meisten Fällen darunter zu leiden, daß die Eltern ein Geheimnis haben. Sie erleben einen Konflikt, der nicht ausgesprochen wird, weil der Vater sich versteckt, weil er sich zurückzieht, weil man ihn nicht unangemeldet antreffen darf, und das Kind weiß nicht, warum. Der Vater zieht sich vielleicht um oder schminkt sich, oder er flüchtet sich in Alkoholkonsum oder ist ständig unterwegs, weil er nur außerhalb des Hauses realisieren kann, wie er sich fühlt. Daraus ergeben sich für Kinder Probleme, weil ein Elternteil emotional nicht erreichbar ist. Das ist der Punkt. Viele dieser Väter sagen sich: »Ich warte noch, bis meine Kinder aus dem Haus sind oder bis sie mindestens zehn Jahre alt sind oder bis sie die Pubertät hinter sich haben . . .« Da sind die Vorstellungen, wann ein Kind so etwas verkraftet, ganz verschieden. Wenn das Thema aber tatsächlich auf den Tisch kommt, dann ist es erstaunlich unproblematisch, wie Kinder darauf reagieren. Der Inhalt der Mitteilung scheint sie weniger zu belasten im Vergleich zu der Entlastung, die sie dadurch erfahren, daß der im geheimen schwelende Konflikt angesprochen wird und sich die familiäre Situation dadurch entspannt.

Kamprad: Auch für den Fall, daß der Mann operiert wird und als Frau lebt? Daß aus dem Ehepaar Freundinnen werden?

Pfäfflin: Ja. Dann ist das der Papa, wenn man unter sich ist, und die Gisela, wenn andere Leute dabei sind. Ich habe das in einigen Familien erlebt, die diesen Weg sehr eindrucksvoll mit den Kindern gemeinsam gegangen sind. Ich habe die Kinder in Abständen gesehen, zusammen mit den Eltern. Ich hatte nicht den Eindruck, daß es ihnen schlechtgeht, daß sie gehemmt oder neurotisch sind. Wichtig ist eine Atmosphäre des Akzeptierens, des Sein-Lassens und Sich-in-Frage-Stellens, in der man miteinander redet. Es gehört zum Eindruckvollsten in dieser ganzen Arbeit, wenn es gelingt, daß sich Familien darüber verständigen können. Aber die meisten Ehen gehen auseinander, das ist gar keine Frage. Dennoch: Manche bleiben doch zusammen. Sie lernen sich als Personen schätzen und respektieren, wobei in der Regel die Sexualität keine so große Rolle spielt.

Kamprad: Haben Sie Wünsche an Ihre Medizinerkolleginnen und -kollegen?

Pfäfflin: Wichtig fände ich es, daß Ärzte Transsexuelle erstens nicht als Weltwunder bestaunen, und zweitens, daß sie doch jeden einzelnen in seiner Besonderheit wahrnehmen. Nicht im Sinne von Begaffen – »da habe ich jetzt einen ganz interessanten Fall« –, sondern in dem Sinne, daß sie die jeweilige Eigenheit gelten lassen und versuchen, dieser gerecht zu werden. Was mich am meisten stört, ist der formale Umgang mit »dem Problem Transsexualität«. Ein Beispiel: Vor einigen Wochen rief mich abends um zehn ein Arzt aus einer Privatklinik an mit folgender Frage: »Zu mir kommt ein Patient, der sagt, er ist transsexuell, der hat ein Schreiben von einem Arzt. Kann ich den operieren, oder ist das strafbar?« Ich sagte: »Können Sie das denn überhaupt?« Er: »Meine Frau hat das im Ausland gelernt, wir können das hier in unserem Haus. Ich will nur wissen, ist das rechtlich erlaubt oder nicht.« Ich muß präzisieren: Dieser Patient wollte nur kastriert werden, als ersten Schritt für eine Geschlechtsumwandlung. Der Arzt wollte wissen, ist das erlaubt oder nicht? Das heißt, er hat das nur unter formaljuristischen Gesichtspunkten gesehen, hat überhaupt nicht gefragt: Was steckt dahinter, wenn jemand um so etwas bittet? Ich wünsche mir schon, daß solche Ärzte sich etwas mehr Gedanken darüber machen, was sie an einem Patienten tun.

Von Ärzten, die Gutachten machen, wünsche ich mir, daß sie die Patienten nicht nur zur Begutachtung sehen, sondern daß sie sich einlassen auf längere Begleitungen. Nur dadurch kann ein Gespür dafür entwickelt werden, wann der rechte Zeitpunkt gekommen ist für eine Vornamensänderung oder eine Indikation zur Operation oder für eine Personenstandsänderung. Damit würden sie dem in der Literatur vertretenen Gesichtspunkt, daß Psychotherapie, lange Begleitung, Alltagstest dazugehören, viel mehr Ehre erweisen und all das nicht zu einer hohlen Phrase machen, indem sie mitwirken an einem formalisierten Ablauf, bei dem man eben Bedingungen erfüllt oder überprüft.

Es gibt wenige Stellen, wo Leute sich länger auf einen Kontakt mit Patienten einlassen. Es gibt einen Psychoanalytiker, der unter den Transsexuellen sehr geschätzt ist, weil er relativ schnell Gutachten macht. Er beurteilt die Patienten unter dem Gesichtspunkt: »Ist der Patient psychotherapiefähig?« Legt man die üblichen neurosenpsychologischen Gesichtspunkte zugrunde, dann ist diese Frage meist zu verneinen. Der genannte Psychoanalytiker schreibt in seine Gutachten meist den Satz: »Eine Psychotherapie ist aussichtslos, deshalb ist die Operation indiziert.« Ich halte das für ein formalistisches Vorgehen, das dem Konflikt des Patienten nicht gerecht werden kann. Abgesehen davon ist die Alternative »Psychotherapie oder Operation« unangemessen. Menschen, die sich einer Geschlechtsumwandlung unterziehen oder unterziehen wollen, brauchen in ihrer schwierigen Situation ein offenes Ohr, das auch Zwischentöne hört, nicht einen Mund, der vor absurde Alternativen stellt.

Kamprad: Was sagen Sie den Kollegen mit ethischen Bedenken?

Pfäfflin: In der Medizingeschichte gab es immer Umschlagpunkte, an denen neue Möglichkeiten entwickelt wurden, die ethische Bedenken wachriefen. Als um die Jahrhundertwende die Technik für die schmerzlose Geburt entwickelt wurde, gab es gravierende Einwände dagegen, weil ja im Schöpfungsbericht steht: »Unter Schmerzen soll die Frau gebären.« Genauso war es einige Jahrzehnte vorher gewesen, als man angefangen hatte, Operationen in der Leibeshöhle vorzunehmen, als die ersten Blinddarmoperationen und ähnliche Eingriffe vorgenommen wurden. Heute sind die hitzigen Debatten darüber vergessen. Sie werden jedesmal neu belebt, wenn vorher gültige Grenzen in Frage gestellt werden. Die ersten Eingriffe am Herzen und Herztransplantationen lösten vergleichbare Kontroversen aus. Geschlechtsumwandlungsoperationen stellen den Satz von der Unwandelbarkeit des Geschlechts in Frage, sie erschüttern die »natürliche« Ordnung. Es ist daher ganz selbstverständlich, daß sie grundsätzlich diskutiert werden müssen, und es würde einen wundern, wenn keine ethischen Bedenken dagegen erhoben würden. Nicht alles, was man machen kann, darf man auch machen. Konkret ist es aber, wie die umfangreiche Nachuntersuchungsliteratur zeigt, so, daß einer beträchtlichen Zahl von Menschen damit geholfen werden kann. Dieser Tatsache sollte genauso Rechnung getragen werden wie den ethischen Bedenken.

Dr. med. Friedemann Pfäfflin arbeitet an der Abteilung für Sexualforschung, Psychiatrische und Nervenklinik am Universitätskrankenhaus Eppendorf, Hamburg.

Wolf Eicher

Transformationsoperationen bei Mann-zu-Frau-Transsexuellen

Die Diagnose der Transsexualität ist durch eine dauerhafte Transposition der Geschlechtsidendität definiert, die sich mit an Sicherheit grenzender Wahrscheinlichkeit nicht mehr ändert und sich durch Psychotherapie auch nicht ändern läßt. Dieses Bewußtsein, im falschen Körper zu sein und sich entgegen den äußerlichen Körpermerkmalen als Frau oder als Mann zu empfinden, ist fixiert.

Vor jeder endokrinologischen Behandlung und operativen Angleichung muß die Diagnose gutachterlich gesichert sein. Dies kann nur durch eine mindestens einjährige Betreuung geschehen, da differentialdiagnostische Möglichkeiten wie Psychose, Transvestitismus, effeminierte Homosexualität und Adoleszenten-Konflikte auszuschließen sind. Eine Operation in den letzteren Fällen würde eine tragische Entwicklung nach sich ziehen. Die Begutachtung erfolgt nicht durch den Operateur, sondern durch einen unabhängigen Fachmann, der aufgrund seiner Ausbildung und seiner beruflichen Erfahrung mit dem besonderen Problem der Transsexualität ausreichend vertraut ist. In unklaren Fällen ist eine zweite gutachterliche Stellungnahme einzuholen.

In einer schriftlich fixierten ausführlichen Einverständniserklärung muß die Irreversibilität des Eingriffs betont werden sowie die Kastration und die dadurch notwendig werdende lebenslange hormonelle Substitution, bei deren Unterbleiben zum Teil schwere Hormonausfallserscheinungen (Osteoporose mit Spontanfrakturen) auftreten können. Durch die gegengeschlechtliche Hormonbehandlung kommt es bei Mann-zu-Frau-Transsexuellen ebenfalls zu dauerhaften Veränderungen wie Gynäkomastie (das Wachsen weiblicher Brüste) sowie zu einer weiblichen Fettverteilung und erektiler Impotenz, was in der Regel erwünscht ist. Gefahren der Hormonbehandlung liegen im Thromboembolierisiko, Leberschaden und einem gesteigerten Risiko für Brustkrebs. Neben den üblichen Komplikationen jeder Operation wie Wundheilungsstörungen kann es zu Blasen- und Darmfisteln mit Inkontinenz kommen. Schwere Infektionen können das erwünschte postoperative Ergebnis in Frage stellen. Bei der Brustplastik können Kapselfibrosen auftreten. Unterbleibende Bougierungen (Dehnungen) im postoperativen Verlauf und unterbleibende Nachuntersuchungen können zur Verengung, Kürzung und Schrumpfung der neuen Scheide führen. Eine Korrektur der Harnröhrenmündung kann erforderlich werden. Verstärkte Blutungen können Bluttransfusionen notwendig machen. Wie bei jedem größeren operativen Eingriff besteht ein Mortalitätsrisiko. Eine Einverständniserklärung muß in allen Punkten sorgfältig erörtert und nach reiflicher Überlegung von dem zu Operierenden unterschrieben werden.

Die Vorbehandlung mit weiblichen Hormonen wird als Test vor der Operation über mindestens ein halbes Jahr vorgeschaltet, da sie lebenslang notwendig sein wird. Eine Unverträglichkeit würde ein Überdenken der Operationsindikation darstellen.

Die Operationstechniken

Eine Geschlechtsumwandlung kann nicht erreicht werden, sondern immer nur eine Angleichung an das gewünschte Geschlecht. Die ersten Mitteilungen über Transformationsoperationen stammen aus den zwanziger und dreißiger Jahren aus Berlin (Mühsam, 1921, 1926; Abraham, 1931). Weltweit bekannt wurde der Fall Christine Joergensen, die in Dänemark anoperiert und in den Vereinigten Staaten weitertransformiert wurde (Hamburger und andere, 1953). Nach der Einrichtung eines Gender Identity Programms in Baltimore 1965 wurden auch die dortigen Techniken publiziert (Edgerton und andere, 1970; Edgerton und Meyer, 1973; Jones, 1969; Turner und andere, 1978). Alle Verfahren, die zum Teil auch heute noch in modifizierter Weise praktiziert werden, bringen nur eine bescheidene Angleichung zuwege, die die Operierten häufig unzufrieden lassen, wie wir das von einer Vielzahl Transsexueller wissen, die uns zwecks Nachoperationen aufgesucht haben.

Der entscheidende Durchbruch einer befriedigenden Lösung kam durch die Idee Burous aus Casablanca, nur den Penisschaft zu amputieren, die Penishaut an ihrem Ursprung zu belassen und in die zwischen Harnröhre, Prostata, Blase einerseits und Rectum (Enddarm) andererseits zu schaffende Höhle umgestülpt als zukünftige Scheidenhaut einzupflanzen. Wir haben das Verfahren von Burou nirgends publiziert gefunden.

Eigenes Verfahren

In den siebziger Jahren haben wir in Heidelberg und dann in München die Idee Burous aufgegriffen und in modifizierter Weise eine standardisierte einzeitige Operationsmethode entwickelt, die wir seit 1980 als ausgereift betrachten und wiederholt publiziert haben (Eicher, 1983; Eicher und Borruto, 1983; Eicher, 1984). Die Ziele der Operation sind:

1. Die Kastration durch Entfernung der Hoden und Nebenhoden sowie des Samenstranges;
2. Die Aushöhlung der Scheide;
3. Die Entfernung des Penisschaftes;
4. Die Auskleidung der Scheide mit Penishaut;
5. Die Formung einer Vulva mit großen und kleinen Schamlippen, weiblicher Harnröhrenmündung und einer Pseudoklitoris;
6. Die Brustaufbauplastik bei ungenügender oder ausbleibender hormoneller Antwort.

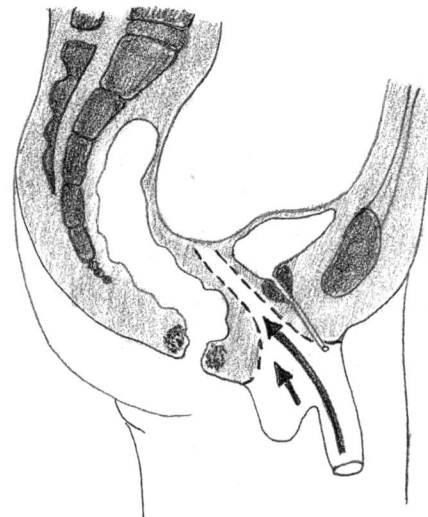

Abb. 1: Prinzip der Auskleidung der Neovagina durch Einstülpen der invertierten Penishaut nach Amputation des Penisschaftes und der Hoden

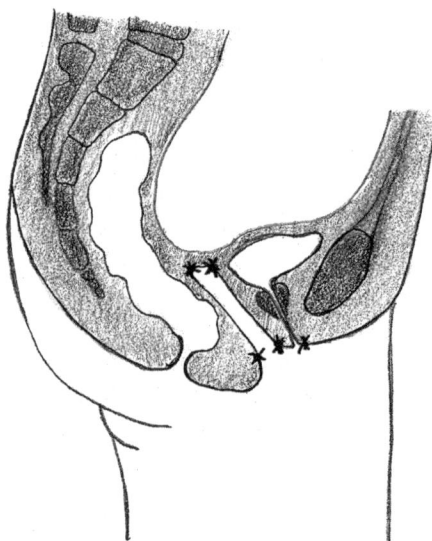

Abb. 2: Wie in Abb. 1. Die Neovagina ist mit der umgestülpten Penishaut ausgekleidet

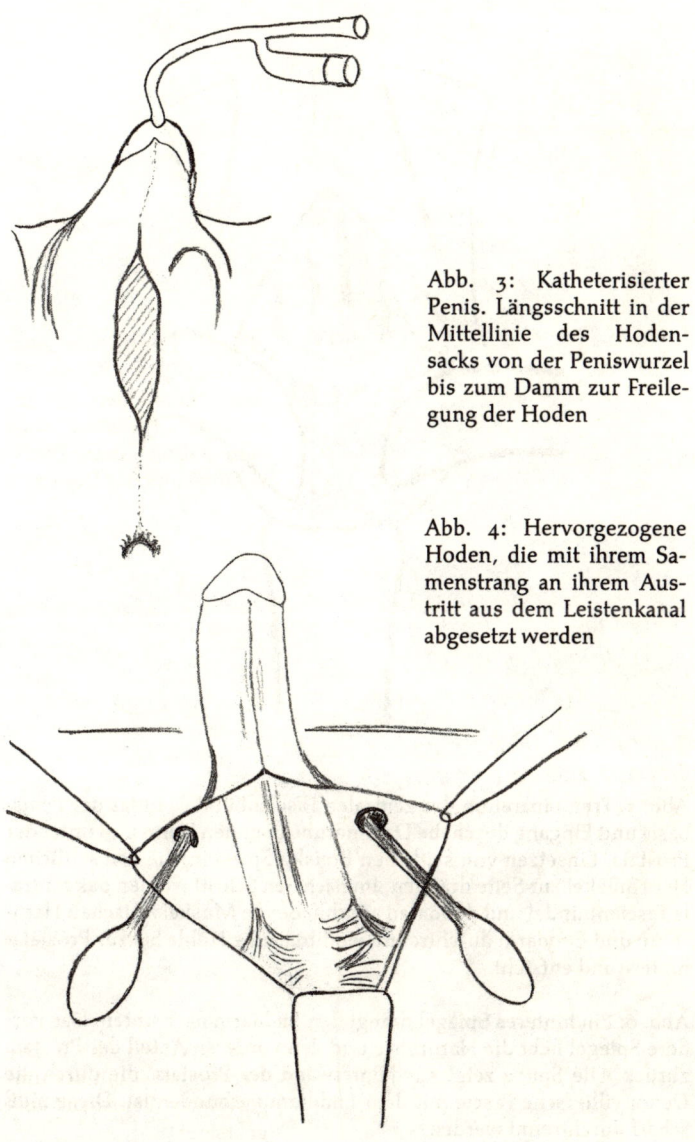

Abb. 3: Katheterisierter Penis. Längsschnitt in der Mittellinie des Hodensacks von der Peniswurzel bis zum Damm zur Freilegung der Hoden

Abb. 4: Hervorgezogene Hoden, die mit ihrem Samenstrang an ihrem Austritt aus dem Leistenkanal abgesetzt werden

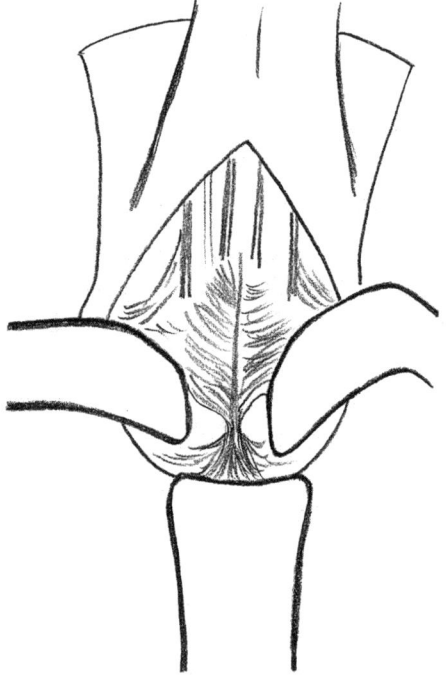

Abb. 5: Freipräparation des zentralen Fascienbündels unter der Penisbasis und Eingang durch die Dammgrube über den Darm und unter der
Prostata. Einsetzen von seitlichen Breisky-Spiegeln, die den seitlichen
Hebemuskel zur Seite drängen. Im nächsten Schritt werden das zentrale Fascienbündel und der daran anschließende Muskel zwischen Harnröhre und Enddarm durchtrennt, wodurch eine Höhle bis zur Prostatahinterwand entsteht

Abb. 6: Ein hinteres Spiegel drängt den Enddarm nach unten. Das vor-
dere Spiegel hebt die Harnröhre und den vorderen Anteil der Prostata
zurück. Die Spitze zeigt zur Hinterwand der Prostata, die durch die
Denonvilliersche Fascie mit dem Enddarm verbunden ist. Diese muß
scharf durchtrennt werden

144

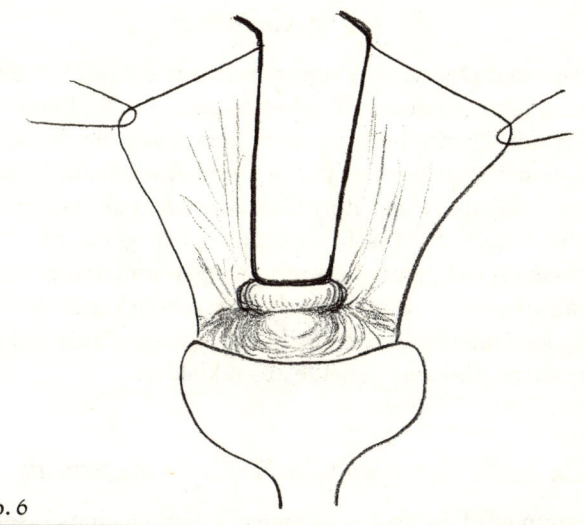

Abb. 6

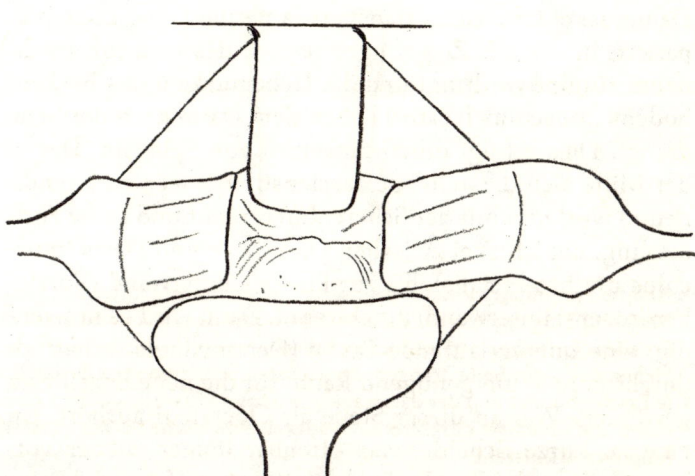

Abb. 7: Die Denonvilliersche Fascie ist durchtrennt. Die Prostatahinterwand wird bis zum unteren Pol der inneren Leibeshöhle durch ein vorderes Spiegel zurückgehalten. Die jetzt ausreichend tiefe Höhle ist durch zwei seitliche und ein hinteres Spiegel entfaltet

Zu 1: Die Kastration

Ein Dauerkatheter wird in Steinschnittlage eingeführt. Es erfolgt eine Längsspaltung des Hodensacks von der Peniswurzel über den Damm bis 4 cm über dem Anus. Beide Hoden und Samenstränge werden bis zu ihrem Austritt am Leistenkanal freipräpariert und dort über Klemmen abgesetzt. Die Bauchhaut über der Fascie wird beweglich gemacht, damit die Penishaut tief genug heruntergezogen und in die Vagina eingestülpt werden kann. Durch eine ausreichende Mobilisierung kommt es praktisch nicht vor, daß ein Penis zu klein ist, um damit die neue Scheide auszukleiden.

Zu 2: Die Schaffung der Höhle für die Scheide

Am Damm wird durch das Fettgewebe seitlich eines Fascienstranges (centrum tendineum) unter dem querverlaufenden Dammuskel (musculus transversus perinei) eine Loge präpariert, in die der Zeigefinger seitlich des centrum tendineum stumpf vordringt und die Hebemuskeln des Beckenbodens (musculus levator) neben dem Darm nach der Seite drängt. Dies erfolgt durch Einsetzen von Spiegeln. Der in der Mitte sich darstellende Fascienstreifen (centrum tendineum) wird nun mit der Schere durchtrennt und seine Fortsetzung, ein Muskel zwischen Harnröhre und Darm (musculus urethro-rectalis), bis zur Prostatahinterwand (Vorsteherdrüsen-Hinterwand) durchtrennt. Dann wird es notwendig, eine querverlaufende Fascie (Denonvilliers) scharf zu durchtrennen, um genügend Raum für die neue Scheide zu gewinnen. Wer an dieser Stelle als Operateur aufhört, hat eine zu kurze Scheide, was offenbar immer wieder vorkommt. Danach kann der Darm weiter stumpf von der Blase abgeschoben werden bis vor die innere Bauchhöhle (spatium praeperitoneale), wodurch ein tiefer, weiter Raum entsteht, der zunächst mit einem Gaze-Streifen austamponiert wird.

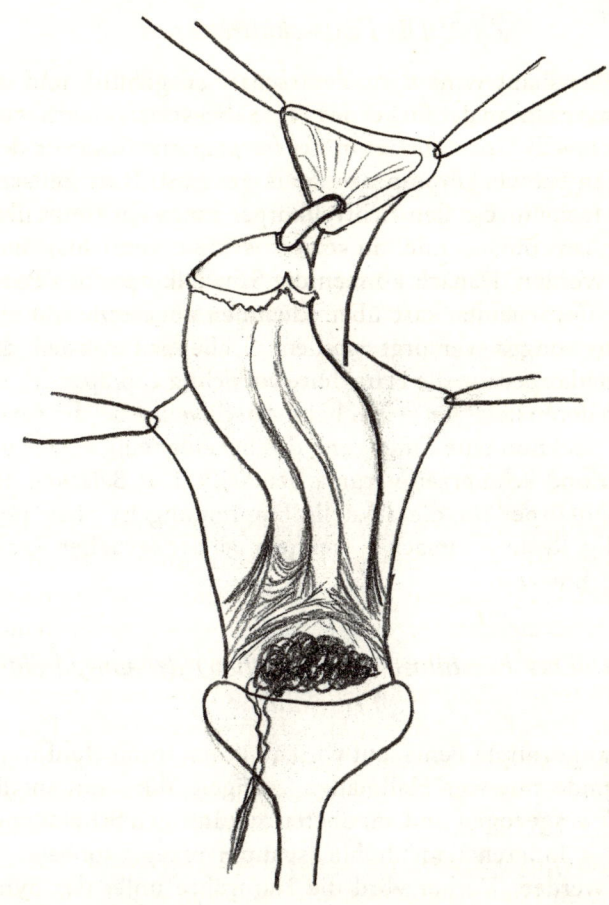

Abb. 8: Ausgehülster Penisschaft. Die Penishaut ist an der Kreuzfurche unter der Eichel des Penis abgetrennt und umgestülpt noch mit der Bauchhaut in Verbindung. Die vorher freipräparierte Höhle zwischen Blase und Enddarm ist über dem hinteren Spiegel mit einem Streifen austamponiert

Zu 3: Die Penisschaftresektion

Die Penishaut wird vom Penisschaft ausgehülst und an ihrem Ansatz an der Eichel des Penis abgesetzt. Danach wird der Schwellkörper der Harnröhre freipräpariert und von den übrigen Schwellkörpern des Penis getrennt. Dazu müssen die Muskeln, die den Schwellkörper umgeben (musculus bulbo-cavernosus und musculus ischio-cavernosus), entfernt werden. Danach können die Schwellkörper des Penis dicht am Schambeinast über Klemmen abgesetzt und mit Umstechungen versorgt werden. Schließlich werden die Schwellkörper um die Harnröhre vorsichtig abpräpariert, da durch deren Belassen später beim Anschwellen bei der sexuellen Reaktion eine Einengung des Scheideneinganges auftreten und Schmerzen verursachen kann. Das Belassen der Schwellkörper für die sexuelle Empfindung ist nicht notwendig. Reste verursachen vielmehr bei der sexuellen Reaktion Schmerzen.

Zu 4: Das Einstülpen (Invagination) der umgedrehten Penishaut

Die umgestülpte Penishaut wird an ihrem trompetenförmigen Ende mit vier Haltefäden gezügelt, die dann in die Höhle eingezogen und am oberen zukünftigen Scheidenpol vor der inneren Bauchhöhle (spatium praeperitoneale) fixiert werden. Vorher wird die Harnröhre unter der Symphyse an weiblicher Stelle durch die Haut des eingestülpten Penis herausgeleitet. Die Scheidenhöhle wird ebenso wie der Schamhügel zur Verhinderung von Blutergüssen mit zwei Röhrchen drainiert. Vor dem Einstülpen der Penishaut unterpolstern wir den Raum über der Harnröhre auf dem Schambein mit Fettgewebe des ehemaligen Hodensacks zur Vermeidung einer tiefen Furche am Schamhügel.

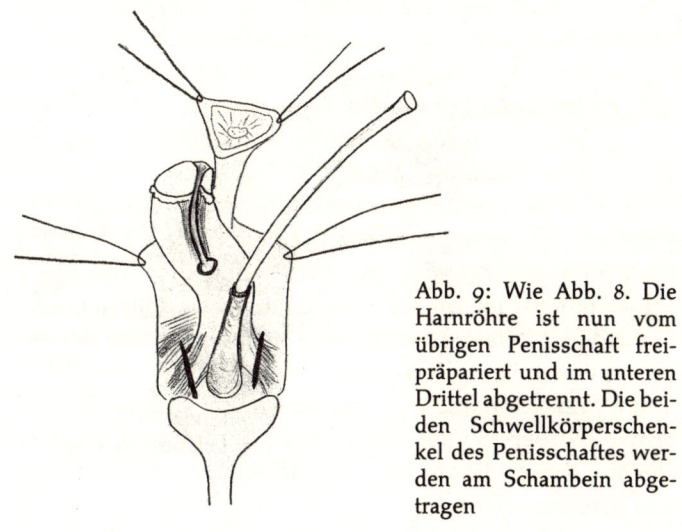

Abb. 9: Wie Abb. 8. Die Harnröhre ist nun vom übrigen Penisschaft freipräpariert und im unteren Drittel abgetrennt. Die beiden Schwellkörperschenkel des Penisschaftes werden am Schambein abgetragen

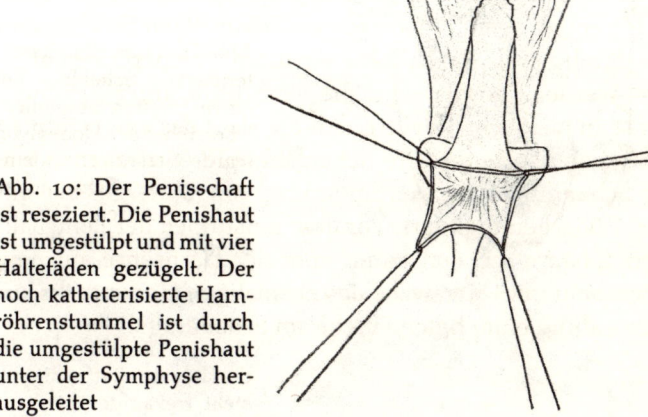

Abb. 10: Der Penisschaft ist reseziert. Die Penishaut ist umgestülpt und mit vier Haltefäden gezügelt. Der noch katheterisierte Harnröhrenstummel ist durch die umgestülpte Penishaut unter der Symphyse herausgeleitet

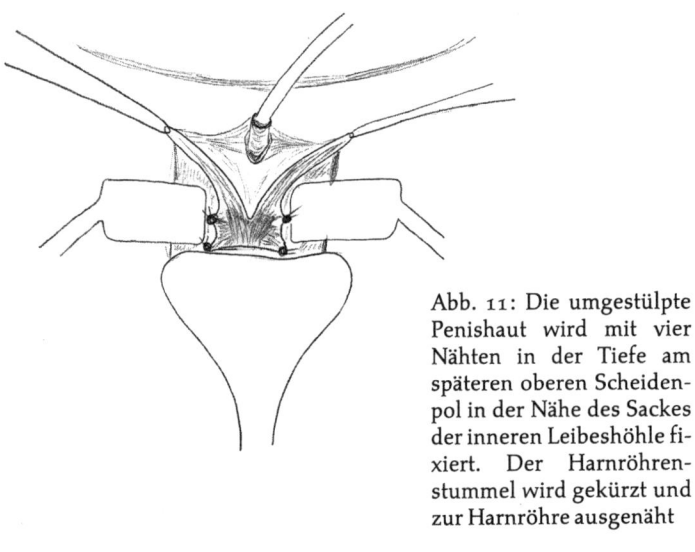

Abb. 11: Die umgestülpte Penishaut wird mit vier Nähten in der Tiefe am späteren oberen Scheidenpol in der Nähe des Sackes der inneren Leibeshöhle fixiert. Der Harnröhrenstummel wird gekürzt und zur Harnröhre ausgenäht

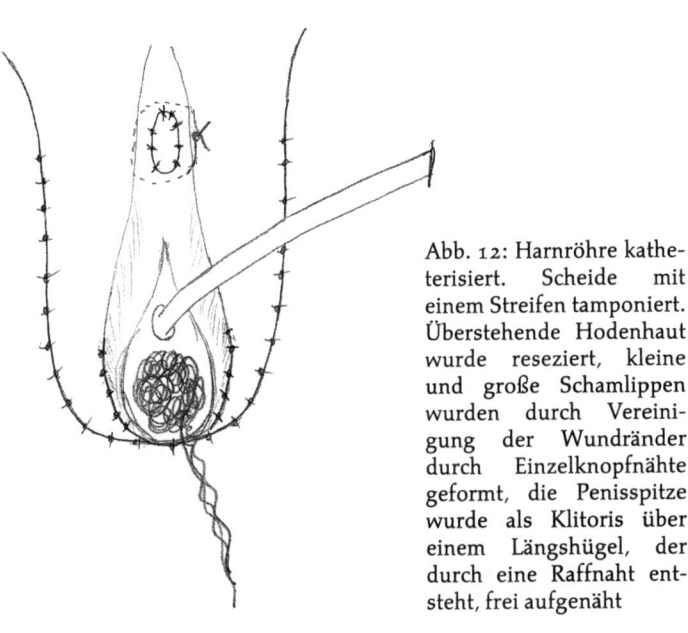

Abb. 12: Harnröhre katheterisiert. Scheide mit einem Streifen tamponiert. Überstehende Hodenhaut wurde reseziert, kleine und große Schamlippen wurden durch Vereinigung der Wundränder durch Einzelknopfnähte geformt, die Penisspitze wurde als Klitoris über einem Längshügel, der durch eine Raffnaht entsteht, frei aufgenäht

Zu 5: Die Formung der Vulva

Die Hodenhaut wird reseziert und nur soweit stehen gelassen, daß kleine und große Schamlippen geschaffen werden können. Die Verwendung von Hodenhaut zur Auskleidung der Scheide, wie das offenbar immer noch gelegentlich gemacht wird, muß abgelehnt werden, da dadurch Haare in der späteren Scheide wachsen, die bei der Kohabitation Beschwerden bereiten. Es werden große und kleine Schamlippen mit nicht resorbierbaren Fäden genäht, die später wieder entfernt werden müssen. Die Harnröhre wird mit sich selbst auflösenden Fäden ovalär ausgenäht, so daß es nicht zur Verengung kommen kann. Über der Symphyse am Schamhügel erfolgt eine Raffnaht, die einen klitorisähnlichen Hügel über der Harnröhrenöffnung entstehen läßt, auf welchen eine sonnenblumenkerngroße Spitze der Eichel des Penis frei transplantiert wird. Wir tamponieren die neue Scheide mit einem Polyvidonsalbenstreifen.

Zu 6: Der Brustaufbau

Bei nicht ausreichender hormoneller Wirkung vergrößern wir die Brust durch das Einführen einer aufgefüllten Silikonkapsel (ohne Gel) durch einen Einschnitt in der Achselhöhle unter den von dort aus abgelösten Brustmuskel.

Der postoperative Verlauf

Der Salbenstreifen wird am vierten und achten postoperativen Tag gewechselt. Am zehnten Tag erhält die Patientin eine Prothese zum Bougieren. Am zwölften Tag werden die Fäden entfernt. Dann kann die Patientin entlassen werden. Nachuntersuchungen erfolgen individualisiert, in der Regel nach vier und acht Wochen bis zur vollständigen Abheilung, das heißt bis zur Überhäutung (Epithelisierung), was in einigen Fällen erst nach sechs Monaten erreicht ist. Die Prothesenbougierung sollte erst nach vollständiger Abheilung und Aufnahme regelmäßiger Kohabitationen eingestellt werden.

Bei der Operation handelt es sich um einen schweren Eingriff, der in Vollnarkose durchgeführt wird und bei uns im Schnitt drei Stunden dauert. Die stationäre und ambulante Nachbetreuung ist aufwendig und besonders wichtig für gute Langzeitergebnisse.

Komplikationen und Ergebnisse

Wir haben 50 Mann-zu-Frau-Transsexuelle, die von 1983 bis 1989 von uns operiert wurden, nachuntersucht.

In zehn Fällen erforderten ein starker Blutverlust oder Nachblutungen Bluttransfusionen. In drei Fällen wurde eine chirurgische Versorgung in unmittelbarem postoperativen Verlauf durch Umstechungen im Bereich der Harnröhre notwendig. Bei einer Breitbandantibiotikaprophylaxe (Pipril) über sieben Tage waren nur in drei Fällen Fieber, jedoch in keinem Fall länger als ein bis zwei Tage über 38,5 Grad Celsius aufgetreten.

Die Einheilung der Penishaut erfolgte in einem Drittel der Fälle vollständig, in zwei Dritteln der Fälle teilweise, wobei jedoch die transplantierte Haut als Schiene wirkte und eine Überhäutung sekundär rasch erfolgte. In vier Fällen wurde die Penishaut wieder abgestoßen, ohne jedoch das endgültige Endergebnis langfristig zu beeinträchtigen, da durch Offenhaltung und Bougierungen eine Überhäutung vom Grund her erfolgte.

In 20 Fällen mußten hypertrophe Granulationen am oberen Scheidenpol (wildes Fleisch) mit dem scharfen Löffel abgetragen werden. Hierbei handelt es sich um einen kleinen Eingriff ohne Narkose. Granulationen sind Ausdruck einer überschießenden Wundheilung, die die eigentliche Überhäutung behindern.

In fünf Fällen traten schwere Entzündungen im Bereich der Scheide auf, die jedoch unter konsequenter Behandlung abheilten.

In vier Fällen mußte eine Korrektur der Harnröhrenmündung erfolgen (asymmetrischer Strahl oder Urinieren in Form einer Dusche). In zwei Fällen war der Damm zu hoch und wurde durch einen kleinen plastischen Eingriff erweitert. In vier Fällen zeigte die Nachuntersuchung eine Schrumpfung der Scheide mit Verkürzung und Verengung, die die Kohabitation erheblich beeinträchtigte beziehungsweise unmöglich machte.

Keiner der Patienten würde die Operation heute nicht noch einmal durchführen lassen. 95 Prozent waren in ihrer Identität als Frau bestärkt. Unzufrieden mit ihrer Scheide waren zehn Prozent. Zehn Prozent hielten sie für zu kurz; fünf Prozent für zu eng. Diejenigen, die vaginalen Koitus praktizierten, kamen in 85 Prozent selten, häufig oder immer zum Orgasmus. 50 Prozent gaben an, daß ihre Pseudo-Klitoris sensibel ist.

Die wirtschaftliche Situation hatte sich im Vergleich zu vor der Operation in 65 Prozent der Fälle verbessert und war in 32,5 Prozent gleich geblieben, hatte sich nur in 2,5 Prozent verschlechtert. Geregeltes Einkommen vor der Operation hatten 65 Prozent und nach der Operation 90 Prozent.

Diese Zahlen zeigen klar, daß die sehr aufwendigen Mittel der hormonellen und chirurgischen Transformation berechtigt sind und eine echte therapeutische Hilfe darstellen.

Literaturhinweise siehe in:
Eicher, W.: Transsexualismus – Möglichkeiten und Grenzen der Geschlechtsumwandlung. 2. neubearbeitete Aufl. 1991. G. Fischer Verlag Stuttgart – New York

Prof. Dr. med. Wolf Eicher ist Chefarzt am Diakonissenkrankenhaus Mannheim.

HEINRICH SCHOENEICH UND GISELA OEKING

Von Frau zu Mann – das angegriffene Geschlecht

Die geschlechtsangleichende Operation bei einer Frau-zu-Mann-Transsexualität ist wesentlich problematischer als bei der Mann-zu-Frau-Transsexualität. Meist lassen sich nicht alle Erwartungen des Patienten, was Aussehen und Funktion angeht, völlig erfüllen. Bei allen Verfahren müssen sichtbare Narben in Kauf genommen werden. Allerdings unterliegt die Narbenbildung individuellen Faktoren.

Die Erwartungen und Zielsetzungen bei der Operation sind:
1. ein akzeptables ästhetisches Aussehen;
2. eine für die Funktion befriedigende Größe und Steifheit des Penoids;
3. eine Sensibilität im Bereich des Penoids, verbunden mit Orgasmusfähigkeit;
4. die Möglichkeit, im Stehen zu urinieren.

In bezug auf das ästhetische Erscheinungsbild sind die Ergebnisse der Entfernung der weiblichen Brust und der Konstruktion des Penis in den meisten Fällen als gut anzusehen. Eine Steifheit des Penis läßt sich erreichen durch Einbringen von natürlichem Material (Knochen, Knorpel) oder Kunststoffimplantate. Allerdings können sich hin und wieder Komplikationen ergeben. Bezüglich der Sensibilität ist leider in den meisten Fällen nur eine Schutzsensibilität, das heißt nur minimale Berührungsempfindlichkeit zu erreichen. Eine Orgasmusfähigkeit besteht durch die durch Hormonbehandlung vergrößerte Klitoris, die sich nach der Operation an der Basis des Penoids befindet.

Ein großes operatives Problem stellt die Harnröhrenverlängerung bis zur Penisspitze dar. Innerhalb des konstruierten Penis ist eine Harnröhre zu schaffen, die mit dem natürlichen Ende der weiblichen Harnröhre vereinigt werden muß. Dies gelingt in den meisten Fällen nicht, weil es zu Leckbildungen im Bereich der Verbindungsnaht kommt oder weil sich Verengungen durch Narbenbildung entwikkeln. In jüngster Zeit verzichten wir daher, zumindest bei der Erstoperation, auf eine Harnröhrenverlängerung. Möchte der Patient auf Dauer hierauf nicht verzichten, kann die Konstruktion der Harnröhre zu einem späteren Zeitpunkt vorgenommen werden.

Bei der Frau-zu-Mann-Transsexualität erfolgt die geschlechtsangleichende Operation in vier Schritten:
1. Entfernung der Gebärmutter und der Eierstöcke;
2. Angleichungsoperation der weiblichen zur männlichen Brust;
3. Konstruktion eines Penis;
4. Bildung der Hoden.

Die Entfernung der Gebärmutter und Eierstöcke

Die operative Entfernung der Gebärmutter und der Eierstöcke wird im allgemeinen durch Gynäkologen durchgeführt. Meist erfolgt die Operation durch einen kleinen queren Unterbauchschnitt. Dabei sollte bei der Bauchnarbe darauf geachtet werden, daß diese nicht die Peniskonstruktion erschwert. Die Operation kann auch von der Scheide aus erfolgen. Die Entscheidung trifft der behandelnde Gynäkologe.

Die Entfernung der weiblichen Brust

Bei dieser Operation wird der weibliche Brustdrüsenkörper, meist in Verbindung mit Haut- und Fettgewebe, vollständig entfernt und die weibliche Brustwarze der Größe der männlichen Brustwarze angepaßt. In jedem Fall entstehen mehr oder weniger sichtbare Narben. In Abhängigkeit von der Größe der Brust und damit des zu entfernenden Gewebes erfolgt die Schnittführung. Bei kleineren Brüsten kann durch einen Schnitt um die Brustwarze herum der gesamte Drüsenkörper entfernt werden, wobei die Brustwarze gleichzeitig verkleinert wird. Die Haut paßt sich aufgrund ihrer natürlichen Elastizität in kurzer Zeit der flachen Brustform an. Die Narbe verläuft genau am Brustwarzenrand und ist damit später kaum auffällig (Skizze 1a).

Bei größeren Brüsten und entsprechend größerem Hautüberschuß wird das Brust- und Fettgewebe durch einen elipsenförmigen Schnitt entfernt (Skizze 1b). Die Brustwarze wird als freies Hauttransplantat entnommen und ebenfalls verkleinert und entsprechend der männlichen Brustwarzenposition eingenäht. Nach dieser Operation ergibt sich eine bogenförmige Narbe im Verlauf der Brustfalte (Skizze 1c). Die Länge ist abhängig von der ursprünglichen Brustgröße.

Zur Narbenbildung ist zu erwähnen, daß in jedem Fall durch Anwendung besonderer Nahttechniken eine strichförmige Narbe angestrebt wird. Die Entwicklung der Narbe im weiteren Verlauf ist jedoch individuell sehr verschieden. Es kann eine zarte, kaum sichtbare Narbe oder durch eine Wucherung eine auffällige Narbe entstehen. Narbenkorrekturen zu einem späteren Zeitpunkt sind in jedem Fall möglich. Auch im Bereich der frei transplantierten Brustwarzen kann es zu narbigen Verziehungen kommen. In diesen Fällen ist ebenfalls eine spätere Korrektur zu erwägen. Die Entfernung der Gebärmutter und der Eierstöcke (Hysterektomie) sowie die Entfernung der Brustdrüsen (Mastektomie) kann in kurzem Zeitabstand erfolgen, da beide Eingriffe nicht sehr belastend sind und meist komplikationslos verlaufen. Bei entsprechenden Möglichkeiten können sie während eines stationären Aufenthaltes durchgeführt werden.

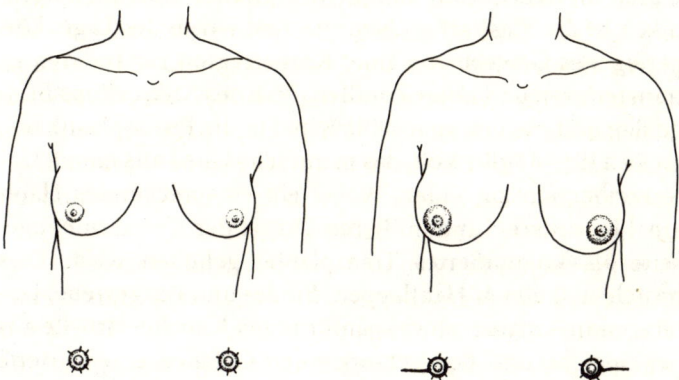

Skizze 1a: Postoperatives Nar-
benergebnis bei kleinen Brüsten

Skizze 1b: Postoperatives Ergebnis bei mittelgroßen Brüsten

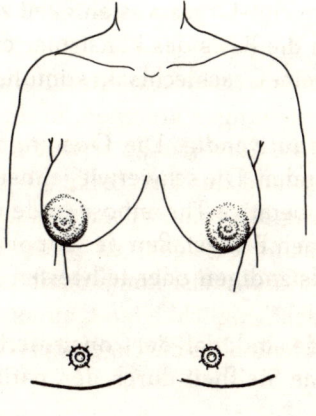

Skizze 1c: Postoperatives
Ergebnis bei mittleren bis
großen Brüsten

Peniskonstruktion

Durch die Einführung mikrochirurgischer Operationstechniken in die Plastische Chirurgie sind wir in der Lage, körpereigenes Gewebe von einer Körperregion zur anderen zu transferieren und unter Zuhilfenahme des Mikroskops Blutgefäße und Nerven anzuschließen. Für die Phalloplastik bietet sich die Möglichkeit, das männliche Glied aus einem Unterarmbereich zu bilden, wobei ein entsprechendes Hautareal im unteren und mittleren Drittel der Unterarmbeugeseite als kombiniertes Transplantat gehoben wird. Dies besteht aus einem Hautlappen, Binde- und Fettgewebe, Unterarmmuskulatur, einer spanförmigen Knochenlamelle aus der Speiche und den versorgenden Gefäßen einer Arterie und zwei Venen sowie zwei Hautnerven (Skizze 2). Dieses Kombinationstransplantat wird zu einem Penis formiert, wobei innen die Knochenlamelle zu liegen kommt. Hierdurch wird die Steifheit des Penis erreicht. Die Blutgefäße im Lappen haben einen Durchmesser von etwa einem bis zwei Millimetern. Sie werden in mikrochirurgischer Technik mit Seitenästen der Beinschlagader verbunden (Skizze 3). Die beiden Hautnerven werden mit Gefühlsnerven aus der Leistenregion vereinigt. Hierdurch wird eine Gefühlsempfindung im Penis erreicht, oft jedoch nur eine minimale Berührungsempfindung. Um eine Orgasmusfähigkeit zu erreichen, wird die Klitoris in die Basis des konstruierten Penis eingenäht, so daß diese beim Geschlechtsakt stimuliert werden kann.

Die Methode ist sehr aufwendig. Die Operationsdauer beträgt fünf bis sechs Stunden. Die schwerwiegendste Komplikation kann eine postoperative Thrombose in den operativ angeschlossenen kleinen Blutgefäßen des Lappens sein. Dies kann zu einem vollständigen oder teilweisen Absterben des Lappens führen.

Vorteile dieser Methode sind: daß der konstruierte Penis eine recht gute Form, eine Steifheit durch den natürlichen

Knochen und eine mehr oder weniger ausgeprägte Sensibilität hat. Nachteilig sind die auffälligen Narben der Entnahmestelle am Unterarm. Der durch die Gewebsentnahme entstandene Defekt wird durch ein Spalthauttransplantat, welches vom Gesäß oder Oberschenkel abgenommen wird, gedeckt. Dadurch entsteht auch in dieser Region eine mehr oder weniger auffällige Narbe.

Peniskonstruktion durch einen Rollappen

Ein weiteres Verfahren der Peniskonstruktion ist eine klassische Operationsmethode, bei der ein Roll- oder Rundstiellappen im seitlichen Unterbauch gebildet wird. Ein 20 mal zehn Zentimeter breiter Streifen aus Haut und Unterhautgewebe wird im Bauchwandbereich mobilisiert und zu einer Rolle vereinigt (Skizze 4a). Die Enden bleiben mit der Bauchhaut verbunden. Nach etwa drei Wochen wird das seitliche Ende abgetrennt und im Bereich der Penisbasis eingenäht (Skizze 4b). Nach zirka weiteren drei Wochen kann dann das mittlere Ende ebenfalls abgetrennt werden und zur Glans penis formiert werden (Skizze 4c). Eventuell sind spätere Formkorrekturen oder Narbenkorrekturen an der Entnahmestelle noch erforderlich. Wenn der konstruierte Penis seine endgültige Form erreicht hat, wird entweder ein Knorpelspan oder ein Silikonstab zur Erreichung einer Steifheit implantiert.

Die Größe des Rollappen-Penoids hängt von der Menge des Unterhautfettgewebes ab. Bei dickleibigen Patienten ist der konstruierte Penis häufig voluminöser, als es einem natürlichen entspricht. Er muß daher zur Erreichung einer natürlichen Form nach zirka drei Monaten ausgedünnt werden.

Die Narbe im Bereich der Entnahmestelle des Lappens verläuft schräg vom Unterbauch bis zur Flanke. Durch die Spannung beim Verschluß des Hebedefektes ist sie meist recht breit. Sie kann jedoch nachträglich korrigiert werden.

Bei der Peniskonstruktion durch einen Rollappen sind die operativen Eingriffe weniger aufwendig als bei der Konstruktion durch einen freien Unterarmlappen. Es sind jedoch mindestens drei Operationen erforderlich.

Bei der Rollappenplastik ist zur Erreichung einer natürli-

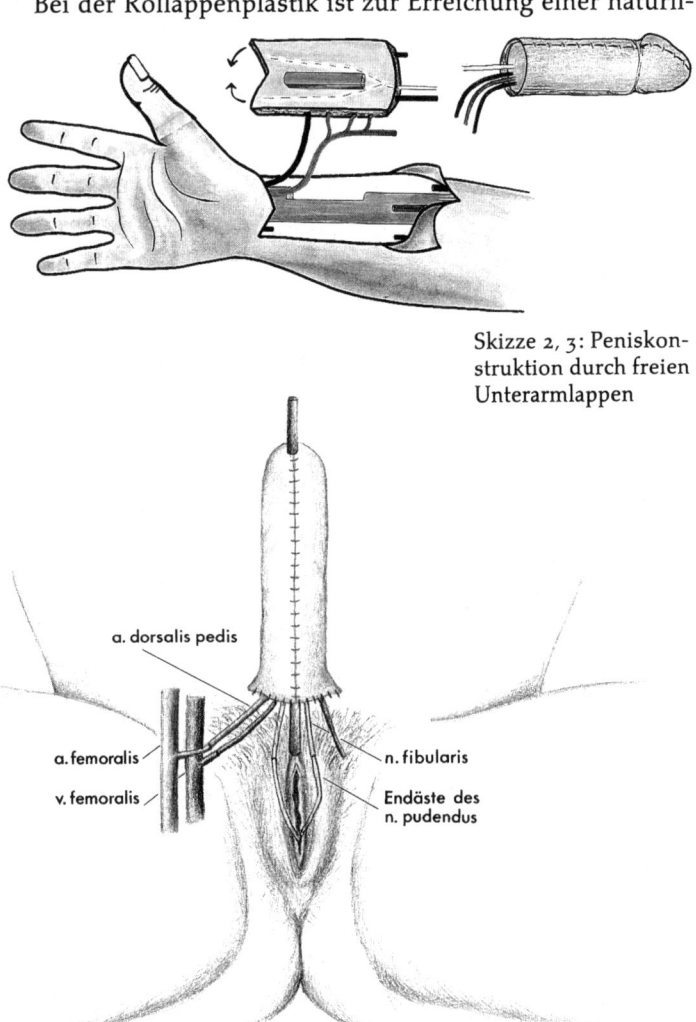

Skizze 2, 3: Peniskonstruktion durch freien Unterarmlappen

a. dorsalis pedis

a. femoralis

v. femoralis

n. fibularis

Endäste des
n. pudendus

chen Penisgröße eine ausreichende Menge Unterhautfettgewebe erforderlich. Bei sehr schlanken Patientinnen ist dies jedoch nicht gegeben. Es besteht in diesem Fall die Möglichkeit, einen Penis aus zwei Rollappen zu bilden. Das Verfahren entspricht dem beschriebenen, nur wird hier beidseitig am Unterbauch ein Rollappen gebildet. Die beiden Rollappen werden in einer späteren Operation zu dem Penoid vereinigt.

Miniphalloplastik durch Harnröhrenverlängerung und Klitorisverlängerung

Des öfteren werden von den Patienten die beschriebenen Methoden aufgrund ihrer Hebedefekte und einer nicht funktionierenden Harnröhrenverlängerung abgelehnt. In diesen Fällen empfiehlt sich die kleine Lösung, wobei eine Phalloplastik der hypertrophierten Klitoris durchgeführt wird. Aufgrund der Androgentherapie kommt es zu einer Vergrößerung der Klitoris, was oft wie ein Minipenis aussieht. Durch bestimmte Schnittführungen und Lappenplastiken kann die vergrößerte Klitoris um zirka zwei Zentimeter verlängert werden. In gleicher Sitzung wird angestrebt, die Harnröhre bis zum Oberrand der Klitoris zu verlängern, was durch Doppelung der kleinen Schamlippen über der Harnröhre erzielt werden kann. Hierdurch ist ein Urinieren im Stehen möglich.

Hodenplastik

Zur Bildung der Hoden werden Silikonprothesen von der Industrie in verschiedenen Größenordnungen angeboten. Diese werden über einen zwei Zentimeter langen Hautschnitt jeweils in die großen Schamlippen eingesetzt. Da es sich hier um Fremdmaterialien handelt, werden diese durch Bindegewebskapseln eingebettet und sind dadurch wenig verschiebbar. Mit der Implantation der Hodenprothesen ist die geschlechtsangleichende Operation beendet.

Welche der beschriebenen Operationstechniken zur Anwendung kommt, wird mit dem Patienten individuell besprochen und vereinbart. Für ihn ist wichtig, sich keinen Ideal- und Wunschvorstellungen hinzugeben, damit das Operationsergebnis realistisch aufgenommen wird. Dies ist entscheidend für das spätere psychische Wohlbefinden. Alle Patienten müssen sich vor Beginn der Operation darüber im klaren sein, daß ein voll funktionierender Penis nicht machbar ist.

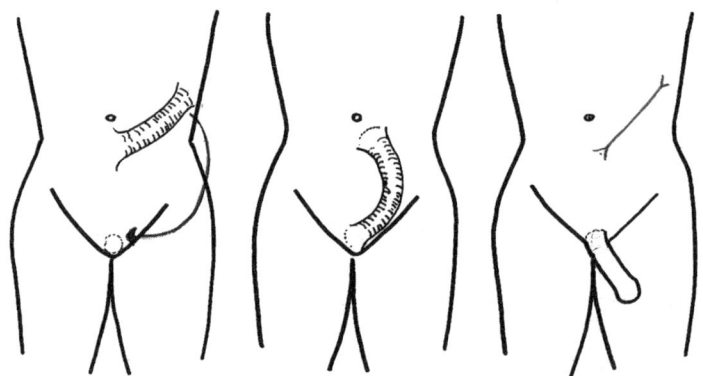

Skizze 4: Operationsstadien des Rollappenpenoids

Dr. med. Gisela Oeking und Dr. med. Heinrich Schoeneich führen eine Gemeinschaftspraxis für Chirurgie und Plastische Chirurgie in München.

Eigentlich sollte ich ein Mädchen werden

Ganz früher, so glaube ich mich zu erinnern, hat mir meine Mutter erzählt, ich sei eigentlich als Mädchen erwünscht gewesen, und wäre ich mit weiblichem Geschlecht zu Welt gekommen, so hätte ich den Namen Ursula bekommen.

Das allerdings weiß ich noch genau, daß ich als Kind Ricke, schwäbisch auch Rickele, gerufen wurde. Vornehmlich die Mutter und die Geschwister benutzten in Anlehnung an den Taufnamen Ulrich diese Rufnamen. Der Vater nannte mich meist Dicker oder Stolperer. Wenn er mich laufen sah, lachte er mich gelegentlich aus und sagte: »Wie ein Mädchen, wie eine Ente.«

Die Pubertät, eine Zeit der Angst, der Einsamkeit und voller Schuldgefühl. Nach dem ersten Samenerguß fürchtete ich, etwas irreparabel in mir beschädigt zu haben. Das kindliche Spiel endete mit einem emotionalen Fiasko.

Damals probierte ich heimlich hin und wieder Kleidungsstücke meiner Schwester. Sie waren mir etwas zu groß, aber ich fühlte mich wohl darin und gefiel mir auch. Auf den Gedanken, dies könnte die mir gemäße Kleidung sein, kam ich nicht. Im übrigen war mir klar, daß ich mich auf verbotenem Terrain bewegte.

Erinnerungen, die aus dem Sediment der weitgehend vergessenen Kindheit ragen. Sie können ergänzt werden durch die Beschreibung des Elternhauses. Der Vater arbeitete als leitender Angestellter. Die Mutter versorgte zusammen mit seiner Schwester den großen Haushalt. Ich wurde im Dezember 1943 geboren und wuchs mit vier Geschwistern auf. Ein Bruder und die Schwester waren älter als ich, zwei Brüder jünger.

Die Familie war pietistisch geprägt. Sonntäglicher Kirchgang, Morgen-, Abend- und Tischgebete waren so selbstverständlich wie die früh ausgesprochene Forderung, den Körper zwar sauber zu halten, ihn im übrigen aber zu ignorieren. Weder den Vater noch die Mutter habe ich je als Mann oder als Frau erlebt, sondern immer nur in ihrer elterlichen Funktion.

Diese nahm in ihrer Vermischung von Menschlichem, Kirchlichem und Göttlichem gelegentlich eine groteske und sogar grausame Form an. Es konnte geschehen, daß das eine mit dem anderen gleichgesetzt wurde. Menschlicher Wille wurde dann zum göttlichen Gesetz.

So etwa, als die Eltern Anfang der sechziger Jahre erfuhren, daß ich, damals 18jährig, eine Freundin hatte. Dies, meinten sie, sei eine Schande für sie und eine Sünde. In diesem Alter hatte man noch keine Freundin zu haben.

Eine Stunde mochten ihre nächtlich unter der Haustür geführten Vorhaltungen gedauert haben. Mir schien diese Zeit, in der ich nichts erklären, mich nicht wehren durfte, wie eine Ewigkeit. Am bitteren Geschmack, den diese Erinnerung noch heute trägt, ändert auch die Tatsache nichts, daß das Mädchen später an der sonntäglichen Kaffeetafel der Familie sitzen durfte.

Damals hatte ich in der Firma, in der auch der Vater arbeitete, eine kaufmännische Lehre begonnen. Die Ableistung des Wehrdienstes folgte, und in den weiteren Jahren arbeitete ich mich in verschiedenen Firmen über Assistenten- und Außendienstpositionen bis zum Verkaufsleiter hoch.

Fast während meines gesamten Berufslebens hatte ich mit Mode zu tun. 1980 machte ich mich mit einer Handelsvertretung für hochwertige Damenoberbekleidung selbständig. Diese Agentur mußte ich allerdings vier Jahre später aufgeben, weil sie sich wirtschaftlich nicht als tragfähig erwies. Seit diesem Zeitpunkt bin ich in einem Modehaus beschäftigt.

Es ist sicher nicht so, daß mich die familiären Verhältnisse oder irgendeines der als negativ empfundenen Ereignisse in meinem beruflichen oder privaten Leben hätten zur transsexuellen Person werden lassen; während vieler Jahre fühlte ich mich, wenngleich unwohl, durchaus als Mann. Sie trugen aber dazu bei, daß ich mich immer wieder fragte, wer und was ich sei.

Unbefriedigend verlief das erste Sexualerlebnis mit einer Frau. Ich lebte nach einer sehr schroffen Trennung vom Elternhaus und dem Freundeskreis im Ruhrgebiet und sorgte mich, daß ich möglicherweise homosexuell sei. Meine Freundschaften verliefen anders als die, die ich in meiner Umwelt erlebte. Ich war nicht glücklich.

Ich fragte mich, ob ich überhaupt mit einer Frau schlafen könne. Deshalb suchte ich ganz bewußt die Bekanntschaft und das intime Zusammensein. Doch das, was beim ersten Mal sicher mit Nervosität verbunden war, im übrigen aber doch hätte lustvoll sein müssen, verwirrte mich so, daß ich flüchtete.

Drei oder vier Jahre vergingen, in denen ich in erster Linie für den Beruf lebte und im privaten Bereich nie frei von dem Gedanken war, mit mir stimme etwas nicht. Der Wunsch, endlich normal wie andere Männer zu leben, wurde heftiger, und um mir zu beweisen, daß ich's könne, heiratete ich im Jahr 1971. Daß meine Frau ein Kind mit in die Ehe brachte, war mir recht. Ich gewann den damals dreijährigen Jungen schnell lieb, und wir konnten trotz der inzwischen bei mir festgestellten Zeugungsunfähigkeit eine Familie sein.

Doch nach ein paar Jahren lebten wir uns auseinander. Ich konnte damals aus beruflichen Gründen oft nur die Wochenenden zu Hause verbringen und betrachtete dies sogar als einen Vorteil. Damit war ich wenigstens teilweise der Last enthoben, Ehemann, Hausherr, Gastgeber sein zu müssen.

Bis zum ersten Gedanken, ich sei vom Wesen her gar kein Mann, vergingen allerdings noch weitere vier Jahre. Als diese Erkenntnis sich schließlich doch durchsetzte, schien ich ins Bodenlose zu stürzen. Wenn nicht Mann, was dann? Zwar kleidete ich mich inzwischen heimlich und mit schlechtem Gewissen immer wieder weiblich, aber war ich deshalb eine Frau?

Erst der Bericht in einer Zeitung über einen Geschlechtswechsel brachte mich weiter. War ich etwa transsexuell? Ich fertigte eine Fotomontage mit einem Portrait von mir und einer Modeaufnahme aus einer Zeitschrift an. Mit dem Ergebnis war ich nicht unzufrieden, und je mehr ich mir's überlegte, desto eher konnte ich mir vorstellen, Frau zu sein und als solche zu leben. Dies, ich wurde mir immer sicherer, war das Ende meiner Not, mich Tag für Tag mit einer Rolle zurechtfinden zu müssen, die mir nicht entsprach und der ich nicht gewachsen war. Danach ließ ich mir durch den Hausarzt Progynon verschreiben.

Hätte ich darüber nur mit meiner Frau sprechen können, so wäre ihr sehr viel Leid und Not erspart geblieben. Ich schaffte es zu der Zeit nicht. Sie erfuhr, wie es um mich stand, aus meinem Tagebuch, in dem sie, wohl durch mein Verhalten unsicher geworden, las.

Der Schock, den sie erlitt, war so groß, daß sie versuchte, sich das Leben zu nehmen. Sie konnte glücklicherweise und ohne bleibenden körperlichen Schaden gerettet werden. Auch psychisch erholte sie sich wieder.

Nach ihrer Entlassung aus dem Krankenhaus begannen wir eine psychologische Paartherapie, die sie nach wenigen Stunden abbrach. Ich dagegen führte die Gespräche mit der Psychologin weiter. Ich wollte endlich wissen, wie's um mich stand.

Meine Frau und ich trennten uns. Ich nahm mir eine kleine Wohnung in einem Nachbarort. 1983 wurden wir geschieden. Zuvor schon, im Sommer 1982, lernte ich meine spätere zweite Frau kennen. Ich besuchte sie aus geschäftlichen Gründen, und wir unternahmen gemeinsam Reisen zu internationalen Modemessen.

Schon während unserer ersten Begegnung hatte ich ihr erzählt, ich sei transsexuell. Sie störte sich zunächst nicht daran und bestärkte mich sogar. Wir hatten damals noch keinerlei Absicht, unsere Bekanntschaft über die geschäftlichen Belange und religiöse und philosophische Gespräche hinaus auszudehnen.

Schließlich wechselte ich doch meinen Wohnsitz und zog zu ihr. Ich versuchte, mich als androgynes Wesen, als Mann mit femininen Zügen und ohne Progynon zu akzeptieren.

Auf ihren Wunsch zu heiraten ging ich nur zögerlich ein. Ich hatte Angst, gab ihm aber schließlich nach, weil ich diesen warmherzigen, lieben und gebildeten Menschen nicht verlieren wollte. Wir trafen im Herbst 1983 alle Vorbereitungen und feierten im Kreis einer großen und internationalen Gästeschar ein mehrtägiges Hochzeitsfest, das ihrer Herkunft entsprechend weitgehend indisch ausgerichtet war.

Das beklemmende Gefühl, das sich in mir breitgemacht hatte, mißachtete ich, bis es am Abend des Hochzeitstages durchbrach. Ich bekam Schüttelfrost und mußte mich ins Bett legen. Ein unter den Gästen befindlicher Arzt versorgte mich mit Aspirin. Ihm sagte ich, daß ich an einer Erkältung leide.

Tatsächlich wollte ich diesen Zusammenbruch nicht als Menetekel verstehen. Ich hoffte zunächst inständig darauf, daß Gott mir die Kraft geben werde, androgyn und verheiratet zu sein. Doch trotz aller Liebe, Zuneigung und Zurückhaltung seitens meiner Frau ließ sich mein Wunsch, Frau zu sein, nicht unterdrücken. Ich ließ mir erneut Progynon verschreiben, setzte dann das Medikament aber wieder ab, um die Ehe nicht zu gefährden. Monate später wiederholte sich der Vorgang. Mein Gebet wurde offensichtlich nicht erhört.

Wie oft habe ich mir damals gewünscht, tot zu sein. Ich sah im Geiste die einsame Stelle im Wald, an der ich sterben, das Tau, mit dem ich mir den Atem abschneiden wollte.

Tatsächlich habe ich nie einen derartigen Versuch unternommen. Ich wußte, daß mein Leben, wie immer es auch verlaufen sollte, in Gottes Hand lag. Es war seine Sache, mich leben oder sterben zu lassen. Da er letzteres nicht geschehen ließ, so war er auch für das andere, das Nicht-tot-Sein, verantwortlich. Fairerweise mußte ich, da ich mich ihm so vollkommen überließ, ihm auch zugestehen, daß er die Art meines Seins bestimmte.

Mitte 1985 fühlte ich, daß ich's auf Dauer nicht schaffen würde, in der Rolle des Mannes zu leben. Ich liebte meine Frau, wir verstanden und ergänzten uns in vielen Bereichen, nur war ich nicht imstande, ihr Mann zu sein. Ein derartiges Leben durfte ich ihr nicht zumuten, wenn ich vermeiden wollte, daß sie schließlich mit mir zugrunde ging. Ich trennte mich von ihr. Der Schmerz über das Auseinandergehen war auf beiden Seiten unbeschreiblich.

Es dauerte danach immerhin noch eineinhalb Jahre, bis ich mich aktiv um eine Angleichung des Körpers an das innerlich erfühlte Geschlecht kümmern konnte. 1987 wandte ich mich wegen des für die geschlechtsangleichende Operation notwendigen psychologischen Gutachtens an die Psychosomatische Klinik der Universität Heidelberg.

Ich hatte Angst davor. In einschlägiger Fachliteratur hatte ich gelesen, daß Transsexuelle sich zeit ihres Lebens im falschen Körper wähnten. Ich dagegen wußte dies erst seit ein paar Jahren. Würde mir ein Gutachter glauben, daß ich trotzdem transsexuell und nicht transvestitisch veranlagt oder schlicht verrückt war? Würde ich danach wenigstens wieder heimfahren können und nicht irgendwo in einer geschlossenen Abteilung der Psychiatrie landen? Mir verschlug's zu Beginn der ersten Unterhaltung mit dem Psychologen die Sprache. Nur mühsam krächzend konnte ich deutlich machen, warum ich um ein Gespräch gebeten hatte.

Am Ende dieses Besuchs in der Psychosomatischen Klinik war ich mit einer Beobachtungszeit und Gesprächen in vierwöchigem Abstand einverstanden. Als Mindestdauer nannte der Therapeut ein Jahr. Er legte sich verständlicherweise nicht fest. In dieser Zeit hatte ich immer wieder den Eindruck, alles allein tun zu müssen, keine Hilfe zu bekommen. Wie richtig und notwendig dieses Allein-tun-Müssen ist, verstehe ich heute. Andererseits erwiesen sich die monatlichen Termine in Heidelberg auch als rettende Zieldaten. »Bis zum nächsten Gespräch hältst du noch durch«, sagte ich mir, wenn das Warten auf den Rollenwechsel oder den Beginn der Hormontherapie zu schwer werden wollte.

Anfang 1988, das Beobachtungsjahr neigte sich dem Ende zu, unternahm ich einen Versuch, die Geschlechtsrolle in der Öffentlichkeit zu wechseln. Ich brach ihn ab, weil mich Bewerbungsfotos trotz androgyner Frisur und Make-up zu maskulin zeigten. Unter diesen Umständen sah ich auch keinen Sinn darin, die therapeutischen Gespräche in Heidelberg weiterzuführen, und hörte damit auf.

Es ließ mir allerdings keine Ruhe, daß ich in einem Fragebogen der Klinik meine Fähigkeit zu lieben negativ bewertet hatte. Stimmte das? Ich hatte zwar meinen zwei Ehefrauen sehr großes Leid zugefügt, konnte ich deshalb aber nicht lieben? Ich bat erneut um einen Gesprächstermin und fuhr fortan wieder jeden Monat zur Therapie.

Mit dem geteilten, androgynen Leben schien ich in den folgenden Monaten zunehmend besser zurechtzukommen. Den Wunsch, auch öffentlich als Frau zu leben, empfand ich während des restlichen Jahres nicht so stark, daß er mich zu entsprechender Aktivität gezwungen hätte.

Ich maß auch einem Traum, den ich zu Beginn des Jahres 1989 hatte, zunächst noch keine große Bedeutung zu, obgleich er mich innerlich beschäftigte. Sein Inhalt: Ich befinde mich zu einem Gottesdienst im Freiburger Münster. Der Erzbischof betritt die Kanzel. Er ist jedoch nicht allein. Eine Frau begleitet ihn. Der Erzbischof sagt, nicht er, sondern die Frau werde predigen.

Erst später verstand ich, daß der Traum meine Transsexualität zum Thema hatte und auf eine Veränderung hindeutete, doch sah ich keine Möglichkeit dazu. Ich war seit dem mißglückten vorjährigen Versuch nicht femininer geworden und wartete ab.

Kurze Zeit später sollte in der Endokrinologischen Ambulanz der Universitätsklinik in Heidelberg durch eine Untersuchung festgestellt werden, ob meine früheren Hormoneinnahmen Einfluß auf ein Ekzem und starken Haarausfall gehabt haben könnten. Ich berichtete dem behandelnden Arzt aus meiner Vergangenheit, und er fragte, ob ich denn noch weiterhin als Frau leben wolle. Ich bejahte und erklärte ihm auch, daß mich mein Aussehen davon abhalte, die Geschlechtsangleichung zu betreiben. Ich wollte keinesfalls zur Tunte werden. Manche meiner Bedenken verstand er zu zerstreuen, so daß ich neuen Mut faßte. Er verschrieb mir die Medikamente Diane und Adrocur. Damit hatte, ohne daß ich darum bat, meine Hormontherapie begonnen.

Einen neuerlichen Versuch, öffentlich als Frau aufzutreten, unternahm ich im März anläßlich meiner Heidelberger Therapiestunde. Ich wurde in der neuen Rolle akzeptiert. Niemand nahm besonders Notiz von mir. Ich fiel nicht unangenehm auf. Überglücklich betrachtete ich mich abends nach meiner Rückkehr im Spiegel. »Ist's das? – Bin ich so als Frau?« fragte ich mich und schnitt Grimassen, um das strahlende Gesicht wenigstens einigermaßen dem alltäglichen Aussehen näherzubringen.

Danach wandte ich mich mit der Bitte an meinen Arbeitgeber, innerhalb der Firma als Frau arbeiten zu dürfen. Er stimmte zu. Also ging ich morgens zum Friseur und kaufte nachmittags zusammen mit einer Kollegin Röcke und Blusen. Am folgenden Tag, es war der 19. April, begann mein Leben als Frau.

Ich war unbeschreiblich glücklich, daß es mir nach so vielen Schwierigkeiten, nach all den Jahren des Suchens gelungen war, das Äußere dem Inneren näher zu bringen. Zwar war ich noch nicht operiert, und der Busen glich damals nur dem eines jungen Mädchens, ich konnte aber, ohne Spott und Abscheu zu riskieren, öffentlich auftreten.

Die Wartezeit bis zur Operation, ein Jahr war mit dem Psychotherapeuten vereinbart, verlief gut und schnell. In dieser Zeit beantragte ich die Vornamensänderung und bekam diese noch so rechtzeitig zugesprochen, daß ich im Mai 1990 mit den neuen, weiblichen Vornamen ins Diakonissenkrankenhaus Mannheim zur geschlechtsangleichenden Operation durch Professor Wolf Eicher einziehen konnte.

Die Operation verlief gut. Der Krankenhausaufenthalt dauerte drei Wochen, und ich fühlte mich dort bestens betreut und versorgt. Hinterher zu Hause war's schwieriger. Die Heilung schritt langsamer voran, als ich erwartet hatte, und das notwendige Bougieren war über Wochen mit enormen Schmerzen verbunden. Zunächst fiel es mir auch sehr schwer, zu gehen und zu sitzen. Inzwischen fühle ich mich deutlich besser.

Ich freue mich über mein neues Aussehen. Der Körper und das Gesicht sind, nicht nur durch die chirurgische Veränderung, in den zurückliegenden Monaten noch femininer geworden. Endlich stimmt das innerlich Erlebte mit dem äußeren Geschlecht auf die bestmögliche Art überein.

Tina . . .
Operiert in Casablanca

Lebensgeschichte der Prostituierten Tina

Ich bin 1950 im Saarland geboren. Was Familie ist, habe ich nie erlebt. Meine Mutter war lungenkrank und mußte immer wieder ins Krankenhaus. Als ich zwölf war, ist sie gestorben. Mein Vater ging arbeiten. Meine beiden älteren Brüder wuchsen bei einer Tante auf. Ich lebte bei der Oma. Als Kind war ich schon sehr mädchenhaft. Cowboy und Indianer wollte ich nie spielen, lieber Vater, Mutter, Kind. Puppen fand ich toll, handarbeiten, sticken. Ich bin oft von den Kameraden gefoppt worden und habe mitgemacht bei ihren Streichen. Ich wollte ja nicht als Angsthase und Weichling gelten. Also habe ich mit ihnen Fahrräder geklaut, wenn es sein mußte. Am schönsten war für mich immer der Fasching. Da konnte ich mich als Mädchen verkleiden, konnte auf Bälle gehen und mittanzen. Mit zwölf, dreizehn habe ich mir die Haare schwarz gefärbt. Ich war ein femininer Typ. Die Freunde haben mir weibliche Vornamen gegeben, haben mich Monika oder Gina Lollobrigida gerufen. Mein Lehrer hat mir am Ende der neunten Klasse gesagt, ich könne in meinen Lebenslauf reinschreiben: »Mit 14 schminkte ich mich und färbte mir die Haare.«

Ich war Meßdiener. Ich habe mich nicht richtig als Frau gefühlt. Aber ich habe schon gemerkt, daß etwas nicht stimmt. In der Pubertät, als alle anderen mit ihren kleinen Liebschaften anfingen, hatte ich kein Interesse am anderen Geschlecht. Aber ich habe auch mit den anderen vor der Tür rumgestanden und mit den Mädchen geredet.

Nach der Schule hat mir mein Vater eine Lehrstelle in einem Stahlbetrieb besorgt. Werkzeugmacher sollte ich werden. Die Grundausbildung habe ich auch gemacht, aber lustlos. Und aufgefallen bin ich auch mit meinen langen Haaren. Es war zur Zeit der Beatles, da war ich nicht der einzige mit langer Mähne. Es hat sich bald abgezeichnet, daß ich zu diesem Beruf keine Lust habe. Ich habe die Lehre abgebrochen.

Zu dieser Zeit bin ich immer mit dem Zug von Blieskastel nach Homburg gefahren. Am Bahnhof ergaben sich die ersten Kontakte zu Männern, zu Homosexuellen. Mit 15, 16 Jahren habe ich mich in solchen Kreisen bewegt. Ich war sexuell erregt, habe aber immer eine total passive Rolle gespielt. Ich habe mir vorgestellt, ich sei ein Mädchen. Frauen hatten aus meiner Sicht eine passive Rolle zu spielen. Sexuell war bei mir alles in Ordnung, aber ich habe mich eben nur von Männern angezogen gefühlt, nie von Frauen, die haben mich kaltgelassen.

Nachdem ich meine Lehre abgebrochen hatte, habe ich gejobbt, mal im Sägewerk, mal in einer Mühle. Zwischendurch war ich arbeitslos. Eine Zeitlang hatte ich eine enge Beziehung zu einem älteren Mann. Der war Koch und hat eines Tages beschlossen, daß wir zusammen auf Saisonarbeit gehen. Ich bin mitgegangen und habe als Koch in Oberbayern gearbeitet, habe kochen gelernt und Salate zubereiten. Das hat mir sehr gefallen, viel besser jedenfalls als Werkzeugmacher oder Schlosser. Zu Hause hatte ich auch früher schon gekocht und den Haushalt gemacht, bei der Oma und bei der Tante. Das lag mir.

Eines Tages ist mir eine Zeitschrift in die Hände gefallen mit einem Bericht über Geschlechtsumwandlungen. Das hat mich nicht mehr losgelassen. Ich habe ihn immer wieder gelesen und gedacht: Du bist ja gar nicht homosexuell, du hast zwar Beziehungen zu Männern, aber fühlst dich als Frau. Ich dachte, es muß doch einen Weg geben, als Frau einen Mann zu lieben und das Maskuline in mir zu verdrängen. Nachdem ich diesen Bericht gelesen hatte, habe ich mir meine erste Perücke gekauft. Sie war billig, aber sie hatte lange Haare, und ich fand sie sehr schön. Nach Feierabend habe ich mich in mein Kämmerlein zurückgezogen, die Perücke aufgesetzt, ein bißchen mit Kosmetik herumprobiert, Lippenstift, Nagellack. Ich hatte damals zwei homosexuelle Freunde, die sich als Frauen verkleideten und in Saarbrücken auf den Autostrich gingen. Sie verwöhnten ihre Kunden mit französischer Liebe. Für mich war das unfaßbar, ich hatte wahnsinnige Angst, das zu machen.

Mein Bruder hatte inzwischen eine Bar eröffnet und sagte eines Tages, ich solle lieber bei ihm arbeiten als nur rumzuhängen. Damals hatte ich Streit mit meinem Freund, weil der mit anderen rummachte. Ich hatte so auf diesen Mann gebaut und war wahnsinnig enttäuscht. So kam eines zum anderen. Jedenfalls habe ich in der Küche aufgehört und bin als Buffetier zu meinem Bruder gegangen. Abends habe ich in der Bar bedient und nach Feierabend mich umgezogen, schön gemacht, geschminkt, verändert. Ich habe in einem kleinen Dorf gewohnt und mußte warten, bis es ganz dunkel war, bevor ich mich rausschleichen konnte. Das war jedesmal eine wahnsinnige Sache. Per Anhalter ging's dann nach Saarbrücken. Das war meist auch schon die erste Tour. Beim ersten Mal hatte ich noch Angst, denn das ist schon was, so aufzutreten und nichts zu haben, keinen Busen; aber danach ging's. Ich habe den Job als Kellner gehabt, und nachts bin ich auf den Strich gegangen. Finanziell ging es mir nicht schlecht.

Irgendwann ging ich in Saarbrücken spazieren, doll aufgemacht mit langen Haaren und Minirock und Stiefelchen, und da stand ein Mädchen an der Tür und sprach mich an. Ich hatte keine Ahnung, was die wollte, aber irgend etwas hat mich verunsichert und gleichzeitig begeistert. Auf einmal sagt die: »Ich bin genauso wie du, ich habe das gleiche Schicksal, ich arbeite hier in der Bar.« Die kam aus dem Elsaß, war von zu Hause abgehauen, arbeitete in der Bar und abends im Cabaret. Ich habe nicht fassen können, was da auf einmal ablief. In der Bar waren noch mehr Männer, die als Frauen angezogen waren und im Cabaret abends getanzt haben. Der Kontakt zu diesen Leuten hat mir unheimlich viel geholfen. Ich wußte bis dahin ja nicht so genau, was es alles gibt.

Damals habe ich meine erste Hormonspritze bekommen. Eine Bekannte hat sie aus Paris mitgebracht, illegal natürlich. Sie hat gesagt, die Spritze wäre gut, damit das mit meinem Busen mal in Ordnung kommt. Ich habe gedacht, ich könnte im Auto mal was mit Brust anbieten, das wäre nicht schlecht. Die ersten beiden Spritzen haben gleich gewirkt. Früher hatte mir mal jemand gesagt, ich solle viel Hähnchen essen, weil sie hormongespritzt sind. Monatelang habe ich nur Hähnchen gegessen. Sie sind mir fast oben rausgekommen. Ich dachte, das gäbe mir mehr Weiblichkeit. Das war natürlich Quatsch. Aber ich habe alles probiert. Zum Beispiel ein Brustmassagegerät, so eine Art Saugglocke, die angesetzt wurde. Es hat scheußlich weh getan, alles war verhärtet. Das war der Punkt, wo ich gesagt habe, dieses Leben kannst du nicht weiterführen, du mußt hier weg.

20 oder 21 bin ich damals gewesen. Ich hatte nicht gerade von der Hand in den Mund gelebt, hatte meinen Mercedes und ein paar Mark gespart. In meinem Kopf ging immer Hamburg rum, ein Stadtteil, der St. Pauli heißt, mit einer Ecke, wo genau solche Menschen sind wie ich. Ich habe also »aus, Schluß, vorbei« gesagt, mich in mein Auto gesetzt, bin nach Hamburg gefahren. Ich habe mir ein Hotelzimmer gemietet und bin als Frau eingezogen. Am nächsten Tag habe ich mir den Überblick verschafft, bin zu den besagten Stellen gegangen, Schmuckstraße, Talstraße, ein ganz berühmter Transvestitenstrich. Da habe ich gleich eine ältere Kollegin kennengelernt, die ich ausfragen konnte, weil ich doch neu war und mich nicht auskannte. Die hat mir ihr Apartment angeboten – für fünf Mark pro Freier. Ich habe schnell meine Kundschaft gehabt. Denen hat es gefallen, einen Transvestiten zu haben mit Brust und männlichen Geschlechtsteilen, die Kombination hat ihnen gefallen. Ich habe mir gedacht: Right, jetzt gibt es Männer, die dich akzeptieren als Frau, die dein kleines Übel in Kauf nehmen; aber die hundertprozen-

tige Befriedigung ist das auch nicht. Anfang der siebziger Jahre war das. Da wurden wir noch sehr diskriminiert. Was ich tat, war strafbar, das lief noch unter Unzucht mit Männern.

Zwei-, dreimal bin ich aufgegriffen worden. Da hatte ich Kripobeamte angesprochen, ob sie mitkommen und was erleben wollen. Sie haben mich gleich kassiert, mitgenommen zur Davidwache, über Nacht festgehalten, mich verwarnt. Der Ablauf war: dreimal Verwarnung, also Geldstrafe, danach Knast. Es gab zwei Möglichkeiten: Entweder ich gehe noch mal abends auf den Strich, und sie schnappen mich, und ich lande im Gefängnis, oder ich versuche, was ganz anderes zu machen, zum Beispiel tanzen. Viele Transvestiten oder Transsexuelle haben damals getanzt. Meine Freundin Helga hat mich gefragt, ob ich keine Lust hätte, ich hätte doch ein Auto, mit dem wir auf Tournee gehen könnten, von Cabaret zu Cabaret. Sie würde mir mit den Kostümen helfen.

Das war beschlossene Sache. Ich habe mir ein paar Kostüme gekauft und Fotos machen lassen, schöne Fotos. Bevor es losging, bin ich nach Berlin gefahren und habe meine Brust operieren lassen. Das mußte schon sein für einen Auftritt auf der Bühne. Damals gab es noch das berühmte Leichenfett als Implantat. Untenrum wurde mit Tricks und Raffinessen weggeklebt, was noch da war. Viel war es nicht mehr, durch die Hormone war eh alles verkümmert. Da ist sowieso nichts mehr gelaufen, es hat mich nicht interessiert. Auch wenn ich sexuellen Kontakt mit Männern hatte, diese Zone war tabu.

Jetzt wollte ich Nägel mit Köpfen machen. Meiner Freundin Helga hatte ich gesagt, drei Monate Tournee, drei Monate Geld auf die hohe Kante legen und dann ab nach Casablanca zur Operation. Ich hatte Informationen über die Klinik von Dr. Bourou, ich kannte die Konditionen. Ich habe den teuren Mercedes abgegeben und mir dafür einen neuen Simca 1300 special gekauft, der kostete damals 12000 bis 13000 Mark. Bevor das letzte Engagement abgelaufen war, bin ich zur Bank gegangen und habe gesagt: »Hören Sie mal zu, ich brauche ein paar Mark. Als Sicherheit kann ich Ihnen einen Fahrzeugbrief hinterlegen. Ich wollte mal fragen, ob Sie so lieb sind und mir einen kleinen Kredit geben, 20 000 Mark oder so.« Ich habe den Kredit bekommen, der Kfz-Brief war hinterlegt, es konnte losgehen.

Mein Bruder und seine Frau haben mich nach Frankfurt zum Flughafen gefahren, und ich bin nach Marokko geflogen. Bevor ich in die Klinik gestiefelt bin, habe ich einen Umweg über die deutsche Botschaft gemacht, clever, wie ich damals schon war. Ich habe meinen Paß hinterlegt und denen gesagt: »Ich gehe jetzt in diese Klinik und lasse eine Geschlechtsumwandlung vornehmen. Wenn ich mich bis zu einem bestimmten Zeitpunkt nicht bei Ihnen melde, gehen Sie bitte der Sache nach und sorgen dafür, daß meine Angehörigen in Deutschland Nachricht bekommen.« Das war ja damals eine Operation auf Leben und Tod. Ich glaube, es ist auch heute noch eine gefährliche Sache, obwohl die Medizin schon viel weiter ist.

Der Preis für die Operation war 16 000 Mark. Ich hatte dafür 8000 eingeplant. Tausend hatte ich in Reserve, gut versteckt, weil die Krankenschwestern im Ruf standen, während der Narkose alles zu durchsuchen und zu klauen wie die Raben. Mit dem Arzt habe ich prompt Streit gekriegt wegen des Geldes. Ich habe rumgeheult, daß ich nur die 8000 Mark hätte, und eine solche Szene gemacht, daß er mich dafür operiert hat. Sogar eine Quittung über diesen Betrag habe ich bekommen, was damals sehr selten war. Der Mann war gut im Geschäft. In dieser Klinik ging es zu wie in einem Taubenschlag. Die Transsexuellen kamen aus der ganzen Welt – aus Japan, den USA, aus Südamerika. Die Adresse war berühmt, nur durch Flüsterpropaganda. Es genügte angeblich schon, am Flughafen zum Taxifahrer den Namen zu sagen – Dr. Bourou –, und der wußte gleich Bescheid. So war's bei mir auch.

Am Abend gab es ein paar Untersuchungen, am nächsten

Morgen wurde ich operiert. Ich war überglücklich. Ich hatte alles soweit geregelt, daß die Operation entweder erfolgt oder nicht, gut verläuft oder nicht. Es war mir alles egal. Ich hatte zuvor auch in Deutschland versucht, eine Geschlechtsumwandlung machen zu lassen, aber dort war der Eingriff verboten. Der erste Arzt, der sich dazu hergegeben hätte, wäre sofort seine Lizenz losgewesen. Ich war dazu verurteilt, ins Ausland zu gehen, denn Bourou war der einzige Arzt, der so etwas machte. Ich war damals in einem Zustand, in dem mir alles zuzutrauen war. Wenn es keine andere Möglichkeit gegeben hätte, hätte ich mich wahrscheinlich vor eine Frauenklinik gestellt und hätte mir mit einem Rasiermesser da unten reingeschnitten. Ich hätte gesagt: »Macht, was ihr könnt«, hätte einen Zettel geschrieben: »Entweder macht mir die Operation oder laßt mich sterben.« Soweit ist es nicht gekommen.

Vier oder fünf Tage nur war ich in der Klinik. Dann waren die Narkosewirkungen vorbei, und man hat die ganzen Utensilien entfernt, mit denen die Scheide geformt wird. Ich bin ruckzuck mit dem Taxi zur Botschaft, habe meinen Paß abgeholt, denen gesagt, es sei alles in Ordnung. Über Paris bin ich zurück nach Frankfurt geflogen und mit dem Taxi zu meinem Bruder nach Homburg. Der Taxifahrer war der erste Mensch, dem ich von meiner Operation erzählt habe – ich mußte es irgend jemandem erzählen. Ich war so stolz.

Aber am fünften Tag schon entlassen zu werden, die Strapazen des langen Flugs und der Fahrt, das hat sich gerächt. Ich hatte eine schwere Infektion, weil sich alles entzündet hatte. Ich habe mich an die Frauenklinik der Universität Homburg gewandt, da war ein Oberarzt, Dr. Walther Rindt, der hat sich mit seinem Team fürsorglich um mich bemüht. Ich hatte ja keine Krankenversicherung und niemanden, der die Kosten für mich übernommen hätte. Aber Rindt hat mich gut behandelt. Es war alles wund, die Harnröhre funktionierte nicht richtig, ich konnte kein Wasser lassen. Jetzt wurde die Wunde richtig versorgt, was in Marokko aus Zeitgründen versäumt worden war. Denen ging es vor allem darum, immer neue Kundschaft zu bekommen und die Patienten so schnell wie möglich durchzuschleusen.

Als alles verheilt war, habe ich mit der Prostitution weitergemacht. Eine andere Möglichkeit sah ich nicht. Und die Kohabitationsfähigkeit war am Anfang auch nicht so doll. Mit einem Phantom habe ich jeden Tag meine Übungen gemacht, Gleitcreme benutzt, daß die angelegte Scheide nicht zusammenwachsen konnte. Es kam oft genug vor, daß Operierte trotz der Scheide keinen Verkehr mit einem Mann haben konnten, weil das Bindegewebe zu schnell zusammengewachsen war. Ich habe alles gemacht, östrogenhaltige Cremes benutzt, mir einen künstlichen Penis gekauft, mit zwei Fingern, mit einem Finger geübt.

1973 habe ich im Eros-Center angefangen. Da war ein Mädchen, das meine Geschichte kannte und den Mund nicht halten konnte. Abends wurde ich gerufen, da waren etwa dreißig Frauen, und die Mutter des Hauses hat mich gefragt, was es auf sich habe mit der Operation. Da habe ich nicht lang drumrum geredet. Das Haus wurde vom Gesundheitsamt überwacht, und um keinen Ärger zu kriegen, habe ich mir von der Frauenklinik ein Gutachten erstellen lassen. Darin stand, daß ich vom Habitus her Frau bin, daß keine männlichen Samen vorhanden sind. Danach konnte ich im Eros-Center bleiben, obwohl meine Papiere alle noch männlich waren. Aber der Paragraph 175 war nicht mehr anwendbar.

Damals gab es in Saarbrücken schon die Bockscheine mit Lichtbild. Das war das einzige Ausweispapier, das ich vorzeigen konnte. Darauf stand Ursula Christine. Das war mein ganzer Stolz: ein Papier, auf dem ich mit Namen und Foto als Frau stand, und wenn es auch nur der Bockschein war.

Irgendwann habe ich mich selbständig gemacht, und eines Tages bin ich dahin zurückgefahren, wo ich hergekommen bin, um meinen Vater wiederzusehen.

Ich bin vorgefahren, mordsmäßig aufgemacht, toll geschminkt, mit langen roten Haaren. Mein Vater und mein Onkel standen vor der Tür. Ich habe gegrüßt, und mein Vater hat mich gefragt, was ich denn suche. Vor lauter Verlegenheit habe ich so getan, als wolle ich bei den Nachbarn läuten. »Da ist niemand zu Hause«, hat mein Vater gesagt. Mein Onkel hat mich erkannt. Ganz aufgeregt hat er zu meinem Vater gesagt: »Arthur, komm rin, schnell, das ist sie!«

Ich habe meine ganze Geschichte erzählt, und mein Vater hat das sehr gut aufgenommen. Er hat mich sofort als Frau akzeptiert. Einer der Brüder hat sich da schon schwerer getan. Aber aufs Ganze hatte ich Glück mit meiner Familie.

Beim Standesamt in Blieskastel habe ich die Anträge auf Namensänderung und Eintragung ins Geburtenregister gestellt. Das lief gut. Als das gleiche Spiel in Saarbrücken über die Bühne gehen sollte, hat der Beamte Einspruch eingelegt gegen die Änderung im Geburtenregister. Mit einem blauen Auge habe ich schließlich meinen Paß bekommen. Es gab damals noch kein Gesetz, das solche Änderungen erlaubte. Viele von meinen Kolleginnen hatten Glück, weil die Beamten sich nicht auskannten und ihnen aus Freundlichkeit oder Unwissenheit ihre Papiere als Frauen gaben. In Amerika gab es sogar schon Frauen, die geheiratet hatten. In Deutschland war das alles ein bißchen problematischer. Ich hatte immerhin meinen Vornamen geändert, konnte als Frau auftreten, hatte an der Grenze keine Schwierigkeiten mehr wie früher, als ich ein weibliches Bild und männliche Vornamen im Paß hatte. Aber ich war schon über zehn Jahre Frau, bis ich auch die Änderung im Geburtenregister bekam.

Ich habe weiter angeschafft. Ich war vom Geld her auch verwöhnt, hier eine Wohnung und dort eine, hier ein Apartment und dort eines. Als ich meinen Mann kennengelernt habe, habe ich aufgehört. 1981 haben wir geheiratet. Vier schöne Jahre haben wir miteinander gehabt, dann haben wir uns getrennt. Inzwischen sind wir in beiderseitigem Einverständnis geschieden, haben aber immer noch guten Kontakt zueinander.

Die Geschlechtsumwandlung hat mir übrigens nicht genügt. Ich habe danach noch jede Menge Schönheitsoperationen machen lassen. Die Nase habe ich korrigieren lassen, die Augen, den Mund, ich wollte perfekt hoch drei sein. Mein erster Busen war hart geworden und fühlte sich unnatürlich an. Der kam weg, und ich habe mir eine schöne weiche Brust machen lassen. Gehalten hat die auch nicht, ich mußte wieder in die Klinik. Dann habe ich Tumore in der Leistengegend bekommen und muße siebzehnmal unters Messer. Die Krankenhausaufenthalte haben mich schwer zurückgeworfen, finanziell vor allem, und deshalb habe ich auch nie aufgehört mit der Prostitution.

Seit zwanzig Jahren bin ich jetzt Frau. Leicht war's nie. Am schlimmsten habe ich unter der Diskriminierung gelitten. Es tut mir heute noch weh, wenn jemand sagt: »Guck mal, die war mal ein Mann.« Aber im Grunde ist es mir egal. Die sich heute operieren lassen, sind auch noch schlimm dran, aber für die ist wenigstens juristisch alles klar. Wenn ich zehn oder 18 Jahre später auf die Welt gekommen wäre, hätte sich manches vermeiden lassen. Bestimmt hätte ich mich nicht so abdrücken lassen ins Milieu. Ich hätte vielleicht umgeschult zur Sekretärin, und die Operation hätte mir die Kasse bezahlt. Aber ich bereue nichts. Wahrscheinlich habe ich diese Erfahrungen alle machen müssen, um stark zu werden. Und das bin ich.

Aufgezeichnet nach Tonbandgesprächen zwischen Tina und Waltraud Schiffels.

URS DUDLE

Ergebnisse der Geschlechtsangleichung: Resultate, Grenzen, Konsequenzen

Ich möchte die Behandlungsresultate der Geschlechtsangleichung und deren Grenzen aufzeigen. Dabei interessiert nicht nur das rein körperliche Resultat, sondern auch die Lebensumstände, in welchen sich die operierten Transsexuellen befinden. Wenn wir die vielfältigen körperlichen, psychischen, sozialen und wirtschaftlichen Probleme der Transsexuellen in Betracht ziehen, so wird nur dieser ganzheitliche Ansatz der Situation einigermaßen gerecht. Im ersten beschreibenden Teil werden die Resultate nach folgenden Aspekten gegliedert dargestellt:

Alter
Psychisches Befinden
Rechtliche Aspekte
Bildung und wirtschaftliche Faktoren
Sexualität und Partnerschaft
Behandlungskomplikationen
Körperliches Resultat
Allgemeines Resultat

Die Ergebnisse stammen aus einer von mir am Berner Universitätsspital verfaßten Studie. Darin habe ich 18 Mann-zu-Frau- und elf Frau-zu-Mann-Transsexuelle untersucht, deren Geschlechtsumwandlungsoperation drei bis zwölf, im Mittel gut sechs Jahre zurücklag. Neben den eigenen Resultaten möchte ich aber auf die publizierten Ergebnisse anderer Zentren in Westeuropa und den USA verweisen.

Im zweiten Teil werden die Daten kritisch besprochen und ausgewertet. Dabei sollen auch die Grenzen der Behandlung aufgezeigt werden. Weiterhin stellt sich die Frage, welche praktischen Konsequenzen man daraus ziehen soll, sei das als selbst betroffener Transsexueller, als dessen Verwandter, Freund, Betreuer, Psychologe oder Arzt.

Resultate

Alter

Das Alter der Mann-zu-Frau-Transsexuellen bei der Operation betrug durchschnittlich 31 Jahre und schwankte zwischen 21 und 55. Bei den Frau-zu-Mann-Transsexuellen betrug es im Mittel 25 und schwankte zwischen 18 und 37. In vielen Studien finden sich ähnliche Angaben. In den letzten Jahren ist das Operationsalter der Patienten eher gesunken. In den sechziger und siebziger Jahren bestand ein großes Nachholbedürfnis für die Betroffenen, da Operationen vorher selten waren und auch das Bewußtsein für sexuelle Identitätsstörungen in der Bevölkerung gering war. Das hat sich deutlich geändert, und die Transsexuellen werden sich häufig schon in der Adoleszenz oder noch früher ihres Leidens klar bewußt. Diese Tendenz ist erfreulich, erspart sie doch den Betroffenen einen langen Leidensweg. Darüber hinaus sind auch die Resultate bei jungen Patienten meist besser. Die Verweiblichung oder Vermännlichung durch die Hormone ist vollständiger, die Wundheilung ist besser, das Operations- und Komplikationsrisiko ist tiefer und die psychische Anpassungsfähigkeit größer. Zunehmendes Alter ist sicherlich ein Hindernis für eine erfolgreiche Geschlechtsumwandlung, wenn auch kein absolutes.

Psychisches Befinden

Es ist auffällig, daß viele Transsexuelle neben dem Transsexualismus noch andere psychische Leiden zeigen. In meiner Studie litten vor der Operation die Hälfte der Mann-zu-

Frau- und ein Drittel der Frau-zu-Mann-Transsexuellen an schweren oder mäßig schweren psychischen Symptomen. Nach der Operation haben sich von diesen Patienten bei den Mann-zu-Frau-Transsexuellen je ein Drittel in ihrem Befinden verbessert respektive verschlechtert, während sich bei den Frau-zu-Mann-Transsexuellen die Hälfte verbesserte und keine Verschlechterungen vorkamen. Zwei Mann-zu-Frau-Transsexuelle hatten zeitweise Wahnideen. Auch andere Studien belegen die Häufigkeit von seelischen Störungen bei Transsexuellen. Weshalb das so ist, weiß niemand genau. Zum einen ist das Leiden an der Transsexualität ein Faktor, der zusätzliches Leiden hervorruft und leicht Symptome wie Angst und Depression bewirken kann. Zum anderen muß man annehmen, daß die Transsexuellen als Kinder mit ihrer Umwelt in einen derartigen Konflikt geraten sind, daß sie ein anderes Geschlechtsbewußtsein entwickeln mußten als jenes, welches ihrer biologischen Natur entsprochen hätte. Es ist durchaus möglich, daß diese Konflikte noch andere Teile der Persönlichkeit in Mitleidenschaft gezogen haben. Wie dem auch immer sei, es ist eine allgemein anerkannte Tatsache, daß Transsexuelle deutlich häufiger an psychischen Problemen leiden und daß diese Situation sich auch nach der Operation nicht immer oder nur teilweise verbessert.

Immerhin hat sich die Stimmung der meisten Transsexuellen nach der Geschlechtsangleichung aufgehellt. Dies bestätigt auch ein Blick auf die Rate der Selbstmordversuche. Zehn von den 18 Mann-zu-Frau-Transsexuellen meiner Studie hatten vor der Operation einen Selbstmordversuch verübt. Nach der Operation waren es lediglich deren vier. Beim Gegengeschlecht zeigte sich ein Rückgang von zweien vor auf einen nach der Operation. Im Vergleich zu anderen Studien liegen diese Werte für die Mann-zu-Frau-Transsexuellen etwas hoch. Die Tatsache, daß keinem der in Bern betreuten Transsexuellen bisher ein Selbstmordversuch gelungen ist, legt den Schluß nahe, daß diese Menschen auch

nicht wirklich sterben wollten. Vielmehr dürften die Selbstmordversuche ein Ausdruck von verzweifelter Hilflosigkeit
und ein Appell an die Umwelt gewesen sein. Motiv für die
Selbstmordversuche war vor der Operation vor allem die
Transsexualität, während es danach vorwiegend Bezie-
hungskonflikte waren.

Drogen- und Alkoholmißbrauch fanden sich in meiner
Studie vor der Operation bei fünf und danach noch bei drei
Mann-zu-Frau-Transsexuellen und bei den Frau-zu-Mann-
Transsexuellen bei einer Patientin vor der Geschlechtsan-
gleichung. Auch diese Quoten liegen über dem Durch-
schnitt der Normalbevölkerung.

Das psychische Wohlbefinden der Transsexuellen ist sowohl vor wie auch nach der Operation bei vielen, wenn auch
nicht allen Betroffenen deutlich beeinträchtigt. Bei den Frau-
zu-Mann-Transsexuellen sind die Störungen eher seltener
und leichter als beim Gegengeschlecht. Am Charakter einer
Person vermag die Geschlechtsumwandlung kaum etwas zu
verändern, und es zeigt sich immer wieder, daß die Probleme eines Transsexuellen vor und nach der Operation die-
selben sind. Die Geschlechtsangleichung bringt wohl eine
Erleichterung mit sich, kann aber die psychischen Leiden
und Probleme oft nur unwesentlich beeinflussen.

Rechtliche Aspekte

In der Schweiz ist der juristische Geschlechtswechsel dank
der flexiblen Rechtsprechung schon seit den fünfziger Jahren relativ problemlos. Voraussetzung dafür ist jedoch vorher die operative Entfernung der Hoden bei Mann-zu-Frau-
und der Eierstöcke mit der Gebärmutter bei Frau-zu-Mann-
Transsexuellen. Praktisch alle 29 Untersuchten in meiner
Studie hatten somit auch rechtlich ihr Geschlecht geändert.
Zwei Ausländer allerdings hatten sich deshalb in der
Schweiz einbürgern lassen, da sie die Personenstandsänderung in ihrem Heimatland wohl nicht innerhalb einer ver-

nünftigen Frist erreicht hätten. In der Bundesrepublik Deutschland ist erst durch das Inkrafttreten des Transsexuellen-Gesetzes 1980 der juristische Geschlechtswechsel möglich geworden. Vorher waren die Transsexuellen bei allem, was offizielle Papiere brauchte, wie etwa bei der Arbeitssuche, mit großen Problemen konfrontiert. Für die Betroffenen, welche eine Personenstandsänderung in Betracht ziehen, ist es sicher lohnend, sich frühzeitig über die rechtliche Regelung im Heimatstaat zu informieren.

Zwei der untersuchten Mann-zu-Frau-Transsexuellen meiner Studie waren bevormundet, und je einer beiderlei Geschlechts hatte einen Rechtsbeistand. Gründe dafür waren mangelnde Intelligenz, psychische Störungen und zunehmende Verwahrlosung.

Wegen krimineller Handlungen bestraft waren vor der Geschlechtsumwandlung neun der 18 untersuchten Mann-zu-Frau-Transsexuellen, danach waren es noch zwei. Bei den elf Untersuchten des Gegengeschlechts waren es je einer vor und nach der Operation. Die Vergehen waren jedoch in keinem Falle schwer, standen aber wohl nur in einem Fall in direktem Zusammenhang mit dem Transsexualismus. Andere Autoren geben den Anteil von straffälligen Mann-zu-Frau-Transsexuellen vor der Operation zwischen 0 und 37 Prozent an. Beim Gegengeschlecht liegt er viel tiefer. Auch wenn die Zahlen stark auseinander liegen, so besteht sicherlich kein Zweifel, daß die Mann-zu-Frau-Transsexuellen auch in dieser Hinsicht ein größeres Risiko haben, in eine soziale Randgruppe zu fallen. Inwieweit der soziale Druck (Ächtung, Arbeitslosigkeit) oder die charakterliche Disposition für die vermehrte Straffälligkeit verantwortlich ist, läßt sich nicht abschätzen.

Bildung und wirtschaftliche Faktoren

Von den 18 Mann-zu-Frau- und elf Frau-zu-Mann-Transsexuellen meiner Studie hatte lediglich einer eine höhere Berufsschule abgeschlossen, keiner aber ein Gymnasium oder ein Hochschulstudium. Zwar besuchten einige Transsexuelle nach der Operation Kurse zur beruflichen Fortbildung, doch wurde dadurch das Bildungsniveau nur unwesentlich angehoben. Auch beruflich herrschten in meiner Studie wie auch in anderen Studien bescheidene Arbeiter- und Angestelltenverhältnisse vor, die sich nach der Geschlechtsangleichung nur unwesentlich veränderten. Gegenüber den Eltern der Transsexuellen zeigte sich ein leichtes Absinken im Berufsstatus. Eine bekannte amerikanische Studie hat allerdings ein ungefähr gleiches Niveau wie bei den Eltern gezeigt. Ein bescheidener Berufsstatus der Transsexuellen wird aber praktisch von allen Forschungsautoren bestätigt. Man sollte allerdings nicht vergessen, daß solche Einteilungen problematisch sind. Ein hohes Berufsniveau bürgt nämlich letztlich nicht für eine bessere Lebensqualität.

Die Arbeitssituation hatte sich laut meiner Studie bei sieben Mann-zu-Frau- und bei drei Frau-zu-Mann-Transsexuellen verbessert und nur bei dreien, respektive einer hatte sie sich nach der Operation (allerdings zum Teil massiv) verschlechtert. Eine Verbesserung bedeutet, daß die Betroffenen längere, konstantere Arbeitsverhältnisse eingehen konnten, interessantere Arbeit verrichteten oder besser für ihren Selbstunterhalt aufzukommen vermochten. Auch andere Studien konnten zwischen 65 und 14 Prozent Verbesserungen in diesem Bereich vermelden, wobei sich gleichzeitig aber auch Verschlechterungen in zwischen 0 und 31 Prozent der Fälle ergaben. Einige Transsexuelle erhielten meist aus psychiatrischen Gründen eine Invalidenrente zugesprochen. Aufs Ganze gesehen läßt sich doch eine leichte bis mäßige Verbesserung der beruflichen Lage bei den Transsexuellen nach der Geschlechtsangleichung beobachten.

Sexualität und Partnerschaft

Vor der Operation ist die Partnerwahl bei den meisten Transsexuellen auf das eigene biologische Geschlecht ausgerichtet. Von der Erscheinungsform her wäre das homosexuell, wobei allerdings das Empfinden der Transsexuellen ein »heterosexuelles«[1] ist. Nicht wenige, vor allem Mann-zu-Frau-Transsexuelle, haben aber vorher versucht, mit gegengeschlechtlichen Partnern zurechtzukommen, und waren teilweise gar verheiratet. Nach der Operation sind die Frau-zu-Mann-Transsexuellen in ihrer Partnerwahl ausschließlich auf Frauen ausgerichtet. Bei den Mann-zu-Frau-Transsexuellen aber zeigte es sich in unterschiedlichem Maße, daß bis zu einem Drittel Intimkontakte mit Frauen hatte und sich als mehr oder weniger »lesbisch« oder bisexuell[2] empfand.

In älteren Studien wurde die Auffassung vertreten, der Sexualtrieb der Transsexuellen sei meist unterentwickelt. Im Zug der gesellschaftlichen Wandlung scheint es aber heute eine Minderheit zu sein, welche wenig sexuellen Drang verspürt. Durch die Geschlechtsangleichung mit ihren neuen Möglichkeiten nimmt der sexuelle Appetit bei vielen Transsexuellen zu. Entsprechend zeigte sich in den meisten Studien nach der Operation eine größere partnerbezogene sexuelle Aktivität.

Trotz des schweren operativen Eingriffs waren nach der Geschlechtsangleichung mindestens zwei Drittel der Mann-zu-Frau-Transsexuellen meiner Studie orgasmusfähig. In anderen Studien betrug die Orgasmusfähigkeit zwischen 20 und 100 Prozent. Zumindest bei der Anwendung von modernen Operationstechniken dürfte beim Gelingen des Eingriffs die rein körperliche Möglichkeit zum Orgasmus so gut wie immer gegeben sein. Bei den elf Frau-zu-Mann-Transsexuellen meiner Studie berichteten mindestens acht über einen Orgasmus. Bei beiden Geschlechtern nahm die sexuelle Befriedigung nach der Operation deutlich zu.

188

Zum Teil schon vor, häufiger aber nach der Operation zeigten viele Mann-zu-Frau-Transsexuelle eine kürzer oder länger andauernde Phase von häufigem Sexualpartnerwechsel. Vielfach bestand bei den Betroffenen ein sexuelles Nachholbedürfnis und der Wunsch, die neu geschaffenen körperlichen Möglichkeiten auszuprobieren. Eine Extremform davon ist die Prostitution. In deutlicher Übereinstimmung findet sich unabhängig von der Geschlechtsumwandlungsoperation in den meisten Studien ein Anteil von einem Fünftel bis zu einem Drittel der Mann-zu-Frau-Transsexuellen, welche zumindest zeitweise in der Prostitution arbeiteten. Neben finanziellen Interessen scheint auch die Bestätigung in der neuen Geschlechtsrolle eine wichtige Motivation dafür gewesen zu sein. Bei den Frau-zu-Mann-Transsexuellen hingegen sind häufiger Partnerwechsel und Prostitution selten.

Nicht wenige, vorwiegend Mann-zu-Frau-Transsexuelle, waren vor dem Geschlechtsrollenwechsel verheiratet und hatten eventuell gar Kinder. Manche von ihnen pflegten auch nach der Operation Kontakte zu ihren Kindern, welche in praktisch allen Fällen beim Expartner verblieben waren. Vor allem bei den Frau-zu-Mann-Transsexuellen zeigte sich in meiner Studie eine deutliche Tendenz zu stabileren Paarbeziehungen nach dem Geschlechtsrollenwechsel. Von beiden Geschlechtern hatten je deren vier in der neuen Geschlechtsrolle geheiratet. Zwei der Frau-zu-Mann-Transsexuellen hatten Kinder, welche ihren Ehefrauen entweder durch einen anderen Geschlechtspartner oder durch Samen einer medizinischen Samenbank gezeugt worden waren. Von den Mann-zu-Frau-Transsexuellen hatte keiner Kinder adoptiert, was durchaus möglich gewesen wäre. Eine lebte jedoch mit den Kindern ihres Gatten im selben Haushalt. Interessant ist die Tatsache, daß einige Lebensgemeinschaften auch schon vor der Operation bestanden hatten und danach weitergeführt wurden. Die gegenwärtig vorhandenen Zahlen einiger Studien zeigen, daß etwa die Hälfte aller Mann-zu-Frau-Transsexuellen mit einem Partner in einer längerfristigen Wohngemeinschaft leben oder lebten. Beim Gegengeschlecht scheint der Anteil etwas höher zu liegen.

Zusammenfassend läßt sich sagen, daß die Transsexuellen von der Geschlechtsangleichung im sexuellen Bereich deutlich profitieren. Die partnerschaftliche Situation scheint sich vor allem bei den Frau-zu-Mann-Transsexuellen zu verbessern. Stabile Lebensgemeinschaften dürften aber nicht ganz so häufig wie bei der Normalbevölkerung sein.

Behandlungskomplikationen

Die hormonelle Behandlung wird im allgemeinen gut vertragen. Mitunter können aber bei den Mann-zu-Frau-Transsexuellen Nebenwirkungen wie bei der Pille zur Schwangerschaftsverhütung auftreten, wie etwa Kopfschmerzen. Man weiß, daß Frauen, welche rauchen und die Pille nehmen, ein viel höheres Risiko haben, schon in jungen Jahren an einem Hirn- oder Herzschlag oder einer Lungenembolie[3] zu erkranken. Bei Transsexuellen dürfte dies nicht anders sein. Eine der 18 Mann-zu-Frau-Transsexuellen meiner Studie, die übrigens nicht rauchte, reagierte mit Beinvenenentzündungen und -thrombosen[4] und schließlich einer Lungenembolie auf die Hormongabe, so daß diese gestoppt werden mußte, was eine mangelhafte Verweiblichung zur Folge hatte. Solche gravierenden Komplikationen sind glücklicherweise selten. Einige Frau-zu-Mann-Transsexuelle reagierten mit Akne auf die Gabe von männlichen Sexualhormonen.

Operationskomplikationen traten bei den Mann-zu-Frau-Transsexuellen meiner Studie in 56 Prozent der Fälle auf. Mit Abstand am häufigsten war dabei eine Verengung und Verkürzung der neugeformten Vagina. Schwerere Komplikationen wie etwa eine Fistelbildung zum Enddarm kamen aber nicht vor. Acht der 18 Patientinnen unterzogen sich einer Nachoperation. Bei den Frau-zu-Mann-Transsexuellen zeigten sich Komplikationen in 64 Prozent, wobei es sich fast ausschließlich um eine unschöne Narbenbildung im Brustbereich handelte. Fünf der elf Patienten unterzogen sich einer Nachoperation.

Im Vergleich mit anderen Studien liegt die Komplikationsrate der Frau-zu-Mann-Transsexuellen etwas hoch, jene des Gegengeschlechts bewegt sich im Bereich vieler anderer Studien. Die Rate einer neuesten Operationsserie aus Deutschland an Mann-zu-Frau-Transsexuellen bewegt sich nur noch um zehn Prozent. Nachdem nun an vielen Zentren Erfahrungen mit diesen Operationen gesammelt worden sind und die plastische Chirurgie in jüngster Zeit enorme Fortschritte gemacht hat, ist an spezialisierten, seriösen Kliniken mit weniger Operationskomplikationen zu rechnen als bis anhin. Der Eingriff als Ganzes ist aber doch recht schwer und wird wohl nie die relative Problemlosigkeit einer Blinddarmoperation erreichen.

Körperliches Resultat

Von den 17 beurteilbaren Mann-zu-Frau-Transsexuellen meiner Studie war das körperliche Resultat bei zwölf als gut, bei drei als mäßig und bei zwei als schlecht beurteilt worden. Die beiden schlechten Resultate fanden sich bei der erwähnten Patientin, welche wegen einer Lungenembolie die Hormone absetzen mußte, sowie bei einer anderen, welche die Hormone unregelmäßig einnahm. Mäßige Resultate zeigte eine Patientin, die erst mit 55 Jahren operiert worden war, und eine andere, welche die Sexualität ablehnte und nie eine Vagina wollte. 13 der 17 genannten Frauen konnten problemlos den Geschlechtsverkehr in ihrer Vagina vollziehen. Bei den Frau-zu-Mann-Transsexuellen konnte das Angleichungsresultat in zehn Fällen als gut und nur in einem Fall als mäßig beurteilt werden. Davon ausgeklammert war jedoch ihr Genitale. Da die Resultate eines künstlich aufgebauten Penis schlecht sind, wurde von einer solchen Operation von vornherein abgeraten.

Wenn man andere Studien miteinander vergleicht, zeigt sich deutlich, daß die rein körperlichen Angleichungsresultate besser geworden sind. Als Faktoren für schlechte körperliche Resultate bleiben aber sicher eine ungünstige Körperkonstitution, schlechte Disziplin bei der Einnahme der Hormone oder dem Tragen der Scheidenprothese und ein hohes Alter bei der Operation. Wo diese Faktoren fehlen, kann in einer spezialisierten Klinik heute in den meisten Fällen mit einem guten Operationsergebnis gerechnet werden.

Allgemeines Resultat

Als letztes möchte ich aufzeigen, wie die betroffenen Transsexuellen selber und die Ärzte die erzielten Angleichungsresultate beurteilt haben. Von 16 Mann-zu-Frau-Transsexuellen meiner Studie waren eine mit dem erreichten Resultat nicht und drei nur mäßig zufrieden. Nur eine Patientin, die gar keine Vagina wollte, war sich nicht sicher, ob sie die Operation in diesem Umfang wiederholen würde. Die Geschlechtsangleichung an sich jedoch bereute keine von ihnen. Bei den elf Frau-zu-Mann-Transsexuellen war die Zufriedenheit mit dem Resultat groß, auch wenn sich die meisten einen Penis gewünscht hätten. Die Resultate anderer Studien sind mit den aufgeführten Werten gut vergleichbar. Auffällig ist jedoch, daß andere Autoren häufiger von Unzufriedenheit bei Frau-zu-Mann-Transsexuellen berichteten, vor allem, wenn diese sich einen künstlichen Penis hatten konstruieren lassen. Immer wieder wurden auch vorwiegend Mann-zu-Frau-Transsexuelle erwähnt, welche die Geschlechtsangleichung bereuten und wieder in der alten Geschlechtsrolle weiterlebten. Solchen Patienten kann nur noch wenig geholfen werden, denn eine operative Rückumwandlung ist nicht möglich. Diese Fälle trüben die Bilanz ganz erheblich.

Aus ärztlicher Sicht konnten in der Berner Studie 65 Prozent der Mann-zu-Frau-Transsexuellen als gut und 35 Prozent als mäßig und bei den Frau-zu-Mann-Transsexuellen 82 Prozent als gut und 18 Prozent als mäßig beurteilt werden. Schlechte Ergebnisse gab es keine, da die Resultate von der oft desolaten Ausgangssituation aus betrachtet wurden und die oft fehlenden Möglichkeiten, zu guten Ergebnissen zu gelangen, mit berücksichtigt wurden. In den meisten anderen Studien wurde diese milde, relativierende Bewertung nicht übernommen. So wurden bei den Mann-zu-Frau-Transsexuellen in 0 bis 18 Prozent und bei den Frau-zu-Mann-Transsexuellen in 0 bis 16 Prozent der Fälle unbefriedigende Ergebnisse gefunden. Die Resultate der Frau-zu-Mann-Transsexuellen waren meist etwas besser als jene des Gegengeschlechts. Als Faktoren, welche häufig mit einem schlechteren Resultat verbunden waren, wurden eine instabile Persönlichkeit, ein fortgeschrittenes Alter, Kriminalität und Unfähigkeit zu materiellem Selbstunterhalt genannt.

An dieser Stelle sei etwas zur Problematik von Vergleichen zwischen einzelnen Studien und Spitälern gesagt. Eine strengere Auswahl von Patienten heißt konkret, daß man nur die risikoärmsten Patienten operiert. So kann man in einer Studie auch gute Resultate ausweisen. In Bern wurden auch einige Fälle mit schlechter Prognose operiert. Die Resultate waren erwartungsgemäß objektiv meist schlecht. Die betroffenen Transsexuellen waren aber in allen Fällen entweder zufrieden oder zumindest zufriedener als vorher. Eine Mann-zu-Frau-Transsexuelle formulierte das so: »Lieber als Frau einsam sein denn als Mann!« Ein schlechtes Angleichungsresultat kann manchmal immer noch das bestmögliche Resultat sein. Die wirklich unglücklichen Transsexuellen, das belegen andere Studien deutlich, sind nämlich jene, denen eine Geschlechtsangleichung von ärztlicher Seite verweigert wurde. Ihnen bleibt oft nur die Möglichkeit, sich mit Unterstützung einer Psychotherapie mit der tragischen Situation abzufinden.

Bei aller Problematik, die Pauschalurteile in sich bergen, kann man feststellen, daß die Bilanz der Geschlechtsangleichungen positiv ist. Dennoch gibt es eine Reihe von Patienten, welche absolut oder relativ zu ihren Möglichkeiten ein schlechtes Resultat zeigen, insbesondere jene, welche die Geschlechtsangleichung später bereuen.

Grenzen der Behandlung, Konsequenzen in der Therapie

Grenzen

Wenn wir die Resultate im Überblick durchgehen, können wir folgendes festhalten: Das oftmals deutlich beeinträchtigte psychische Befinden der Transsexuellen bessert sich durch die Geschlechtsangleichung vielfach nur wenig. Dennoch empfinden sie den Eingriff als sehr entlastend und erscheinen im Vergleich zu vorher deutlich ausgeglichener. Psychisch instabile Personen zeigen in fast allen anderen Bereichen auch schlechtere Ergebnisse. Die berufliche Situation verbessert sich meist nur wenig. In der Partnerschaft und vor allem im sexuellen Bereich profitieren die Betroffenen aber deutlich von der Geschlechtsangleichung. Das erstaunt wenig, wenn man bedenkt, daß die Angleichung dem Patienten die Möglichkeit gibt, in der anderen Geschlechtsrolle zu leben, und sein Genitale verändert. Behandlungskomplikationen sind noch immer relativ häufig. Die Selbstbeurteilung und das Urteil der Ärzte über das Behandlungsresultat sind meistens günstig.

Die Mehrzahl der Fälle ist sicherlich als Erfolg zu werten. Dennoch verbleiben etwa 20 bis 50 Prozent der Transsexuellen auch nach der Operation in einer mehr oder weniger unbefriedigenden Lebenssituation. Die Angleichung hat ihnen zwar meist geholfen, doch offenbar ist dies nicht genug. Hier sind die Grenzen der Behandlung besonders augenfällig. Diese Grenzen existieren in geringerem Maß für alle

Transsexuellen. Wichtig ist, daß sich jedermann – Transsexuelle, Verwandte, Freunde und Betreuer – schon im voraus dieser Grenzen bewußt ist.

Konsequenzen für die Therapie

Nach dem bisher Gesagten dürfte es für jedermann klar sein, daß eine Geschlechtsangleichung sowohl ein sehr komplexes als auch ein sehr problematisches Verfahren ist. Konsequenterweise muß diese Einsicht Auswirkungen auf das Ob, Wie, Wo und Wann des Eingriffs haben. An den meisten Kliniken ist es üblich, die Transsexuellen durch ein umfangreiches Testprogramm und durch eine mindestens ein- bis zweijährige Testphase zu schleusen, was eine erhebliche Belastung für alle Beteiligten darstellt. Andererseits gibt es einige Chirurgen, welche eine Geschlechtsumwandlung praktisch auf bloßes Verlangen des Patienten hin durchführen. Letzteres möchte ich unmißverständlich als Verantwortungslosigkeit, als *ärztlichen Kunstfehler* brandmarken und mich voll hinter das Vorgehen mit umfangreicher Abklärung stellen. Es sind im wesentlichen zwei Argumente, mit welchen diese Ansicht begründet werden kann.

Erstens ist die Diagnose eines Transsexualismus ausgesprochen schwierig zu stellen. Es gibt eine Reihe von anderen Störungen, welche eine Transsexualität vortäuschen können. Zu nennen wären hier Wahnideen, neurotische Störungen mit Kastrationsängsten oder -wünschen, mit Ablehnung der Sexualität und ähnliches mehr. Auch Homosexuelle oder Transvestiten können transsexuelle Symptome zeigen, und letztlich muß man vermuten, daß es einen fließenden Übergang der beiden Störungen zum Transsexualismus gibt. Selbst nach eingehender Befragung und testpsychologischer Untersuchung kann die Diagnose nicht immer eindeutig gestellt werden, und selbst wenn sie gestellt wird, haftet ihr immer noch ein Unsicherheitsfaktor an. Erst die Beobachtung des Patienten im zeitlichen Verlauf, der Alltagstest in der gegengeschlechtlichen Rolle und die intensive Auseinandersetzung des Patienten mit seiner Problematik, z. B. im Rahmen einer Psychotherapie, schaffen zusätzliche Klarheit und Sicherheit. Immer wieder sind Patienten während des Probejahres aus dem Behandlungsprogramm ausgestiegen, um mit gestärktem Bewußtsein in der angestammten Geschlechtsrolle weiterzuleben. Bei den biologisch männlichen Patienten waren das in Bern gegen 10 Prozent. Nur durch intensive Abklärungen kann das Risiko einer irrtümlichen Operation auf ein vertretbares Maß gesenkt werden.

Der zweite Grund für die Fahrlässigkeit einer Umwandlung auf Verlangen ist die Komplexität der Behandlung. Um dies zu begreifen, müssen wir uns vergegenwärtigen, was alles während einer Geschlechtsangleichung geschehen muß: Änderungen in Beruf, Freizeit, Freundeskreis, in Partnerschaft und Sexualität, in der gelebten Rolle, rechtliche Personenstandsänderung, *individuelle* medizinische und psychologische Beratung, Betreuung, Entscheidungsfindung über den Therapieplan, chirurgischer Eingriff und Behebung von dessen möglichen Komplikationen, Nachbetreuung, Verarbeitung der Zeit, in welcher der Transsexuelle im »falschen« Körper gelebt hat mit allen ihren Verletzungen, Entbehrungen und Demütigungen und Findung von neuen Zukunftsperspektiven sowie die Therapie allfälliger weiterer psychischer Störungen. Angesichts dieser imposanten Liste ist es verantwortungslos, einen Patienten einfach zu operieren, ohne sich einen Deut um alle anderen Aspekte der Geschlechtsangleichung zu scheren, zumal es belegt ist, daß viele Patienten in einem oder mehreren der erwähnten Punkte nicht oder nur unbefriedigend zurechtkommen.

Die Geschlechtsangleichung braucht viel Zeit, Raum und Energie. Es ist notwendig, daß sich die Transsexuellen die erforderliche Zeit nehmen. Gründlichkeit ist angesagt, denn was jetzt schiefläuft, kann zeitlebens schwerwiegende Folgen haben. Weiterhin ist es wichtig, daß die Transsexuellen auch Zweifel an der Richtigkeit des Entscheides zulassen können. Solche Zweifel gibt es immer, und erst in der harten Auseinandersetzung mit ihnen gewinnt man neue Klarheit und Sicherheit. Die Patienten heute verlangen (glücklicherweise) von uns Ärzten immer mehr eine ganzheitliche Betrachtungsweise. Dem steht die Aussage eines klinischen Sexualpsychologen entgegen. Er klagte, daß er zunehmend mit echten oder vermeintlichen Transsexuellen konfrontiert werde, die nur noch die Forderung nach einer raschen Geschlechtsangleichung stellen, ohne bereit zu sein, sich auf den schwierigen Prozeß der Entscheidungsfindung und der inneren Entwicklung einzulassen. Die Medizin entartet damit zu einem Artikel, den man wie in einem Supermarkt kauft. Diese Entwicklung ist wenig erfreulich, denn die Geschlechtsangleichung ist ohne die motivierte Mitarbeit der Transsexuellen ein zweifelhaftes Unterfangen.

Schwierig ist die Lage für jene echten Transsexuellen, denen eine Geschlechtsangleichung von ärztlicher Seite verweigert wurde. Wichtig ist für sie, die Gründe für den negativen Bescheid zu erfahren. Mitunter ist es für sie auch möglich, etwas an jenen Faktoren zu ändern, die für die Ablehnung verantwortlich waren. Man kann solchen Patienten nur den Rat geben, den Entscheid nicht als persönliche Kränkung aufzufassen, mit den Ärzten in Kontakt zu bleiben und dabei möglichst klare Abmachungen über das künftige Vorgehen zu treffen. Ein negativer Bescheid ist meist nichts Definitives, und einen Patienten, der seine Fähigkeit zur Mitarbeit unter Beweis stellt, wird man später eventuell auch anders beurteilen. Die ärztliche Haltung wird aber immer eine schwierige Gratwanderung bleiben, da einerseits nur an jenen eine Geschlechtsangleichung vorgenommen werden soll, die auch davon profitieren können und die echte Transsexuelle sind, andererseits aber keine Transsexuellen zu Unrecht ausgeschlossen werden dürfen, weil nur mit einem bescheidenen Resultat zu rechnen ist.

Die Geschlechtsangleichung ist ein komplexer Prozeß, an

dem ein Team aus Ärzten, Psychologen, eventuell Sozialarbeitern und anderen Betreuern zusammen mit dem Transsexuellen gemeinsam arbeiten muß. Die Bereitschaft zur Zusammenarbeit, Auseinandersetzung und Konfliktlösung ist dabei unbedingt erforderlich. Die notwendige Betreuung kann nur in seriösen Kliniken gewährleistet werden, welche die international anerkannten Standardbedingungen einhalten.

Der Wunsch nach dem Unmöglichen

Jeder Mensch hat den Wunsch nach einem schönen, gesunden, unversehrten Körper. Das ist auch bei Transsexuellen nicht anders. Ihr Wunsch wird aber niemals in Erfüllung gehen, so daß in jedem Transsexuellen ein Widerstreit zwischen Wunschvorstellung und erfüllbarer Realität entsteht.

Eine der deutlichsten Grenzen der Behandlung liegt im Unvermögen, einen funktionierenden künstlichen Penis zu schaffen. Diese chirurgischen Gebilde sind in vielerlei Hinsicht sehr problematisch. Schon vom Aussehen her sind sie nicht sehr befriedigend. Eine echte Erektion ist nicht möglich. Wenn man die Penisse von vornherein versteift, sind sie unangenehm störend, und es können sogar druckbedingt Teile davon absterben. Die Sensibilität im künstlichen Penis ist oft schlecht, und schließlich macht er auch nicht, was er sollte: *Lust.* Lustorgan beim Frau-zu-Mann-Transsexuellen bleibt hingegen die nunmehr vergrößerte Klitoris. Entwicklungsgeschichtlich entspricht übrigens der Kitzler genau derselben Struktur wie beim Penis, und bei genauerem Hinsehen ist auch die Form oft verblüffend ähnlich. Die Klitoris ist erektionsfähig und hoch sensibel. Ein künstlich geschaffener Penis kann sie in keiner Weise ersetzen.

Mitunter sind es gerade die Mediziner selber, welche ihren Patienten ungerechtfertigte Hoffnungen machen. Ich kann die Transsexuellen nur vor jenem Menschenschlag der Macher warnen. Ein guter Chirurg etwa ist nicht bloß ein guter Handwerker, er klärt auch über Grenzen und Komplikationen auf, operiert nur, wenn der Eingriff wirklich indiziert ist und auch einen Vorteil bringt, und kontrolliert die Ergebnisse kritisch nach. Fast jede Operation zerstört auch organisch gewachsene Körperstrukturen, weshalb eine gewisse Zurückhaltung immer angezeigt ist. Es kommt nicht von ungefähr, daß Professor Wolf Eicher aus Mannheim, einer der besten Transsexuellenchirurgen im deutschen Sprachraum, unmißverständlich von der Konstruktion eines künstlichen Penis abrät. Einzig die Schaffung eines Klitorispenoids, mit dem der Patient stehend pinkeln kann, bietet eine gewisse Alternative. Daran wird sich wohl auch in Zukunft wenig ändern.

In abgeschwächtem Maß gilt das Gesagte auch für Operationen zur Vergrößerung der Brüste bei den Mann-zu-Frau-Transsexuellen, ja für jede kosmetische Operation. Hier sind zwar die Resultate oft sehr schön, doch hört man immer wieder von höchst zweifelhaften Eingriffen wie etwa dem Einspritzen von Silikon ins Gewebe. Eine kritische Überprüfung aller feilgebotenen Eingriffe durch den Patienten lohnt sich immer, wobei vor allem auf Komplikationen, Veränderungen im Alter und mögliche Alternativen geachtet werden sollte. Sicher ist es für den Patienten als medizinischen Laien aufwendig, an solche Informationen heranzukommen. Immerhin bleibt zu bemerken, daß es die Pflicht jedes Arztes ist, seinen Patienten über diese Punkte aufzuklären. Wichtig ist auch, daß die Transsexuellen, die vor der Operation stehen, mit jenen Kontakt aufnehmen, welche den Eingriff schon hinter sich haben, um direkte Informationen zu erhalten.

Bei allem Verständnis für einen schönen, möglichst männlichen respektive möglichst weiblichen Körper bleibt es aber doch sehr fraglich, ob jeder Wunsch nach einem veränderten Äußeren auch gleich mit einem medizinischen Eingriff erfüllt werden soll. Transsexuelle sind auch nicht die einzigen, welche unter echten oder vermeintlichen körperlichen Unzulänglichkeiten leiden. Selbst das Mögliche ist nicht immer das Beste, und die Jagd nach dem Unmöglichen ist in jedem Fall ein fruchtloses Unterfangen. Andererseits sind die Wünsche vieler Transsexueller (und vieler Nicht-transsexueller) nach einem möglichst perfekten Körper, ja nach einem unmöglich perfekten Körper eine Tatsache, die es ernst zu nehmen gilt.

Ausbruch aus dem Gefängnis der Riesenansprüche

Wohl jeder Mensch hat in seinem Leben schon einmal unmögliche Ziele angesteuert oder zumindest solche, die nur mit einem unmäßig hohen Einsatz zu erreichen gewesen wären. Wir wissen aus eigener Erfahrung, daß es nicht leicht ist, solche Ziele aufzugeben. Was nun die Transsexuellen betrifft, so zeigt die Erfahrung, daß sie nach all den Jahren der Entbehrung einen oftmals übergroßen Anspruch an einen vollendeten Körper haben. Mit vernünftigen Argumenten ist diesem Anspruch häufig nicht beizukommen. Das ist der Anfang einer Odyssee, die viele Transsexuelle durchlaufen: Sie verfolgen weiterhin hartnäckig ihr Ziel, konsultieren Arzt um Arzt, Chirurg nach Chirurg in der Hoffnung auf einen Penis, ein weiblicheres Gesicht, einen schöneren Busen. Nicht selten glauben sie gerade den am wenigsten seriösen Medizinern, die es verstehen, die falschen Hoffnungen des Patienten zu unterstützen. Die Eingriffe solcher »Winkelchirurgen« enden selten mit der Zufriedenheit des Patienten, vielfach aber mit unangenehmen Komplikationen. Andere Patientinnen sind mit ihren Hormonen nicht zufrieden, wechseln die Präparate, erhöhen die Dosen und setzen sich damit einer vermehrten Gefahr der gefährlichen Nebenwirkungen aus. Diese Odyssee vieler Transsexueller ist kräfteraubend, erschöpfend, einengend, unnötig, fruchtlos, mitunter gar verunstaltend oder gefährlich. Man hat oft das Gefühl, daß solche Menschen Sklaven ihrer eigenen Ansprüche sind.

Solange man solchen Patienten mit vernünftigen Argumenten begegnet, wird man die wenigsten von ihnen überzeugen können; mehr noch, sie werden sich zu Recht unverstanden fühlen. Die entscheidende Frage ist letztlich, was hinter solchen Riesenansprüchen steckt. Die Frage ist leicht gestellt. Die Antwort aber kann nur der Patient aus sich heraus geben, und das Finden dieser Antwort ist ein langer und schmerzlicher Prozeß.

Die Frage, was weshalb so unentbehrlich ist, wird früher oder später die lange Zeit der Entbehrungen heraufbeschwören: die Frustrationen, Demütigungen, Schmähungen, das Unverständnis, die Verzweiflung, der ungestillte Lebenshunger. Dies alles wird dem Transsexuellen noch einmal vor Augen treten.

Es ist nicht unverständlich, daß er sich früher gegen die Lawine von erdrückendem Unverstand schützen mußte und Halt in einer zwanghaft aufrechterhaltenen Idealvorstellung suchte. Wie sonst hätte seine psychische Natur, seine Identifikation mit dem Gegengeschlecht gegen all diese widrigen Umstände überleben können? Doch was ihm erlaubt hat, innerlich zu überleben, ist nun plötzlich ein einengendes Ideal geworden, das ihn am freien Leben hindert. Gerade in der Zeit der Geschlechtsangleichung, wenn die Wünsche des Transsexuellen teilweise in Erfüllung gehen, teilweise aber enttäuscht werden, wird er im Kampf um seine Ansprüche die alte Wut, die Angst, die Verzweiflung, die Trauer und den Schmerz seiner Kindheit und Jugend neu erleben. Erst in dieser Auseinandersetzung mit der inneren und äußeren Realität wird er nachreifen und sich von den Riesenansprüchen trennen können.

Dieser Abschied geschieht vielfach nicht ohne Protest, der von der Umwelt des Transsexuellen oft zu Unrecht mißverstanden und nicht akzeptiert wird. Ein mehr oder weniger großes Stück dieser schmerzlichen Trauerarbeit wird jeder Transsexuelle leisten müssen. Nur dann wird er sich selber akzeptieren und lieben lernen und nicht das bei sich selber weiterführen, was er oft so schmerzlich erfahren hat: nicht so angenommen zu werden, wie er ist. Die Riesenansprüche und die Minderwertigkeitsgefühle verhalten sich oft spiegelbildlich zueinander: Wo das eine wächst, wächst das andere; wo das eine abnimmt, wird auch das andere kleiner. Das alleinige intellektuelle Begreifen dieser Zusammenhänge hilft nur wenig. Wer aus dem Gefängnis der Riesenerwartungen ausbrechen will, muß auch die zugehörigen, oft verborgenen Gefühle nochmals durchleben und durcharbeiten.

Transsexualismus ist ein Leiden, das man mit einer Geschlechtsangleichung nicht heilen, sondern nur lindern kann. Es ist unmöglich, einem Menschen einen unversehrten Körper und Geist des anderen Geschlechts zu geben. Immer bleiben innere und äußere Zeichen zurück: Unfruchtbarkeit, ein fehlender Penis, zu große oder zu kleine Hände, zu viele oder zu wenige Körper- und Barthaare, eine tiefe Stimme, 20 oder mehr Jahre im falschen Körper mit allen ihren belastenden Erinnerungen und Prägungen. Die Transsexuellen bleiben für ihr Leben gezeichnet. Bei richtiger Behandlung ist es aber für die meisten möglich, ein befriedigendes, vielleicht gar ein glückliches Leben zu führen. Dazu ist die Mitwirkung des Transsexuellen selber von ausschlaggebender Bedeutung. Die körperliche Angleichung erfordert von ihm viel Disziplin bei der Einhaltung medizinischer Vorschriften. Die psychische Verarbeitung muß der Transsexuelle aber weitgehend selber bewerkstelligen. Gerade deshalb ist eine Psychotherapie alles andere als überflüssig, im Gegenteil in den meisten Fällen angebracht. Auch anderen Stützen wie Freunden, dem Partner, dem Sport, Yoga, meditativen Übungen, der Religion, dem Glauben fällt eine wichtige Aufgabe zu. Die Lage ist für jeden Betroffenen wieder anders, und jeder muß seinen eigenen Weg finden.

Ich habe versucht, dem Leser einerseits die Illusion zu rauben, die Lösung des Transsexuellenproblems bestehe einfach nur darin, sich auf dem medizinischen Supermarkt einen tollen Körper zu erstehen, und ihm andererseits statt dessen Ansatzpunkte für eine gründliche Therapie zu geben. Ich hoffe, dieses schwierige Unterfangen ist mir gelungen.

Anmerkungen
1 heterosexuell: auf das andere Geschlecht ausgerichtet
2 bisexuell: auf beide Geschlechter ausgerichtet
3 Lungenembolie: Verschluß einer Lungenarterie durch ein versprengtes Blutgerinnsel. Das ist ein oft lebensgefährliches Zustandsbild.
4 Thrombose: Blutgefäßverschluß.

Dr. med. Urs Dudle arbeitet zur Zeit am Institut für klinische Pharmakologie in Bern.

FRIEDEMANN PFÄFFLIN

Probleme der psychotherapeutischen Behandlung transsexueller Patienten*

Psychotherapie lehnen sie ab. Kastration ist für sie eine natürliche Maßnahme, Psychotherapie eine widernatürliche. Im ärztlichen Gespräch wirken sie kühl-distanziert und affektlos, starr, untangierbar und kompromißlos, egozentrisch, demonstrativ und nötigend, dranghaft besessen und eingeengt, merkwürdig uniform, normiert, durchtypisiert. Introspektions- und Übertragungsfähigkeit fehlen weitgehend. Konfrontation und Probedeutungen gehen ins Leere. Bei oft gesten- und floskelreicher Redseligkeit wirken sie stereotyp, monoton, fassadenhaft.

Die Rede ist von Transsexuellen. Die Beschreibungen entstammen dem Übersichtsreferat von *Sigusch, Meyenburg* und *Reiche* (1979), dort speziell dem Kapitel über die Leitsymptome. Es handelt sich bei dieser Arbeit um die beste Literaturübersicht zu Fragen der Symptomanalogie, Nosologie, Ätiologie und Therapie Transsexueller. Ausführlich wird geschildert, welche diagnostischen und therapeutischen Maßnahmen geboten sind. An erster Stelle, und »wenn die Voraussetzungen gegeben sind« (Seite 290), eine analytische Psychotherapie. Sofern diese nicht dazu führt, daß der Patient sich mit seiner körperlichen Anlage versöhnt oder sich auf ein Leben in der anderen Geschlechtsrolle ohne körperliche Eingriffe einrichten kann, wird er hormonell behandelt und einer Geschlechtsumwandlungsoperation zugeführt. Obwohl als Notfalltherapie und Ultima ratio dargestellt, ist dies in unserem Lande die Regel.

Mich schaudert jedesmal, wenn ich die eingangs zitierten Leitsymptome wieder lese: Ein psychopathologischer Steckbrief für eine Gruppe von Menschen, deren einziges gemeinsames Merkmal ist, daß sie sich in ihrem Körper unbehaust fühlen. Darin unterscheiden sie sich nicht von suizidalen Patienten. Sie streben lediglich eine konstruktivere Lösung an. Nach allem, was hier über die Transsexuellen gesagt wird, welcher Psychotherapeut und welche Psychotherapeutin möchte mit einem solchen Patienten arbeiten?

Die Schwierigkeit des Themas liegt in folgendem: Es setzt voraus, daß man weiß, was *ein Transsexueller*, oder wenigstens, was *Transsexualität* sei. Weiter: Spezielle Probleme in der Psychotherapie – da denke ich daran, daß man ein spezifisches Wissen über Ätiologie, Struktur, Fixierungen, Konflikte, Abwehrmechanismen, Interventionstechniken und Lösungsmöglichkeiten eines Krankheitsbildes hat. All dies fehlt bei der Transsexualität. Dagegen herrschen Vermutungen vor, Glaubenssätze, allenfalls grobmaschige Zuordnungen und Generalisierungen (*Springer*, 1981).

Wenn Transsexuelle etwas Gemeinsames und Spezifisches haben, dann ist es der psychopathologische Steckbrief. Keine andere Patientengruppe, mit Ausnahme vielleicht der Drogenabhängigen, scheint so festgelegt, so etikettiert. Die psychotherapeutischen Probleme liegen also schon im Vorfeld der Begegnung mit den Patienten. Mit *diesen* spezifischen Problemen will ich mich hier auseinandersetzen, in der Hoffnung, dadurch den einen oder anderen dafür zu gewinnen, Patienten mit einem transsexuellen Symptombild in psychotherapeutische Behandlung zu nehmen.

Zur Spezifität der Leitsymptome

Das erste Spezifikum ist also die Generalisierung psychopathologischer Klischees. Zwei dieser Klischees sollen hier exemplarisch näher betrachtet werden.

a) Transsexuelle sähen Kastration als natürliches, Psychotherapie als widernatürliches Unternehmen an

Was in der Darstellung von *Sigusch* und Mitarbeitern als

eingängige und allgemeingültige Formel klingt, taucht, soweit ich die Literatur übersehe, zum ersten Mal in dieser Formulierung in *Thomäs* (1957) Falldarstellung einer nach 158 Sitzungen erfolglos abgebrochenen Analyse auf, wobei *Thomä* sehr vorsichtig formuliert, daß *sein* Patient diese Meinung zu vertreten *schien* (Seite 96).

Nach meinem Eindruck suchen viele Patienten mit einer transsexuellen Symptomatik nach (Psycho-)Therapie beziehungsweise einem Menschen, der sie annimmt und zu verstehen sucht, scheitern jedoch daran, daß ihnen von vornherein zur Auflage gemacht wird, auf ihr zweifellos bizarres Symptom zu verzichten. Sie sollten ein anderer oder eine andere sein, als der/die sie sich jeweils erleben. Bereits am Telefon oder im Erstinterview oder in Probesitzungen provozieren manche von ihnen den Machtkampf um Geschlechtsumwandlungsoperationen, und die Therapeuten gehen in die Falle. Forderung und Ablehnung schaukeln sich gegenseitig hoch. Oder es wird der Forderung der Patienten einfach nachgegeben und das Rezept für Hormone oder die Überweisung zur Operation ausgestellt. In diesem von vielen Nicht-Psychotherapeuten praktizierten Vorgehen schnappt die Falle ebenfalls zu, weil genausowenig der Versuch gemacht wird, eine tragfähige Arbeitsbeziehung herzustellen.

Aber bei weitem nicht alle Patienten kommen mit dem dezidierten und fraglosen Wunsch nach genitalkorrigierenden Eingriffen und schon gar nicht mit dem Wunsch nach Kastration. Zur Verdeutlichung:

– Manche Männer wollen lediglich passiv, umsorgt und bewundert leben können, so wie sie verzerrt die Frauenrolle in der Gesellschaft wahrnehmen. Operative Eingriffe an ihrem Körper liegen außerhalb ihres Gesichtsfeldes. Sie merken lediglich, daß sie mit ihrem Wunsch anecken, und sind sich oft selber nicht ganz sicher, ob sie noch ganz richtig im Kopf sind.

– Viele Frauen kommen mit dem Wunsch, ihre Brüste loszuwerden. Es scheint, als wollten sie sich den Wunsch zu wünschen abschneiden lassen. Obwohl auch dies eine Generalisierung ist, die zusammenfaßt, was bei jeder einzelnen Patientin völlig anders determiniert sein mag. Dies gleich als Kastrationswunsch zu deuten erscheint mir viel zu unspezifisch. Kastrieren im eigentlichen Sinne wollen sich die meisten gar nicht lassen, und auch der Wunsch nach einem Penisersatz ist nicht die Regel.

– Viele Männer kommen mit dem Wunsch nach Brüsten, ihr Geschlechtsteil erwähnen sie gar nicht. Warum setzen wir von vornherein voraus, daß der Wunsch nach Brüsten wörtlich gemeint sei? Oder wird hier etwa das Verlangen nach einem nährenden Gegenüber deutlich? Von Kastration jedenfalls ist nicht die Rede.

b) Transsexuelle seien demonstrativ und nötigend

Thomä sagt: »Es gehört zum psychopathologischen Bild vieler Transvestiten, daß sie in irgendeiner Form die Aufmerksamkeit der Öffentlichkeit auf sich ziehen und im Scheinwerferlicht stehen müssen. In extremen Fällen wird über die Presse arrangiert, daß die weibliche Vollkommenheit, der Operationserfolg von der ganzen Welt bestätigt und bewundert werde« (Seite 110). Mein Eindruck ist, daß dieser demonstrative Zug bei Menschen mit einer transsexuellen Symptomatik prozentual nicht häufiger ist als, sagen wir, bei Medizinprofessoren, und wenn er schon ein psychopathologisches Symptom sein soll, dann doch allenfalls als triumphale Umkehr des Gefühls der eigenen Ohnmacht und Wertlosigkeit. Die überwiegende Zahl der Menschen mit transsexueller Symptomatik, die ich kenne, fürchtet nichts mehr als dieses Zur-Schau-Stellen und Zur-Schau-gestellt-Werden und sehnt sich nach einer unauffälligen Existenz im privaten Bereich.

Was das Nötigende anlangt, so mag jeder in diesem Bereich Tätige seine Erfahrungen gemacht haben. Ich bin auch hier wieder sehr im Zweifel, ob es sich dabei um einen typischen Wesenszug handelt. In der psychiatrischen Arbeit begegnet man Nötigungen von vielen Seiten, und in den meisten Fällen erfolgen sie nicht ohne Grund. Menschen mit transsexueller Symptomatik haben insofern auch Grund zur Nötigung, weil sie oft von Pontius zu Pilatus geschickt werden oder aber ihre Wünsche zu schnell auf einer vordergründigen Ebene befriedigt worden sind und der dahinterliegende Konflikt nicht gesehen wurde.

Auf weitere Generalisierungen wie Transsexuelle seien primär asexuell, infantil oder jedenfalls nicht richtig erwachsen, bindungsunfähig, als Männer und Frauen allenfalls klischeehaft, soll hier nicht weiter eingegangen werden. Keines dieser Klischees hält einer Prüfung stand, selbst nicht der angeblich kleinste gemeinsame Nenner, daß diese Patienten anders als andere Patienten ihre Diagnose selbst verfertigten und ihr Therapieziel selbst fixierten. Das Spektrum ist viel breiter, der Variantenreichtum ist sehr groß.

Fragt man sich, wodurch es zu solchen Generalisierungen kommt, die sich hartnäckig in der Fachliteratur halten, dann stößt man zwangsläufig auf die Frage nach der Gegenübertragung. Ich komme damit zu einem zweiten Problem.

Zur Kontroverse über operative Eingriffe

Die Frage der Gegenübertragung schlägt sich am deutlichsten nieder in der 1950/51 geführten Debatte in der Zeitschrift Psyche. Ich wähle bewußt dieses literarische Dokument, das leicht nachzulesen ist, und nicht eine Falldarstellung, die zu viel Raum in Anspruch nehmen würde. Aus dieser Debatte greife ich nur einen Aspekt heraus. Ausgangspunkt war der Bericht von *Boss* auf der 66. Wanderversammlung der südwestdeutschen Psychiater und Neurologen über die Überweisung eines Patienten nach 50 Psychotherapiestunden an einen Chirurgen. *Mitscherlich* veranstaltete daraufhin eine Rundfrage, die er selbst mit der Frage eröffnete, ob eine tiefere Interpretation *Boss* nicht zu der Einsicht hätte bringen müssen, daß sein therapeutisches Ziel darin bestehen müsse, den Menschen auf die vielleicht unausweichliche Tragik seines Daseins hinzuführen, der gegenüber es nicht die Aufgabe des Arztes sein könne, opportunistische oder pragmatische Gesichtspunkte in den Vordergrund zu rücken oder durch Verstümmelung heilen zu können. In dieser Diskussion bemerkt *Meng* (Seite 469) aus Basel lakonisch: »Der Arzt ist kein Gott.«

Mich hat diese Bemerkung sehr berührt. Sie weist, wie ich meine, auf das zentrale Gegenübertragungsphänomen, nämlich die Frage, was wir bei diesen Patienten überhaupt ausrichten können. Wer sich mit diesen Patienten ausführlicher beschäftigt, erlebt bei sich und sieht es bei Kollegen, daß die Patienten oft ihren Arzt über alle Maßen idealisieren. Ganz besonders extrem spiegelt sich solche Idealisierung in der Beziehung zu den Operateuren, solange diese die Wünsche der Patienten nicht in Frage stellen. Die Idealisierung geht so weit, daß selbst schwerwiegende sadistische Übergriffe im Rahmen der Behandlung hingenommen werden, wobei ich mit sadistischen Übergriffen hier nicht den unmittelbaren operativen Eingriff am gesunden Körper meine, sondern darüber hinausgehende Handlungen, die mir von operierten Patienten berichtet wurden. Mit dieser Idealisierung laden sie zu einer Gegenübertragung ein, die leicht Allmachtsphantasien mobilisiert und in abruptem Wechsel dazu nicht selten Ohnmachtsphantasien. Ohnmacht und Allmacht der Therapeuten korrespondieren mit dem, was die Patienten erleben. Die Ohnmacht der Patienten, sich in ihrer Körperlichkeit anzunehmen, erscheint wieder unter dem Zeichen der Allmacht, sich ein neues Geschlecht geben zu können. Einige versuchen Autotomien, die manchmal tödlich enden. Phantasien zur Selbstoperation sind nicht selten. Die Allmacht findet hier jedoch ihre Grenzen, und der Patient ist auf die Hilfe eines anderen angewiesen, ob Psychotherapeut oder Operateur.

Die Spaltungsmechanismen bei Patienten mit transsexuellen Symptomen sind ausgiebig beschrieben. Sie setzen sich fort in der Spaltung der Ärzte und Therapeuten in Befürworter und Gegner operativer Maßnahmen. Patienten, Operateure oder Psychotherapeuten werfen wechselweise enttäuscht das Handtuch (*Burzig*, 1982). Ein Umschwung von der einen zur anderen Position ist nicht selten. Prominentestes Beispiel ist der kalifornische Analytiker *Stoller* (1975), früher wortreicher Verfechter von Geschlechtsumwandlungsoperationen. Heute fordert er, soweit man den Pressemeldungen trauen darf, die Suspendierung aller operativen Maßnahmen. Alles oder nichts ist die Devise, eine Devise, die bei psychotherapeutischer Arbeit gewöhnlich wenig hilfreich ist.

Mitscherlich fordert, den Menschen auf die unabweisliche Tragik seines Daseins hinzuführen. Ein wichtiges Argument, ohne Frage, doch gilt dies nicht ebenso, wenn ältere Männer und Frauen ihren Haarausfall durch Perücken verdecken und den Zahnausfall durch künstliche Gebisse und Psychotherapeuten vor einem durchgebrochenen Magenulkus kapitulieren und den Patienten dem Chirurgen übergeben?

Warum werden ausgerechnet bei der Transsexualität totalitäre Lösungen gesucht, wie die Einstellung *aller* Operationen oder gar das Verbot aller Operationen, obwohl jedermann weiß, daß sie sich nicht realisieren lassen ohne Einschränkung der Freizügigkeit der Bürger und eine weltweite Kontrolle auch der Hinterzimmerpraxen?

Die psychotherapeutische Ohnmacht ist noch nicht behoben, wenn wir die Chirurgen der Hybris zeihen. Derselben Hybris scheint mir zu entspringen, wenn von psychotherapeutischer Seite Geschlechtsumwandlungsoperationen in *abfälliger* Weise als psychochirurgische Eingriffe abgetan werden, wobei unbestritten ist, daß es sich um solche handelt. Um es ganz klar zu formulieren: Geschlechtsumwandlungsoperationen bei transsexuellen Patienten sind psychochirurgische Eingriffe, die in ihrer theoretischen Ableitung nicht besser fundiert sind als die von der Sexualwissenschaft so scharf kritisierten psychochirurgischen Eingriffe bei Sexualstraftätern (*Schmidt* und andere, 1981). Die Sexualwissenschaft ist hier doppelzüngig (*Springer*, 1981).

Die psychopathologischen Generalisierungen über Transsexuelle haben Abwehrcharakter, und auch die Polarisierungen in der Beurteilung des Phänomens Transsexualität entspringen der Abwehr und Gegenübertragung. Warum aber wird hier Metaphysik beziehungsweise Theologie bemüht und warum die lakonische Bemerkung »der Arzt ist kein Gott«? Diese Frage bringt mich zu einem dritten und letzten Problem.

Transsexuelle Symptomatik als Abwehrleistung

Theologische Überzeugungen sind mit rationalen Argumenten nicht schlagbar. Warum sucht der Psychotherapeut hier Unterstand? Doch wohl deshalb, wenn Spekulation erlaubt ist, weil er am transsexuellen Symptombild wie gebannt auf die angebliche Kastrationslust starrt, den Beelzebub, der sein in der Bundeslade dahergetragenes Allerheiligstes, die Kastrationsangst, in Zweifel zieht. Für einige Menschen mit transsexuellem Symptombild ist Kastration eine natürliche Maßnahme, für viele ist sie es nicht. Für einige Analytiker oder Nichtanalytiker, die sich analytischer Terminologie bedienen, ist Kastrationsangst ein zentraler Baustein analytischer Theorie. Das Unbewußte ist aber ein Urwald mit vielen Papageien und wilden Tieren. Im psychoanalytischen Begriffszoo domestiziert, gehen Differenzierungen leicht verloren.

Genug der Bilder, ich komme schon zum Punkt. Psychotherapie bei Patienten mit transsexueller Symptomatik ist deshalb so rar, weil sich Psychotherapeuten so blenden lassen vom manifesten Wunsch einiger Patienten. Daß der transsexuelle Wunsch, sofern er Kastration überhaupt mit einschließt, Abwehrcharakter hat, scheint mir außer Frage zu stehen. Ungeklärt dagegen ist, welche Ängste im einzelnen und beim jeweiligen Patienten speziell in Schach gehalten werden. Was aber soll dann das Geschrei von der merkwürdigen Uniformität der Patienten, der Normierung, Durchtypisierung, Affektlosigkeit, Starrheit, mangelnder Motivation? Haben wir nicht bei allen möglichen bizarren Symptomen gelernt, die *kreative Abwehrleistung* des Patienten, wie sie im Symptom Ausdruck findet, herauszuarbeiten und als seine einzig mögliche Überlebenschance zu bewundern? Und ihm diese *Morgenthalersche* Plombe zu lassen, wenn er sie braucht (*Morgenthaler*, 1974). Und trotzdem Therapie zu beginnen, aber mit dem bescheideneren Ziel, seine Liebesfähigkeit zu entwickeln oder zu stärken. Hier liegt der Hase im Pfeffer, und wir Psychotherapeuten sollten nicht wie die sieben Schwaben gegen ihn ins Feld ziehen, bloß weil uns die angebliche Kastrationslust so ungeheuerlich vorkommt. Wenn Menschen ein so zentrales Thema psychoanalytischer Theorie zum Kernpunkt ihrer Symptomatik wählen, müßten sich Psychotherapeuten doch wie Magneten von ihnen angezogen fühlen.

Zwei abschließende Bemerkungen: Als ich 1978 fast ausschließlich mit Menschen mit transsexuellen Symptomen zu arbeiten begann, hatte ich mir zum Ziel gesetzt, die Operationen überflüssig zu machen. Seither habe ich etwa 200 dieser Patienten mehr oder weniger regelmäßig gesehen und einige zur Operation überwiesen. Sehr viel schwieriger war es, Patienten in analytische Therapie zu überweisen. Meist scheiterten die Anläufe bereits im Erstinterview (*Burzig*, 1978). Ein einziger Patient begann eine analytische Therapie und brach sie nach wenigen Stunden ab, als er merkte, daß seine Therapeutin sich zum Ziel gesetzt hatte, sein Symptom zu beseitigen. Der Bundesverband der allgemeinen Ortskrankenkassen lehnt neuerdings wieder die Übernahme der Kosten für Geschlechtsumwandlungsoperationen ab. Transsexualität sei keine Krankheit im Sinne der Reichsversicherungsordnung. Einem auf eigene Kosten in Casablanca operierten Mann, der einige Jahre nach der Operation sich endlich innerlich dem stellen wollte, was er mit sich hatte machen lassen, und dazu einen Psychotherapeuten suchte und fand, verweigerte die Kasse aber die Finanzierung mit der Begründung, nach der Operation müsse er jetzt doch geheilt sein.

Spezielle Probleme bei der psychotherapeutischen Behandlung transsexueller Patienten im therapietechnischen Sinne habe ich hier nicht diskutiert, weil einmal seit den sehr lesenswerten Arbeiten von *Schwöbel* (1960) und *Thomä* (1957) kaum etwas Neues, Brauchbares dazu erschienen ist und zum anderen nach meinem Eindruck das Gebot der Stunde ist, überhaupt ein Verständnis dafür zu wecken, daß das transsexuelle Symptom eine kreative Abwehrleistung ist, die dem Betreffenden das Überleben ermöglicht. Diese Abwehr mag er teilweise und vielleicht auch ganz aufgeben, dazu bedarf er aber eines Gegenübers, das nicht in Gegenabwehr befangen ist.

Literatur

Burzig, G.: Probleme des psychoanalytischen Interviews bei Transsexuellen. Vortrag 13. wiss. Tagung der Deutschen Gesellschaft für Sexualforschung, Frankfurt a. M. 5.–7. 10. 1978

Burzig, G.: Der Psychoanalytiker und der transsexuelle Patient. Psyche 9 (1982) 848–856

Morgenthaler, F.: Die Stellung der Perversionen in Metapsychologie und Technik. Psyche 28 (1974) 1077–1098

Psyche 4 (1950/51) 221–236, 394–400, 448–477, 626–640

Schmidt, G., E. Schorsch: Psychosurgery of Sexually Deviant Patients: Review and Analysis of New Empirical Findings. Arch. Sex. Beh. 10 (1981) 301–323

Schwöbel, G.: Ein transvestitischer Mensch, die Bedeutung seiner Störungen und sein Wandel in der Psychoanalyse. Schweiz. Arch. Neurol. Psychiat. 86 (1960) 358–382

Sigusch, V., B. Meyenburg, R. Reiche: Transsexualität. In: *Sigusch, V.* (Hrsg.): Sexualität und Medizin. Kiepenheuer & Witsch, Köln 1979

Sigusch, V., R. Reiche: Die Untersuchung und Behandlung transsexueller Patienten. In *Sigusch, V.* (Hrsg.): Therapie sexueller Störungen. 1. Aufl. Thieme 1980

Springer, A.: Pathologie der geschlechtlichen Identität. Transsexualismus und Homosexualität. Theorie, Klinik, Therapie. Springer, Wien–New York 1981

Stoller, R. J.: The Transsexual Experiment. Hogarth, London 1975

Thomä, H.: Männlicher Transvestitismus und das Verlangen nach Geschlechtsumwandlung. Psyche 11 (1957) 81–124

* **Abdruck**
aus: Psychotherapie · Psychosomatik · Medizinische Psychologie 33 (1983) 86–92, Sonderheft, Georg Thieme Verlag, Stuttgart/New York

Dr. med. Friedemann Pfäfflin arbeitet an der Abteilung für Sexualforschung, Psychiatrische und Nervenklinik am Universitätskrankenhaus Eppendorf, Hamburg.

WALTRAUD SCHIFFELS

Frau werden ist mehr als kein Mann mehr sein

Protokoll einer Bewußtseinsveränderung

Am Anfang stehen Spiel, Kitzel und Schuldgefühle. Zumindest bei mir war es so. Ich kann ohnedies nur für und über mich schreiben, über diese Frau, die ich geworden bin, und über den Mann, der ich ganz fraglos wirklich einmal war, über diese sekundäre Mann-zu-Frau-Transsexuelle, als die mich die Gutachter kategorisiert haben und der das Können ihres meisterlichen Chirurgen zu dieser Befreiung verholfen hat, jetzt der Mensch sein zu dürfen, der ich immer war.

Aber ist das wirklich wahr? War ich tatsächlich schon zuvor die Frau, zu der ich geworden bin? Nein: Gerade als die Frau, die ich jetzt in den Grenzen meiner Möglichkeiten tatsächlich geworden bin, bestreite ich dem Mann, der ich ebenso tatsächlich einmal war, genau das, was er damals so selbstüberzeugt von sich selbst behauptete: psychisch schon eine Frau gewesen zu sein. Das hätte er gern gehabt, o ja, gewiß: Soviel muß ich dem Walter Schiffels einräumen. Aber was er mit seiner sehr gequälten Ehefrau so trieb und was sich in seinem schon ziemlich kahlen Kopf so abspielte, das hatte mit Weiblichkeit soviel nicht zu tun. Und mit Frauensolidarität fast gar nichts. Ein gutes Stück ist er ein erschreckend normaler Mann gewesen, der Walter Schiffels, und Waltraud ist nicht sehr gut auf ihn zu sprechen.

Umgekehrt ist es Waltrauds vielleicht wichtigster Schritt in ihrem Frau-Werden gewesen, zu begreifen und auch zu akzeptieren, wieviel ihr doch an wirklichem Frau-Sein fehlt und immer fehlen wird. Sich selbst ist sie genug Frau, und dem geliebten Menschen auch, und sicher auch genug für die Umwelt, und vor dem Gesetz ist sie Frau wie jede andere auch, und das genügt. Aber wirklich Frau: Dazu gehörte doch mehr als dieser Verlust ihrer Männlichkeit, den sie wollte und in den sie einwilligte und den sie ein Stück weit auch durchlitten hat. Und es gehört auch mehr dazu, als jetzt eine Pseudo-Vagina zu haben statt des Penis und der Hoden, und die Brüstchen tragen vielleicht zu ihrer äußerlichen Fraulichkeit bei, aber nicht zu dem, was in ihr gewachsen ist, und das ist das Wichtigere. Frau ist Waltraud Schiffels geworden, als sie begriffen hat, daß Weiblichkeit für sie immer eine nicht erreichbare Utopie bleiben wird.

Dahin war es ein langer Weg. Am Anfang schien es Spiel, aber die Gefühle haben mir schon damals gesagt: Dies ist keins. Ganz bewußt ist mir ein heftiger Ausbruch meiner Sucht, nach Frau aussehen zu wollen, als ich acht Jahre alt war. Meine Mutter und ich waren wie gewohnt in den großen Ferien in Freudenstadt, und dort wurde so manches eingekauft, was es im Saarland, das noch nicht zur Bundesrepublik gehörte, in solcher Qualität nicht gab. Darunter auch ein Pelikan-Wasserfarbkasten für mich. Ich spüre bis heute die Erregung, die mich befiel, als wir im Buch- und Zeichenartikelgeschäft diesen Kasten aussuchten und ich dachte: »Damit kannst du dich anmalen!« War es noch am gleichen Abend, als ich es tat? Mag sein – gleichviel: Meine Mutter ging zu einem abendlichen Konzert in die neuerbaute Kurhalle, und ich stand vor dem Spiegel in unserem Gästezimmer und malte mich an, und ich weiß noch, wie unangenehm hart die Farbschicht auf der Haut wurde und wie ich darüber traurig war, daß der feuchte Schimmer des Rot auf den Nägeln sofort verschwand und einem nur stumpfen Farbwert wich, als die Wasserfarbe trocknete, und wie knapp ich es abgepaßt hatte, wieder sauber zu sein und scheinbar schlafend im Bett zu liegen, als die Mutter nach Hause kam. Am nächsten Morgen bekam ich – weil ich so brav war – den gerade erschienenen Büssing-Lastwagen der Wiking-Automodelle, und weil ich deren Gesamtkatalog noch immer habe, kann ich präzise nachschlagen, in welchem Jahr das war.

Mag sein, daß viele kleine Jungen so etwas einmal tun,

spielerisch, aber sie spüren dabei ganz gewiß nicht ihr Herz bis in den Hals und wissen sehr genau: Dies ist etwas Verbotenes, worüber man nicht spricht. Wenn Mama es merkt, passiert wieder diese schlimmste Strafe: das lange Schweigen, und ich hätte ihr dabei sogar recht gegeben. Ich habe in der Folge Scheu gehabt, diesen Farbkasten in unverdächtigen Zusammenhängen zu benutzen.

Ist es im gleichen Urlaub, als Mama sich endlich einmal Pumps kauft statt der ewig gleichen flachen Treter, die sie in Praxis und Haushalt sonst immer anhat? Die Verkäuferin im Schuhgeschäft ist entzückt über den »kleinen Kavalier«, der seiner Mutter so »süß« beim Aussuchen hilft und einen »richtig guten Geschmack« hat in diesen Dingen. Wie habe ich bedauert, daß ich so rasch herauswuchs aus diesen Schuhen meiner Mutter, die sie kaum getragen hat, ich dagegen oft, wenn ich allein war. Und ich war viel allein.

All dieses sind noch spielerische Verhaltensweisen, und ich wußte sie im Verborgenen zu halten und fiel nicht auf, zumal die richtigen Spiele, die ich auch mit anderen spielte, so ganz normal schienen: Da waren die Wiking-Autos und die Märklin-Bahn, meine Schiffsmodelle. Auch die Bücher waren unverdächtig: natürlich Karl May, schon früh Edgar Wallace und die Father-Brown-Geschichten Chestertons und viele Bücher über Technisches. »Schau, er gerät halt doch nach dem Vater«, hieß es dann. Der war Diplomingenieur gewesen.

Aber ich hielt meinen Mund, und in den Kopf schaute niemand. Dort spielten die Schiffe bald eine ganz andere Rolle: Sie halfen mir, das, was ich ganz und gar nicht war, wenigstens in meinen Phantasien zu sein: männlich. Ganze Flotten und Ranglisten phantasierte ich mir zusammen, war mit Hornblower in den Forester-Geschichten im Ärmelkanal und in der Karibik. Noch brachte der Franz-Schneider-Verlag in seinen Bubenbücherserien munter Texte des Altfaschisten Fritz-Otto Busch, dessen Texte um Seemannschaft und »Führerpersönlichkeiten« zur See und anderswo ich verschlang und mich beim Lesen als ganzer Kerl fühlte, obwohl ich mich doch schon als etwas ganz anderes wußte. Ich kannte die Kriegsschiffe der Welt – und die Frauenmode der Saison. Und die Karl-May-Bücher liebte ich deshalb, weil da ständig irgend jemand an irgendwelche Marterpfähle gebunden war oder in der Sklavenkarawane in Ketten und im Sklavenjoch gehen mußte. Meine Phantasien beim Lesen waren keineswegs bei den Starken, sondern bei denen unter der Peitsche und in den Fesseln.

Zwei traumatische Erlebnisse begegneten mir in kurzem Abstand, als ich vierzehn war.

Meine Mutter hatte meiner Cousine, die fast gleichaltrig mit mir ist und auch ungefähr meine Statur hat, ein Sommerkleid gekauft – sie wollte es ihr mitnehmen, wollte aber vorher probieren, ob es ihr stehe, und forderte mich auf, es anzuprobieren. Ich wehrte mich wie eine Furie und stellte mich an, als täte sie mir wer weiß was an. Sie brachte mich schließlich dazu, mir das Kleid anziehen zu lassen, und ich schämte mich in Grund und Boden, als ich mich damit im Spiegel sah – und sehr bald erlebte ich das gleiche im Traum als heftig beschämend und hatte dabei meinen ersten Samenerguß. Trotzdem, oder deshalb?

Das andere Mal war ich zusammen mit einem fast gleichaltrigen Cousin eingeladen zu einem Patienten meiner Mutter, der ein großes Grundstück hatte oberhalb der Stadt: Zwei Töchter gab es in seinem Haus, beide älter als wir. Sechzehn, siebzehn mochten sie gewesen sein, sportlich und hübsch, uns Buben in jeder Hinsicht überlegen. Wir spielten Indianer; es gab einen dicken Baum auf dem Grundstück und eine lange Wäscheleine. Es ist eine ganz archetypische Situation, wie die beiden Mädchen uns Buben zu Gefangenen machten. Spielten sie an uns herum, bilde ich es mir im nachhinein ein? Ich weiß es nicht mehr. Es war jedenfalls beschämend, von den beiden Mädchen überwältigt worden zu sein: und es war zugleich tiefstes Glück, von dem niemand wissen darf.

Meine Krankheit, die langen erzwungenen Liegezeiten zu Hause und in Kliniken und die sehr verspätet erst einsetzende Virilität haben lange geholfen, mir selbst und auch andern zu verschleiern, daß die Sexualentwicklung gänzlich außerhalb der Normen verlief. Die Mutter hat sich offenbar alle Mühe gegeben, wegzuschauen: Selbst über meine Phimose hat sie mich nicht aufgeklärt, und sie hat natürlich Bescheid gewußt, als die ausgezeichnete Ärztin und Diagnostikerin, die sie war. Ich selbst habe später einen Arzt aufgesucht und mich von meiner Vorhautverengung befreien lassen, nachdem ihretwegen das erste intime Beisammensein mit einer Frau mißlungen war. Die ist Gott sei Dank erfahren gewesen und auch ein gut Stück älter, sie fand mein Handikap nicht lächerlich und spottete nicht, sondern sagte sanft, was das sei und wie es zu beseitigen wäre. Denn als Mann beweisen wollte ich mich durchaus, wollte »besitzen«, wollte penetrieren, und da waren auch ganz reale Wünsche, Vater zu werden. Ich habe mich an meiner jungen schönen Frau gefreut, wie dies wohl jeder Mann an meiner Stelle getan hätte. Aber ich weiß auch noch gut: Als ich endlich die Eheschließung von ihr erzwungen hatte und wir im Wartezimmer des Standesamts saßen, um gleich vor Staat und Gesetz getraut zu werden, da schaute ich hinaus in den kalten Märztag und wußte sehr genau: »In diesem Moment begehst du den schwersten Fehler deines Lebens!« Ich habe ihn trotzdem begangen, ich wollte mich mit dieser Heirat »heilen«, und dies ist meine bleibende Schuld an meiner früheren Frau. Wäre ich ehrlicher mit mir selbst und mit ihr gewesen: ich hätte es schon damals besser wissen können und müssen.

Denn was war da nicht alles schon vorausgegangen!

Ganz »normale« erotische Phantasien hatte ich eigentlich nie gehabt: Stets kreiste ihr Handlungskern um masochistisches Erleben oder (allermeistens miteinander kombiniert) um sexuelle Begegnungen, bei denen ich selbst in der Frauenrolle war. Bei den Selbstbefriedigungstechniken waren

Fesselutensilien ebenso stereotyp dabei wie Fetische der Frauenkleidung, und doch hat schon damals dahinter etwas anderes gestanden als purer Masochismus und Fetischismus, denen der Gebrauch dieser Gegenstände genügt hätte und die mich selbst im erleichterten »Danach« unverwandelt und unirritiert hätten mein Leben leben lassen. Dahinter war tatsächlich stets der Wunsch, »auf der anderen Seite« zu sein, »die andere« zu sein, die in mir steckte, und überlagert war dieser authentische Wunsch (und das machte seine Befriedigung so unmöglich, weil ich ihn selbst überhaupt nicht erkannte) durch die *Männerphantasie vom Frauenleben.* Für Außenstehende ist es vielleicht schwer begreifbar: Da war zum einen tatsächlich der Wunsch, Frau zu sein, da war aber zum andern ein noch ganz und gar aus Männerwünschen zusammengesetztes Bild von Frau. Ich fürchte, es sagt viel über die männliche Sicht des Frauseins aus, daß der Mann Walter durch seinen Masochismus hindurchgehen mußte, um Frau Waltraud zu werden und sich dann erst als Frau, die ihr eigenes unbeschädigtes Leben in freier Selbstbestimmung leben will, ein gut Stück von dieser Unterwerfungs- und Qualsucht zu befreien. Was davon blieb, ist nicht mehr als der Wunsch, der Geliebten fest und unverbrüchlich »gehören« zu dürfen, was sie zwar weder braucht noch verlangt, womit sie aber liebevoll und sanft umgehen kann. Unsere lesbische Beziehung unterscheidet sich wohl nicht nennenswert von der anderer Paare weiblich-homosexueller Bindungen, und auch die Dominanz ist nicht unausgewogen allein auf ihrer Seite – im Bett wohl, aber sonst freut sie sich durchaus meines Gesellschaftserfolgs und meiner Stellung, und da, wo es einmal Meinungsverschiedenheiten oder Wunschunterschiede gibt, werden sie fair und gemeinschaftlich ausgehandelt und ausgetragen. Es ist aber noch nicht lange her, daß ich an dieser Stelle geschrieben hätte, natürlich sei ich quasi die »Frau« in der Beziehung: Womit ich nur verraten hätte, wie sehr noch ein männliches Bild auch von weiblicher Geschlechtsidentität in mir steckte, das inzwischen überwunden ist. Denn ich lerne dazu, Tag für Tag und mit jeder neuen Frau, die ich näher kennenlerne. Ich habe längst erkannt, daß das, was ich von jener »anderen Seite« mit herübergebracht hatte als Kategorisierung dessen, was weiblich sei, nichts als Meinungsschrott war, der auf die Kippe gehörte, wo er auch gelandet ist. Diese Zerrbilder von »Frau« hielten dem Rollenlernen »von innen« nicht stand.

Selbstverständlich bezieht sich dieses Rollenlernen nicht nur aufs Sexuelle und Erotische, nicht einmal überwiegend, aber dort war der Wissenszuwachs natürlich besonders spektakulär. Denn ich war mit der männlichen Vorstellung ins Frauwerden hineingegangen, die Frau sei die »Nehmende«, die eher Passive, vielleicht sogar Unterwürfige. So hätte ich's im Umgang mit meiner eigenen Frau ja ganz gern gehabt. Dieses Frauenklischee hat ja auch so schön mit meinem Masochismus korreliert und die Verknüpfung von Transsexualität und Masochismus gestattet. Aber schon beim ersten Mann, der mir nach dem Geschlechtswechsel begegnet ist, der mir schon zuvor etwas bedeutet hat (sogar deutlich zuviel) und jetzt halt noch ein wenig mehr bedeutete und bei dem es mir wichtig war, auch als Frau zu imponieren und zu beeindrucken, bei ihm also begriff ich plötzlich, daß ja wir, die Frauen, es sind, die *immer* und *sicher* über ihre eigene Potenz verfügen, während die männliche Sexualität unser bedarf (oder an unsrer Statt eines Fetischs oder Bilds oder sonst etwas dieser Art, was uns ersetzt), um überhaupt *mit der eigenen Potenz ausgestattet zu werden*. Wir sind die, die das Spiel spielen, und es ist allein schon unser Da-Sein und die Bedeutsamkeit unserer Körperlichkeit und ihrer Signale, die erst das Wecksignal für die schlaffe Männlichkeit aussendet. Als ich mich zum ersten Mal fragte, ob ich wohl genügend attraktiv sei für »ihn«, und sah, wie er sich spannte, und seine Befangenheit und Scham bemerkte, als er sah, daß ich sah: da erst habe ich das begriffen und mich zum ersten Mal meiner neuen Macht gefreut und das stolze Selbstbewußtsein erlebt, das alle Frauen kennen, die in Ach-

tung ihrer selbst jemals begehrt worden sind. Ich habe freilich später auch Männerbegehren als Grund nackten Grau-
ens erlebt, wenn es gar nicht uns als den jeweils »anderen
Menschen« meint, sondern den bloßen Sexualgegenstand
oder – noch schlimmer – das »Ding«, mit dessen Verdingli-
chung sich der Mann seine Macht beweist oder das er mit
seiner spezifischen Macht auch einfach *zunichte* machen will.
Damals, als ich mich in Achtung begehrt wußte, habe ich ein
für allemal das Gefühl verloren, die Frau sei im erotischen
Mit-Einander die Unterliegende, und an die Stelle dieses
Gefühls ist die Sicherheit des Selbst-Vertrauens getreten
und jäh auch die Einsicht, daß die Männerwelt es gerade aus
dem Erleben ihrer eigenen *Unsicherheit* nötig hat, uns in Abhängigkeit und Unterwerfung zu halten, uns, die wir die
Gattung reproduzieren, uns, die ihnen wegen des unver-
gleichlichen Vergnügens, das nur wir ihnen bieten können,
der wichtigste »Besitz« und Tauschgegenstand sind (letzteres wenigstens in früheren Kulturen, so lange ist es noch
nicht her!), uns, die wir ihr Unvermögen und ihre Schwäche
am besten kennen, uns, vor denen sie sich deshalb schämen,
ohne es weder uns selbst noch ihresgleichen eingestehen zu
können.

Es war ein Urerlebnis. Und doch hatte ich ein »Déjà-vu-
Gefühl« dabei. Denn ich habe ja einmal in meiner Jung-
Männer-Zeit als Domina gearbeitet, auch dabei habe ich ein
ähnliches Machterlebnis gehabt.

Und doch war es ganz anders. Denn das Erlebnis in jenem
»Studio« war immer begleitet von Ekel, von Abscheu vor
diesen kriechenden und meist ziemlich wabbligen Männer-
körpern, vor ihrem hilflosen Sich-Recken und ihrem Ge-
stammel, sie zu erleichtern, wozu ihnen selbst ja die Möglichkeiten genommen waren. Nichts hat damals gestimmt:
Ich war nicht wirklich Frau, das Begehren jener Männer
meinte nicht mich oder eine andere der anwesenden Frauen,
sondern nur einen Fetisch von Frau, den wir nur zu »verkör-
pern« hatten. Ich fand und finde die Art von Männerunter-

werfung ekelhaft – obgleich ich selbst ein solcher Mann war und männlichen Masochismus besser verstehe als sonst irgendeine Abweichung. Aber ich sympathisiere nicht mit ihm.

Jetzt war's in Ordnung. *Ich* war gewollt, und freie Übereinkunft zu beidseitiger Lust wäre möglich gewesen. Das Erlebnis war das von Lust und Freude – und von *wirklicher* Macht, nicht von Machtspiel.

Mit diesem Erlebnis und anderen verschwand auch endlich und endgültig der Fetischcharakter, den die Kleidung und der Schmuck und die Schminke der Frauen bis dahin immer noch für mich hatten. Ich habe nämlich gelernt, daß diese Möglichkeit und der Wille, schön zu sein »für ihn«, durchaus kein Akt der Unterwerfung unter den Mann und sein Begehren sein muß (oder auch unter »sie« und ihre Lust, wenn es sich um eine lesbische Partnerschaft handelt), sondern Wahrung der eigenen *Macht* sein kann, die in der Attraktivität für den Partner liegt. So verschwand auch auf einmal die Versuchung, daß ich mich etwa irgendeiner Mode unterworfen hätte, nur um auszusehen, wie Frauen gerade »auszusehen hatten« nach dem Diktat irgendwelcher Modemacher, sondern nun betonte ich das, wovon ich wußte, es sei betonenswert und in besonderer Weise ein Charakteristikum meiner selbst: meine Augen zum Beispiel. Und ich verberge wohlweislich, was zu verbergen klüger ist, weil es verraten könnte, ich sei nicht immer Frau gewesen, oder was ganz einfach unvorteilhaft ist. Mein Skelett ist ja männlich und bleibt auch so, und deshalb wird mein Gang mich immer verraten, denn Beckenknochen und Ort der Oberschenkelgelenkpfannen sind bei mir nun einmal dort, wo sie bei Männern sind – so bevorzuge ich weite, lange Schlabberröcke, die so herrlich feminin wirken und doch nur verbergen sollen, wie ich gehe, und Hosen mag ich aus dem gleichen Grund auch gern. Beinkleider bevorzuge ich übrigens auch dann, wenn es an den Herbstabenden beginnt, um die Beine zu ziehen – o Gott, wie kalt war mein erster Frauenwinter, als es noch unbedingt kniekurze Röcke und dünne Nylons sein mußten! Auf der anderen Seite bevorzuge ich auf langen Autoreisen wieder Röcke, weil sie beim kurzen Autobahnstop erheblich praktischer sind als Hosen, bei denen frau an Verschluß und Gürtel herumfummeln muß, während's schon pressiert ... Überlegungen, wie ich sie wohl mit den »geborenen« Frauen teile und die ich inzwischen auch nicht mehr bewußt anstelle. Überhaupt ist es mir selbstverständlich geworden, Frau zu sein und wie eine Frau zu handeln. Manches, was anfänglich seinen besonderen Reiz hatte, hat ihn darüber auch verloren: Das Zurechtmachen in der Frühe hat keinen Prickel mehr, sondern ist einfach Bestandteil der Tagesroutine und wird ein gut Stück als *störend* empfunden, weil es Zeit kostet, und deshalb auch weggelassen, wenn es nicht sein muß: vor einem Tag voller Schreibroutine zu Hause oder wenn's mir nicht gutgeht. Susan Brownmillers Kapitel über die weibliche Kleidung in ihrem Standardbuch »Feminity« zeigt, wie die Kleidung der Frau über die Jahrtausende und in fast allen Kulturen nicht nur ein Instrument ihrer Unterscheidung, sondern auch ihrer Unterwerfung gewesen ist. Aber ich bin nicht ihrer Meinung, es sei heute in unserem Kulturkreis immer noch nicht möglich, zugleich weiblich und *trotzdem* kompetent zu wirken – im Gegenteil: Es scheint mir sogar ein Privileg und eine Lust, fähig und zugleich attraktiv aussehen zu können. Auf der anderen Seite war es ein Schock für mich, bei meinem ersten Besuch einer Synagoge nach meinem Geschlechtswechsel mich nicht mehr unten unter den selbstverständlich privilegierten Männern zu befinden, sondern oben auf der (zumindest symbolweise noch) abgeschlossenen Empore unter den anderen Frauen. Ein ähnlich demütigendes (und für mich – aber nur für mich – zugleich süßes) Erlebnis hatte ich beim ersten Besuch eines festlichen katholischen Meßgottesdienstes in einer kleinen ländlichen Gemeinde: hinter den Bänken der Nonnen und unter den zumeist älteren Frauen in den dichtgedrängten Kirchenbänken der Frauenseite, während drüben bei den behäbigen Männern viel Platz war ... Wohin ich jetzt gehöre, ist mir besonders klargeworden, als ich begriff, nun zu denen unterm Schleierzwang zu gehören und Schwester der Schadorträgerinnen zu sein. Begriffen habe ich aber auch, daß die Schleier zugleich Symbol unseres Besitz- und Warencharakters sind wie Notwendigkeit, die aus dem Mißtrauen der Männer ihrem *eigenen* Geschlecht und seiner Begehrlichkeit gegenüber entspringt.

Möglich geworden ist dieses Gefühl, *einheimisch* zu sein unter den Frauen, erst, seit ich authentisch eine Frau bin. Früher habe ich mir die Frau *angezogen* und konnte sie folglich auch wieder ausziehen: Nach dem Ablegen der Perücke, der Busenprothese, der Taille vortäuschenden Corsage und nach dem Abtragen der Schminke stand da abends wieder ein Mann – eine Weile selbst noch nach den Operationen. Jetzt tritt meine Weiblichkeit zutage, wenn ich mich ausziehe. Es war schon sehr seltsam, als ich mich zum ersten Mal vor mir schon lang vertrauten Männern *schämte* – vor meinem Therapeuten zum Beispiel, wie ich mich andererseits eben nicht mehr schämen und genieren und sogar fürchten muß, wenn die Verkäuferin in der Boutique ein wenig zu früh in die Kabine tritt, um was zu bringen oder zu holen, und mich halbnackt überrascht. In der vom Gesetz vorgesehenen Übergangszeit des »Alltagstests«, in der ich schon Frau darzustellen hatte, ohne wirklich eine zu sein, wären dies Paniksituationen gewesen. Es ist deshalb auch ein ungeheurer Tag gewesen, als ich zum ersten Mal ohne Perücke ausgehen konnte (denn ich hatte schon eine ganz normale Männerglatze, als ich ins Frauenleben eintrat, die über dem veränderten Hormonspiegel verschwunden ist): Zum ersten Mal war die Angst fort, ein Windstoß könne »ent-decken«, wer und was ich wirklich sei ... Der erste Frauenurlaub an der See war deshalb zugleich wunderschön und Quelle ständiger Angst. Und wie beschämend ist es lange Zeit gewesen, vor der Geliebten, betteten wir uns, die falsche Haarpracht und den Brüsteersatz ablegen zu müssen. Wahrhaftig, als Wahlspruch über ihre so erprobte Liebe dürfte sie schreiben: »amo, quia absurdum.« Aber ich habe jetzt auch zu schützen, was jede Frau schützen muß, und ich habe entdecken müssen, wie überwindbar und lückenhaft dieser Schutz ist, wie verwundbar ich geworden bin. Die Vergewaltigung, die in einer ganz alltäglichen Situation am hellen Nachmittag über mich hereingebrochen ist, hat auf Dauer das trügerische Gefühl der Sicherheit zerstört, das ich anfangs als Frau noch gerade so hatte, wie's mir als Mann selbstverständlich gewesen ist. Das Schlimmste daran aber war – und damit werde ich kaum fertig –, daß dieser Mann, als er mich zum bloßen Ding machte und mein Körper nur noch aus den Stellen bestand, die er zerriß, mir Dinge antat, wie sie früher durchaus auch *in meiner Phantasie* gewesen sind. Gewalt in der Ehe (wenn auch nicht in diesem verbrecherischen Maß) habe ich schließlich auch selbst geübt, o ja! – so war mir fast, als hätte ich mich selbst vergewaltigt, und mein Haß auf ihn ist zugleich auch ein Haß auf mein früheres Selbst, von dem ich erst jetzt eine besondere Kategorie zu begreifen gelernt habe. Das Zweitschlimmste im Gefolge dieses Verbrechens ist die direkt ausgesprochene oder zart angedeutete Verweisung: »Du hast es ja selbst so gewollt!« – »Warum machst du dich so zurecht, warum ziehst du dich so an, warum sprichst du so offen über dich, weshalb provozierst du die Männer auch so . . .« Und schließlich steckt immer dahinter: »Du hast ja partout Frau werden wollen, na also . . .« Dies gehört offenbar noch zum Frau-Sein: Die Statistik weiß, daß es jeder vierten passiert – und wie hasse ich sie, diese Wendung, »es passiere«. O nein: Es wird ganz gezielt getan und gewollt. So verharmlost schon die Sprache das, was wirklich Sache ist. Geholfen hat es mir freilich, mit meinen Männerphantasien zu Ende zu kommen und ganz heimisch zu werden bei den Frauen, schon weil ich mich bei ihnen sicher weiß. Geholfen hat es mir auch, zu Hause zu sein in der *Geschichte der Frauen*, die die Geschichte erlittener

Gewalt ist. Warum habe ich vorher nichts von der weiblichen Beschneidung und der Klitorisverstümmelung in Schwarzafrika gewußt? Es betraf mich nicht. Weshalb hatte ich nie nachgelesen, wie mühsam und gegen welchen Widerstand Elisabeth Selbert diesen selbstverständlichen Satz »Männer und Frauen sind gleichberechtigt« ins Grundgesetz hineingekämpft hat – gegen den Widerstand selbst von Männern wie Theodor Heuss und Thomas Dehler, die auch zuerst Männer und dann erst Demokraten waren? Vorher war es nicht meine Gleichberechtigung, die da erfochten worden war. Wieso war meine gewußte Literaturgeschichte eine Geschichte schreibender Männer gewesen? Weil sie meine Literatur geschrieben hatten! O ja! Die ganze Welt und Weltgeschichte hat sich mir umgestaltet, und ich hätte gute Lust, Brechts »Fragen eines lesenden Arbeiters« – diesem Machogedicht – einen Text »Fragen einer lesenden Frau« zuzugesellen, in dem auch Brecht selbst befragt wäre . . .

Vor allem aber hat mich gerade die Kette der Verletzungen und Demütigungen, die ich seit dem Geschlechtswechsel habe hinnehmen müssen, gelehrt, daß ich nicht die mindeste Lust habe, auch nur den kleinsten Abstrich am Vollbesitz meiner Menschenrechte und Menschenwürde hinzunehmen, die ich als Mann ganz selbstverständlich besaß. Dies begreifend, ist mir einsichtig geworden, wie viele solcher Abstriche diese gleichberechtigte und selbstbestimmte Gesellschaft den Frauen zumutet. Nein, dies sei nicht so? Dürfen wir etwa im Restaurant, in der Gesellschaft, im öffentlichen Verkehrsmittel einen Mann ansehen, ohne daß er dies sogleich als Aufforderung mißversteht? Und wie darf er uns anstarren! Dürfen wir – außer bei Strafe der Anpöbelei – beim abendlichen Nachhauseweg den Straßenzug wählen, der der nächste ist, oder müssen wir da »Rücksichten« nehmen? Verdienen wir noch Achtung, wenn wir alt sind oder schwanger oder das Pech haben, häßlich zu sein? Haben wir gleiche Chancen in allen Berufen? Werden wir schon im Elternhaus eher von weiterführenden Bildungsgängen ausgeschlossen als unsere Brüder? Brauchen wir etwa nicht Quotenregelungen in der Politik, werden wir nicht noch wegen dieses Kampfs um unsre Durchsetzung angegriffen? Nehmen sich »die anderen« nicht das Recht heraus, Rechte festzusetzen und Recht zu sprechen über Sachverhalte, die nur uns betreffen können, sie aber nicht? Müssen wir in einer bestimmten Kirche nicht immer noch schweigen?

Nein, *gerade weil ich Mann war* (und es folglich »besser« gekannt habe), *weiß ich, daß es Kampf bedeutet, wenn Frauen ganz Mensch sein wollen.* Und weil ich mich selbst wertschätze und mag und will, daß es mir gutgeht, und gern und glücklich Frau bin, kämpfe ich nun fürs Menschsein der Frauen und damit für mein eigenes.

Fast 52 Prozent der Bevölkerung unseres Staats seien Frauen, habe ich gelernt. Ich bin dazugekommen. Ich wünschte, das zählte, als seien wir jetzt 53 Prozent.

* * *

Dokumentation einer Umwandlung

Manfred Voltmer

Von Walter zu Waltraud

Beobachtungen eines früheren Klassenkameraden

1977 wurde ich erstmals mit dem Thema »Transsexualität« konfrontiert. Ein Kollege hatte einen Film für den *Aktuellen Bericht* (Abendschau des Saarländischen Rundfunks) realisiert. Darin ging es um die Probleme eines Mannes aus Saarbrücken, der eine Geschlechtsumwandlung beziehungsweise -anpassung durchzusetzen versuchte und das zu einer Zeit, als Transsexuelle noch ziemlich rechtlos dastanden: Das Transsexuellengesetz sollte erst 1981 vom Bundestag verabschiedet werden.

Meine erste Reaktion wie die meiner Kollegen damals war eher Unverständnis. Mit solchen Menschen verband ich spontan Bilder aus dem Transvestiten-Milieu. Und das Stichwort Casablanca schoß mir durch den Kopf; dort soll es eine Klinik geben, in der sich Gutbetuchte für Tausende von Mark einer Geschlechtsoperation unterziehen können, hatte ich einmal gelesen.

Mehr konnte ich mit dem Thema nicht anfangen. Mir war es ein Rätsel, warum ein Mensch solche Opfer auf sich nimmt, um sein angeborenes Geschlecht ändern zu lassen. 13 Jahre später sollte ich erfahren, daß einer meiner früheren Klassenkameraden vom Gymnasium dabei sei, Frau zu werden. Ich konnte mir zunächst nicht vorstellen, so tief in die Intimsphäre und die Problematik eines Betroffenen Einblick zu bekommen – und das über mehrere Monate. Denn es hatte sich ergeben, daß ich als Journalist die Lebens- und Leidensgeschichte meines ehemaligen Klassenkameraden Walter Schiffels filmisch darstellen konnte. Das gegenseitige Vertrauensverhältnis – aus der Schulzeit erwachsen – hatte bei den Dreharbeiten vieles erleichtert.

Als der 45-Minuten-Film mit dem Titel »Von Walter zu Waltraud – Stationen einer Geschlechtsumwandlung« am 20. Juli 1990 in Südwest 3 gesendet worden war, hatte ich selbst einen Wandlungsprozeß hinter mir: Durch die intensive Auseinandersetzung mit dem Schicksal von Transsexuellen beurteile ich deren Schritt heute differenzierter und verständnisvoller. Eine Zunahme an Toleranz hatten auch alle übrigen Mitglieder des Filmteams an sich beobachten können.

Walters Schicksal war nicht einfach: In der Schule galt er als Außenseiter. Still saß er in der Bank, brav beteiligte er sich am Unterricht – wenn er nicht mal wieder wegen Krankheit fehlte. Uns fiel auf, daß er kurzatmig war und asthmatisch wirkte. An eine Teilnahme am Sportunterricht war nicht zu denken. Viele Mitschüler hänselten ihn, er sei kein richtiger Bub. Walter wehrte sich nicht.

Aber er hatte zwei Stärken: seine überdurchschnittlich hohe Intelligenz und seine ausgeprägte Hilfsbereitschaft. Walter war kein Streber, man konnte ihn um vieles bitten: um eine schwierige Lateinübersetzung oder die Lösung einer komplizierten mathematischen Formel – nie sagte er nein. Heute ist es mir unverständlich, daß nicht wenige unserer Klassenkameraden trotzdem so grausam zu ihm waren. Zudem wußten wir, daß sein Vater im Krieg gefallen war.

Mir leuchtet heute ein, was Waltraud während unserer Dreharbeiten äußerte, als wir auf die Schulzeit zu sprechen kamen: Als Walter habe er vor uns Angst gehabt. Sich körperlich nicht mit uns messen zu können sei ein Trauma gewesen. Mehr als einmal habe er sich damals gewünscht, lieber ein Mädchen zu sein. Dann hätte er nicht dauernd herumtoben müssen.

Nach der Schulzeit verlor ich Walter zunächst aus den Augen. Ich hörte erst wieder von ihm, als er eine Studienkollegin aus der Fachrichtung Germanistik an der Saarbrücker Universität heiratete. Es war eine Klassenkameradin meiner

Frau. Ich freute mich damals sehr für Walter. Für ihn als schwerbehinderten Mann mit drei Lungenoperationen war es nicht einfach, eine Lebenspartnerin zu finden, die viel Geduld und Verständnis für seine körperlichen und seelischen Leiden aufbringen würde.

Die ersten Ehejahre müssen sehr glücklich verlaufen sein. Zumindest hatte man als Außenstehender diesen Eindruck, wenn man beiden begegnete und sie einander Komplimente machten.

Nachdenklich wurde ich, als mir etwa 1980 – nach fünf Ehejahren – auffiel, daß sich sowohl Walter als auch seine Frau äußerlich zu ihrem Nachteil zu verändern begannen. Ursula magerte ab. Ihre schönen Gesichtszüge verrieten einen belasteten Menschen. Walter gab mir noch mehr zu denken: Er begann sich zu vernachlässigen. Nicht nur auf mich wirkte er ungepflegt. Irgendwie schien er sich hängenzulassen. Auf die stereotype »Wie geht's?«-Frage ließen sich beide nichts anmerken. Auch beim mitfühlenderen Nachhaken hatten beide Scheu, sich anzuvertrauen.

Erst bei den Dreharbeiten zu unserem Film gab Waltraud zu, daß die Ehe damals bereits in einer Krise steckte. Ehefrau Ursula hatte wohl von Walters geheimem Doppelleben erfahren: Merkwürdige Geldausgaben brachten sie auf die Spur, daß er gern in teure Frauenkleider schlüpfte und offenbar keine Kraft hatte, seinen innersten Wünschen aus der Studentenzeit standzuhalten. Denn als Walter Anfang Zwanzig war, tauchte er nachts des öfteren ins halbseidene Milieu Saarbrückens.

Trotz vieler Versuche seiner Frau, sich des Problems anzunehmen, scheiterte die Ehe. Waltraud heute: »Ich habe sie sehr geliebt«, und: »Ich habe ihr wahnsinnig viel angetan, ohne es zu wollen. Das ist eine bleibende Schuld.«

Nach der Scheidung muß für Walter die Hölle begonnen haben: An seinem Arbeitsplatz, bei öffentlichen Anlässen und in Kneipen fiel er immer häufiger als Trinker auf. Ich selbst war erschüttert, wenn ich ihn in diesem Zustand antraf – mit dem ohnmächtigen Gefühl, nicht helfen zu können.

Anfang 1988 hörte ich nichts mehr von Walter. Bei seinem Arbeitgeber, der Volkshochschule Saarbrücken, wußte man nur, daß er krankheitshalber fehlte. Was ich erst später erfuhr: Er hatte versucht, Suizid zu begehen. Doch er überlebte. Ein Therapeut hatte sich seiner Alkoholprobleme angenommen. Ihm vertraute er an, daß er transsexuell sei und seinen männlichen Körper schon seit seiner Kindheit gehaßt habe.

In der darauffolgenden Entziehungskur halfen ihm verständnisvolle Kliniker, zu sich selbst zu finden. In Walter reifte der Entschluß, sich seinen Kindheitstraum zu erfüllen: Er wollte so schnell wie möglich Frau werden. Das hieß, er mußte – bevor er auch operativ diesen Schritt tat – monatelange gutachterliche Tests über sich ergehen lassen. Denn die verlangt der Gesetzgeber nach dem Transsexuellengesetz von 1981.

In einem Interview mit Professor Dr. Klaus Zang, dem Leiter des Instituts für Humangenetik an der Universitätsklinik Homburg, erfuhr ich: Die Entscheidung für ein positives Gutachten sei keineswegs leicht gewesen. Vor allem habe er sich mit seinen Kolleginnen und Kollegen schwer mit der Frage getan, ob es sich bei Walter Schiffels um eine primäre oder eine sekundäre Form der Transsexualität handele. Bei der primären sei erwiesen, daß es sich bei den Betroffenen um »einen Fehler der Natur« handele. Das heißt, die zwanghafte Vorstellung, lieber dem anderen Geschlecht zuzugehören, sei genetisch bedingt, liege in der Erbsubstanz begründet. »Die Seele wohnt in einem falschen Körper«, hatten Betroffene formuliert, die ich während unserer Dreharbeiten kennenlernte. Bei Walter Schiffels handele es sich aber eher um eine sekundäre Transsexualität, hatte Professor Zang schließlich herausgefunden. Das heißt, mehrere schicksalsbedingte Faktoren hätten die Verachtung seines männlichen Geschlechts und die Hinwendung zum weiblichen ausgelöst: Fehlen einer Vaterfigur, Erziehung durch eine sehr dominante Mutter und nicht minder dominante Frauen im Kinderheim und in Kliniken; Krankheiten und ein schwächlicher männlicher Körper hätten bei Walter Schiffels zusätzlich die Sehnsucht nach dem Weiblichen und die Identifikation mit dem anderen Geschlecht verstärkt.

Als ich Walter im Juni 1989 erstmals nach seiner monatelangen Therapie wieder traf, war er – wenn auch unter dem Rock noch Mann – äußerlich zur Frau geworden, zur Waltraud. Jetzt aber nicht mehr versteckt, wie so oft in den vergangenen 25 Jahren, sondern offiziell. Für mich, wie sicher für die meisten seiner Bekannten, war das zunächst ein kleiner Schock. Vor mir saß eine charmante, gutaussehende, dezenten Schmuck tragende Frau Mitte Vierzig, die ich eigentlich nur an der Stimme erkannte. Aber es war eine Stimme, die zu dieser Frau viel besser paßte als vorher zu Walter, dem unglücklichen Mann. Vor mir saß eine Frau mit einem Selbstbewußtsein, wie ich es an Walter nicht gekannt hatte. Weniger selbstbewußt fühlte ich mich bei dieser ersten Begegnung. Wie redest du dieses neue Wesen an? fragte ich mich verlegen. Ich erinnere mich gut, wie schwer mir Waltraud über die Lippen ging. Bei diesem einstündigen Wiedersehen verfiel ich mindestens fünfmal ins vertrautere Walter. Waltraud zeigte Verständnis für die Versprecher, bat jedoch höflich, aber bestimmt um korrekte Anrede.

Mit dem gleichen Selbstbewußtsein war der frühere Dr. Walter Schiffels ein paar Tage zuvor erstmals seit der Therapie wieder im Dienst erschienen. Jetzt als Dr. Waltraud Schiffels, Fachbereichsleiterin Literatur bei der Volkshochschule Saarbrücken. »Ihr habt jetzt einen Kollegen weniger, aber eine Kollegin mehr!« überraschte sie jeden, der ihr dort über den Weg lief. Ich hörte in den folgenden Tagen und Wochen viel über das Thema Schiffels. Es sollte für einige Zeit der Gesprächsstoff in Saarbrücken sein. Für die einen war diese neue Frau jemand, der endlich mal sein Geltungsbedürfnis ausleben will, für andere war sie eine eher tragische Figur, die letztlich scheitern müsse. Wieder andere versuchten sich sachlich mit dem Menschen Walter/Waltraud auseinanderzusetzen. Von einem »bewundernswerten, mutigen Schritt« war die Rede und davon, daß es Waltraud Schiffels gelingen möge, ihre eigentliche Identität zu finden. Viele ehemalige Bekannte distanzierten sich von diesem »peinlichen Fall einer Geschlechtsumwandlung«, aber Waltraud gewann neue Freunde. Und das seien die wichtigeren und wertvolleren Kontakte, versichert sie heute.

Mich interessierte dieser Fall nicht nur aus alter Freundschaft, er reizte auch den Fernseh-Journalisten. Ich konnte Waltraud überzeugen, daß sich ihr Schicksal filmisch gut analysieren ließe. Sie war unter der Bedingung zur Mitwirkung bereit, daß der Saarländische Rundfunk mit dazu beitragen würde, anderen Betroffenen zu helfen. Im Bundesgebiet soll es mindestens 5000 Männer und Frauen geben, die ihr Geschlecht ändern lassen wollen oder diesen Schritt bereits hinter sich haben. Aber zunächst war eine Redaktion zu finden, die ein solch heikles Thema für eine Fernsehsendung akzeptieren würde.

Nach wochenlangem Hin und Her und einer Menge Überzeugungsarbeit gelang es, mit Dr. Dietmar Zimmermann einen Redakteur zu finden, der von der großen Resonanz eines Filmes in Südwest 3 überzeugt war. Nicht nur des Themas, sondern auch der Ausstrahlung und der rhetorischen Fähigkeiten der Hauptdarstellerin wegen. Ich sah allerdings weitere Schwierigkeiten bei den Dreharbeiten voraus. Doch mit Unterstützung der Zentraldisposition und des Chefkameramanns kam ein Team zusammen, das sich nicht nur gut verstand, sondern das auch ein feines Klima im Umgang mit Waltraud Schiffels entwickelte. Ein Glücksfall war dabei die Kamera-Assistentin. Sie war ganz schnell zur Vertrauten von Waltraud geworden, die ihr vor jeder Kameraeinstellung Hinweise zur Wirkung von Make-up, Frisur oder richtigem Sitz von Schmuck und Bluse gab. Dinge, die einem Mann kaum ins Auge fallen würden.

Die Arbeitsatmosphäre erleichterte wesentlich mein Verhältnis zu Waltraud: Wir saßen zwar früher in der Klasse beieinander und konnten unbefangen miteinander reden, aber ich war nicht sicher, wie sie auf bestimmte Interview-Fragen reagieren würde. Bald spürte ich, daß Waltraud Vertrauen zu mir gefaßt hatte. Sie blieb keine Antwort auf noch so heikle Fragen schuldig.

Zu Beginn unserer Dreharbeiten hatte Waltraud gerade die letzte und wichtigste Operation auf dem Weg zur Frau überstanden. Ihre Euphorie hatte zusätzliche positive Ausstrahlung auf unser Filmprojekt.

Eine solche Operation im Genitalbereich ist zwar für die etwa zehn darauf spezialisierten Gynäkologen im Bundesgebiet fast Routine. Aber im Fall Schiffels barg sie hohe Risiken. Die wollte nur ein Spezialist übernehmen: Professor Dr. Walther Rindt aus Saarbrücken. Andere Ärzte hatten wegen der schlechten körperlichen Verfassung, vor allem wegen der stark belasteten Lungen abgewinkt.

Erster Drehort war ein alternatives Künstlerlokal in Saarbrücken: »Perspektive«. Dort hatte Waltraud des öfteren Lesungen mit Texten aus ihren neuesten literarischen Werken. Seit dem Abschluß ihrer Therapie ist Schreiben zu ihrer intensivsten Beschäftigung geworden. Eine Kreativität, wie sie wohl nur aus dem Glücksgefühl ihrer erfolgreichen Umwandlung heraus zu erklären ist.

Dieses Künstlerlokal hatte Waltraud für ihre »Wiedergeburtsparty« bestimmt – am 11. November 1989. Damals war es genau ein Jahr her, seit sie sich entschlossen hatte, künftig nur noch als Waltraud zu leben. An jenem Tag hatte sie letztmals Männerkleidung getragen. Zur Begrüßung waren an die hundert Freunde und Bekannte gekommen. Alle wollten der neuen Frau Glück wünschen und mit ihr feiern. Die Gäste äußerten durchweg Bewunderung für diesen mutigen Schritt, viel Verständnis und die Forderung an Mitbürger, mit mehr Toleranz über das Thema Transsexualität zu sprechen. Just dies wollte ich beim nächsten Drehtermin testen –

die Einstellung des Mannes und der Frau auf der Straße zum Problem der Geschlechtsanpassung.

Das Ergebnis der Umfrage auf dem St. Johanner Markt in Saarbrücken hatte ich nicht erwartet: Ich rechnete mit einem hohen Anteil negativer Stimmen. Aber bei den etwa dreißig Antworten, die ich mit Kamera und Mikrofon einfing, war die Rede von seelischem Leid der Betroffenen und als Konsequenz daraus mitfühlende Anteilnahme am Schicksal dieser Menschen. Ältere reagierten nicht weniger verständnisvoll als Jüngere. Negative Stimmen kamen vor allem aus den Reihen der Vierzig- bis Fünfzigjährigen.

Daß es auch Diskriminierungen Transsexueller gibt, erfuhr ich von Betroffenen in Karlsruhe: Dort trifft sich regelmäßig eine Selbsthilfegruppe, um sich über ihre Probleme auszutauschen. Waltraud Schiffels ist stellvertretende Vorsitzende dieses Vereins für Mitglieder aus dem südwestdeutschen und süddeutschen Raum.

Das Filmteam erfuhr dort in ungeschönten Aussagen von Benachteiligungen Betroffener im Beruf. Von massiven Repressalien war die Rede, die bis zu Kündigungen reichten. Fast zehn Jahre nach Verabschiedung des Transsexuellengesetzes ist das ein Armutszeugnis für die ethische Reife von Personalchefs und Betriebsinhabern.

Aber es gab auch viel Erfreuliches bei den Dreharbeiten. Beeindruckt hat die Art und Weise, mit der drei Geschäftsinhaberinnen Waltraud behandelten. Was wörtlich zu nehmen ist. Denn alle drei hatten ihr während der schwierigen Umstellungsphase vom Mann zur Frau entscheidend geholfen: eine Friseurmeisterin mit dem Anpassen der geeigneten Perücke – so lange, bis die eigenen Haare nachwachsen würden, Walter hatte schon lichtes Haar; eine Boutiquen-Besitzerin mit der intensiven Beratung darüber, welche Kleider ihr am besten stehen; schließlich eine Kosmetikerin, die Waltraud einfühlsam beibrachte, welches Make-up für sie am gewinnendsten sei.

In allen dreien lernte das Team Frauen kennen, bei denen

man nicht den Eindruck hatte, Waltraud sei ihnen nur als
Kundin lieb, der man Geld aus der Tasche ziehen könne.
Jede war Waltraud zur Vertrauten geworden. Zur Freundin,
die während schwieriger Phasen ermutigen und Waltraud
seelisch aufrichten konnte.

Auch dies fiel auf: Waltraud machte es sehr viel Spaß, für
jede Film-Sequenz die Garderobe zu wechseln. Sie schien es
zu genießen, endlich einmal als Dame fürs Fernsehpubli-
kum zu agieren. Sie tat das keineswegs übertrieben – eher
dezent, aber selbstbewußt. Endlich Frau sein, sie schien viel
nachholen zu wollen. Das war aller Eindruck.

Wer den Lebensweg von Waltraud kennt, kann sich kaum
vorstellen, daß aus einem unscheinbaren, bedrückten Mann
einmal ein solches Wesen werden könnte: mit strahlenden
Augen, hübsch anzuschauen, Optimismus verbreitend. Ein
Wesen, das seine neue Identität gewinnend und überzeugend lebt.

Ich habe ein halbes Jahr gebraucht, in Waltraud eine Frau
zu sehen – das aber schließlich mit Überzeugung. Der beste
Beweis: Ich verspreche mich jetzt nicht mehr.

Anhang

Beratungsstellen für Transsexuelle

Die Liste kann nicht vollständig sein. Zu oft wechseln Bezugspersonen und Einrichtungsorte. Auskunft (zumindest in den Großstädten) geben in aller Regel die pro familia und meist auch die Telefonseelsorge. Den besten Gesamtüberblick haben die drei erstgenannten schon älteren Einrichtungen der Transsexuellenberatung.

Transidentitas – Verein für Menschen mit abweichender Geschlechtsidentität (als gemeinnützig anerkannt). Vorstandsvorsitz: Cornelia Klein. Postfach 10 10 46, 6050 Offenbach 1, Tel.: 0 69 – 8 00 10 08 – gibt Mitteilungsblatt »Transidentitas« heraus. Veranstaltet einmal im Jahr das bundesweite »Transidentitas-Treffen« (bisher sechs), das Gelegenheit zum Austausch aller in der Bundesrepublik tätigen Organisationen der Transsexuellenhilfe gibt. Fünfmal im Monat Treff im Selbsthilfe- und Nachbarschaftszentrum Ostend. D–6000 Frankfurt/M., Uhlandstr. 50
1. u. 3. Mittwoch: allgemeines Treffen
2. Mittwoch: Treffen für Transsexuelle
4. Mittwoch: Treffen für Transvestiten
Jeden ersten Samstag eines Monats allgemeines Treffen oder Veranstaltung mit Programm.
Regionalgruppe Nettetal (nahe Mönchengladbach): Kontakt und Termine über Jacklin Voesten, Postfach 2525, D–4054 Nettetal 2
Regionalgruppe Göttingen: Kontakt und Termine über Ute Gabriele Diedrichs, Postfach 1606, D–3400 Göttingen
Association BEAUMONT Continental: Kontakt und Termine über Gabi Linsing, 2, rue des Charpentiers, F–68270 Wittenheim / France
TS-Selbsthilfe München VIVA, Leitung Simone Yvonne von Budzyn, Postfach 71 02 32, 8000 München 1,
VIVA gibt das regelmäßige Informationsblatt und Magazin für Transsexuelle und Transvestiten VIVATISSIMUS heraus.
Lebensberatung für transsexuelle Menschen in Baden-Württemberg und im Saarland e.V., als gemeinnützig anerkannt, mit den beiden selbständigen Sektionen Baden-Württemberg und Saarland. Leitung in Ba-

den-Württemberg: Michaela-Larissa Eger, Leitung im Saarland: Dr. Waltraud Schiffels.

Kontaktadresse Baden-Württemberg: Haus der AOK, Gartenstr. 12, Karlsruhe, Tel.: 07 21 – 3 71 14 52, und Heidelberg, Tel. 0 62 21-1 57 49, FAX 0 62 21 – 2 55 75. Treffs jeweils einmal im Monat freitags 19.00 Uhr im Haus der AOK, Karlsruhe. Termine auf Anfrage.

Kontaktadresse Saarland: Dr. Waltraud Schiffels, Schloßstr. 6, 6600 Saarbrücken, Tel. 06 81 – 58 39 12, FAX 06 81 58 41 61, Treffs jeweils einmal im Monat freitags 19.30 im »Frauentreff Josephine«, 6600 Saarbrücken 3, Türkenstraße, Termine auf Anfrage.

TS-Hilfsorganisationen

T-Gruppe für Transsexuelle und Transvestiten, Kontakt: Zentrum für Selbsthilfe und Therapie, D–7000 Stuttgart, Christophstr. 8, Tel. 07 11 – 6 40 80 91

Berlin Ost: *Interessengemeinschaft der Transvestiten und Transsexuellen*, Kontaktperson Tilly, PSF 46, 1040 Berlin-Ost, Tel. Bln.Ost 2 82 15 63

TS-Gruppe Bezirk Düsseldorf, Kontakt durch Gudrun Meyer, Tel. 0 21 06 – 24 00 00

Interessengemeinschaft der TV und TS, c/o Nadja Schallenberg und Ina Wissing PF, 46, 1040 Berlin, Treff jeden zweiten Montag im Monat im Biz-Caffee

Informationen zu weiteren Selbsthilfegruppen sind erhältlich bei:
Deutsche Arbeitsgemeinschaft Selbsthilfegruppen e.V.,
Friedrichstr. 28, 6300 Gießen, Tel.: 06 41/7 02–24 78
Um Einbindung transsexueller Problematiken in weitere Zusammenhänge bemüht sich die *Arbeitsgemeinschaft humane Sexualität e.V., Fachgruppe Transsexualität,* c/o Claudia Scholz, Buddenstr. 22, 4400 Münster, 02 51/4 32 40

Beratung für die Schweiz:
Psychiatrische Universitäts- und Polikliniken (Basel, Bern, Genf, Lausanne und Zürich)

Literatur

Wolf Eicher: *Transsexualismus* – Möglichkeiten und Grenzen der Geschlechtsumwandlung. Stuttgart – New York: G. Fischer, 1984

Auf der Suche nach meiner Identität, Referate, gehalten bei der gleichnamigen Tagung der Evangelischen Akademie Tutzing 20. –22. 5. 88, hg. von der Evangelischen Akademie Tutzing 1989, bearbeitet von Renate Schickedanz – Tutzinger Materialien Nr. 60; zu beziehen durch die Akademie und durch Transidentitas

Fetischismus, Transvestitismus, Transsexualität, Homosexualität, Martin Wollschläger: Überlegungen aus klinischer und sozialhistorischer Sicht, Köln, Pahl-Rugenstein, 1983

Grenzübertritt Renate Anders: Fischer-Taschenbuch,

Im Rock Waltraud Schiffels: Bamberg. Palette, 1990

Demnächst:

Frau werden Waltraud Schiffels: Protokoll einer Bewußtseinsveränderung. Basel/Dortmund: eFeF-Verlag (Frühjahr 1992)

Ausführliches Literaturverzeichnis auch eigener Publikationen zu praktischen Fragen der Transsexuellen bei Transidentitas, Schriftenreihe der Transidentitas, Postfach 10 10 46, D–6050 Offenbach.